FRIEDRICH SCHILLER

MARIA STUART

FRIEDRICH SCHILLER

MARIA STUART

EDITED BY

KARL BREUL

CAMBRIDGE
AT THE UNIVERSITY PRESS
1961

PUBLISHED BY

THE SYNDICS OF THE CAMBRIDGE UNIVERSITY PRESS

Bentley House, 200 Euston Road, London, N.W. 1
American Branch: 32 East 57th Street, New York 22, N.Y.
West African Office: P.O. Box 33, Ibadan, Nigeria

First Edition	1893
Second Edition	1897
Reprinted	1902
	1929
	1951
	1960
	1961

Printed in Great Britain at the University Press, Cambridge
(Brooke Crutchley, University Printer)

PREFACE.

THE text of the play has been given according to the latest Cotta editions and in the modern spelling which has been for the last thirteen years in use in all German schools[1]. Some of the most important various readings of the last Act have been printed in full in Appendix I. In the notes to the text such familiar names as Catherine Howard (l. 616) or Jane Grey (l. 617) have not been annotated; Schiller's use of English titles which is not always correct (e.g. Sir Mortimer l. 1571; Sir Paulet l. 911) has likewise been passed over in silence. The etymological explanation of the words has been considerably restricted[2], but every deviation of Schiller's poetic language from the present usage has been carefully mentioned together with the word or phrase which would be used in modern prose. With regard to this point neither the grammars nor the dictionaries compiled for the use of Schools and Colleges afford all the information which earnest students of the German language are anxious to obtain. In compiling the Notes I have derived much help from the excellent

[1] Compare the Preface (pp. vi—vii) of my edition of the Thirty Years' War, Book III. Pitt Press Series, Cambridge, 1892.

[2] Those who are anxious to know more about the etymology of German words are referred to the books mentioned in Appendix II, II, under 3, 6, 11, 12, 13. Excellent explanations of German idioms are contained in Nos. 4, 15, 17, 21.

works of Düntzer and Bellermann, occasionally from some
other books mentioned in Appendix II. The opinions of
other commentators have in all cases of difficulty been
carefully considered, but have not been discussed in full
for want of space. I have in such cases briefly stated my
own views. For the same reason a discussion of the interesting scenes III, 4; v, 7, and v, 9, has been omitted.
Advanced students and teachers may, however, be referred
to the books and articles by Düntzer, Jeep, Bulthaupt,
Fielitz, Sierke, Bellermann and Freytag the titles of which
are given in full in Appendix II. Some good renderings
have been taken from the translations of Mellish and
Leedham White. In order to exhibit clearly the family
relations of Mary, two genealogical tables have been added
at the end of the book.

The Introduction to the play has been restricted to
what was absolutely necessary. An account of the historical facts seemed hardly needed, as the chief events of
English history during the reign of Queen Elizabeth may
be supposed to be familiar to English readers, and as ac-
curate sources of information are easily accessible to all
students of the play. The most important cases in which
Schiller altered the historical facts or invented new characters and situations have however been pointed out in
the Introduction and in the Notes. Some books embodying
the last, but in some cases widely differing, results of research
about Mary's Life have been enumerated in the Introduction,
page xxiv, note. No systematic survey of the metre like
the one prefixed to my large edition of Wilhelm Tell
has been given in this edition. Some hints on the subject
will be found in the Notes and on page xxi of the Introduction. The notes to the first act and to the first two
scenes of the second afford some help with regard to

cases of hiatus, elision, level stress, etc.; for the later scenes of the play such assistance did not seem to be required any longer. The best sources of information about the metre of Schiller's plays are quoted in full in Appendix II.

The importance of Mellish's translation has been discussed in the Introduction. The deviations of his version from the one finally adopted by Schiller have been only once or twice touched upon. All of them are given in foot-notes to the critical edition, most of them are quoted by Düntzer in the 'Erläuterungen,' and they are included in brackets in the new edition of Mellish's translation.

I have to thank my friend Dr W. Seelmann of the University Library, Berlin, for carefully revising my Bibliography; and Professor E. Goetze of Dresden, for kindly sending me the sheets of the (hitherto unpublished) fifth volume of Goedeke's *Grundriss zur Geschichte der deutschen Dichtung* (*Aus den Quellen. Zweite ganz neu bearbeitete Auflage*), containing an admirable bibliography of Schiller's writings and the works concerning them by Professor Max Koch. Especially, I am anxious to tender my warmest thanks to the Rev. J. W. Cartmell, M.A., Fellow and Senior Tutor of Christ's College, for reading the manuscript of my book and for making many valuable criticisms and suggestions while the proofs were going through the press.

K. B.

ENGLEMERE, CAMBRIDGE,
    January 7, 1893.

The text of the play has been carefully revised and a number of minor alterations have been made in the Introduction and in the notes.

K. B.

CAMBRIDGE, *Christmas*, 1896.

TABLE OF CONTENTS.

INTRODUCTION.

I.

SUMMARY OF SCHILLER'S LIFE AND WORKS.

Johann Christoph Friedrich Schiller (born at Marbach in Würtemberg, Nov. 10th, 1759, ten years later than Goethe and thirty years later than Lessing) is not only the greatest German dramatist, but has also made his name immortal by numerous minor poems which have quite a peculiar charm and are unsurpassed by those of any other German poet. He has further distinguished himself by a great variety of historical and philosophical writings.

Life. General remarks.

The survey of his life is facilitated by the fact that it naturally divides itself into three periods, viz. (*a*) *His youth*, his period of 'Storm and Stress.' 1759—85. (*b*) *Friendship with Körner*. Life as author and professor. Years of reflexion and preparation. Study of History and Philosophy. 1785—94. (*c*) *Friendship with Goethe*. Return to Poetry. Period of his great classical writings. 1794—1805.

Periods.

Period I. 1759—85.

Schiller received a classical education and originally wished to become a clergyman, but being strongly desired by his sovereign, Duke Karl Eugen of Würtemberg, to join the military college established by him, which was subsequently called 'Karlsschule,' Schiller took up at it the study of medicine and after having gone through the prescribed

A. *Life*[1].

examinations became M.D. and 'Regiments-medicus' at Stuttgart. When soon after the performance of his first revolutionary tragedy, Die Räuber, the Duke strictly forbade him to write any more plays, he fled from Stuttgart (Sept. 1782), thus sacrificing all his prospects to what he felt to be his true vocation. For three years he led, partly at Mannheim, a life full of hardships, privations and disappointments which deeply influenced the character of his poetry but were never able to shake his resolution. At the end of this gloomy time (Dec. 1784) Schiller had the good fortune to be introduced to the magnanimous Duke Karl August of Weimar, the friend of Goethe. He was allowed to read to him the first act of his unfinished play Don Carlos, whereupon the Duke graciously conferred the title of 'Weimarischer Rat' on the poet. Although this was a mere title and not an appointment, yet it gave Schiller a much better social position.

During this time, while he was chiefly under the influence **B.** *Works*[1]. of the works of Rousseau, his own compatriot Schubart, and Goethe's early writings, he produced:

(*a*) Three **plays**, viz. Die Räuber (published in 1781), Fiesco (1783), Kabale und Liebe (1784), all of them written in prose in powerful and impassioned language. All of these are really revolutionary plays: Die Räuber and Kabale und Liebe aim at a revolution of the social world, Fiesco represents a historical revolution at Genoa. They all grew out of his Stuttgart experiences. The former two were completed at Stuttgart while the third is said also to have been roughly sketched by the poet in the Swabian capital.

(*b*) Many **lyrical poems** (in an Anthologie published by him) which are full of passion but much exaggerated in conception and expression. Some are highly impressive, e.g. Die Schlacht. In Graf Eberhard der Greiner (Count Eberhard the Quarreller) we have a ballad celebrating the achievements of a national Swabian hero. Schiller rejected nearly all of these early effusions when in later life he published an edition of his collected poems.

(*c*) As a **prose-writer** he came forward in two periodicals edited by him which were, however, both abandoned by Schiller almost immediately after they had been started. The one, issued at Stuttgart, was called by him Wirtembergisches Repertorium der Litteratur; the other, edited at Mannheim (in 1785), was called Rheinische Thalia. An important essay published in the latter paper was in a revised version entitled „Die Schaubühne als eine moralische Anstalt betrachtet" (i.e. The stage looked upon as a moral institution).

Period II. 1785—1794.

While Schiller was feeling very lonely and depressed at Mannheim, he was agreeably surprised by offers of _{^ *Life².*} friendly assistance from several admirers of his writings who were personally unknown to him. The most influential among these was Christian Gottfried Körner, father of the poet Theodor Körner, after Schiller's death editor of the collected works of his friend. Schiller joyfully accepted Körner's invitation to visit him, and, with the commencement of their friendship which remained undisturbed throughout the poet's life, a new period of his intellectual activity was inaugurated. This second period marks his return to moderation and his successful efforts to attain to inner harmony. The sympathy of a true friend made the world appear brighter to him, and he found in Körner one who was not only capable of fully appreciating his artistic intentions but at the same time endowed with a rare gift of sound and outspoken criticism. By study and reflexion the rhapsodist of the 'Storm and Stress' period became a classical poet, the author of Die Räuber gradually developed into the author of Wallenstein and Tell. For more than two years (1785—7) Schiller lived with only a few interruptions at Dresden with Körner; in July 1787 he migrated to Weimar where he intended to stay for some time and to become acquainted with the many literary celebrities who were gathered there. He soon made the acquaintance of Wieland, Herder and other writers of minor importance, but he did not really become intimate with any one. When Schiller

arrived, Goethe was in Italy, and after his return the difference
between him and Schiller seemed too great to allow of any
closer relation. For some time Schiller, who had begun to
work at history, failed to find a post that suited him. In 1789
he obtained on the strength of Goethe's recommendation the
honourable but unremunerative post of Professor of History
in the University of Jena. In 1790 he contracted a very happy
marriage with a poor but highly-gifted and noble-minded Thu-
ringian lady of good family, Charlotte von Lengefeld. Soon
after his marriage he fell most seriously ill and was reduced
to very straitened circumstances, when an unexpected gift from
two Danish admirers of his genius (the Prince of Augustenburg
and Count Schimmelmann) relieved him for some years from
the necessity of writing for his livelihood. In 1793 he under-
took a journey to his native country, where the old Duke, who
felt his end coming on fast, so far forgave him as to tolerate
his presence and to allow his father to visit him. After the
death of the Duke, Schiller lived for some time at Stuttgart,
where he was introduced to the great sculptor Dannecker,
and on a visit to the University town of Tübingen he made
the important acquaintance of the enterprising publisher Cotta.
After his return from this journey he found at Jena another true
and noble friend, Wilhelm von Humboldt, who had settled down
at Jena merely for the sake of being near Schiller. He was
further deeply influenced by the rising philosopher Fichte, and
soon came into that close connexion with Goethe—with which
the last and greatest period of his life begins.

During the second period Schiller produced the following
works:

(*a*) In the domain of **Poetry** :

    (1) Only one play was published, in 1787, which was
taken from the history of Spain in the 16th century and
B. *Works*².   called Don Carlos. It was begun in 1783 and passed
with its author through several stages of development. It is
in various respects different from his previous plays, being
written in verse (blank verse) and rising from a mere family
tragedy to the higher level of a play enthusiastically glori-

fying religious toleration, political freedom and self-sacrificing friendship.

(2) Among his comparatively few **poems** the Hymnus an die Freude, Die Götter Griechenlands and Die Künstler deserve to be mentioned specially, the latter poem being an outcome of his philosophical studies and an introduction to the numerous philosophical poems on art and poetry in their relation to life which belong to the third period.

Schiller also tried his hand at **translations** from the classical languages. He translated in 1790 two plays of Euripides, viz. Iphigenie in Aulis and Die Phönizierinnen. In emulation with the poet Bürger and in order to find out a suitable style and metre for epic poems he translated (in 1791) two books of Virgil, *Æneid* II. and IV., in most beautiful stanzas.

(*b*) As a **prose-writer** he was especially active at this period, being at the same time novelist, historian, philosopher and critic. Many of his works were for the first time printed in the Thalia (1787 — 1791) and Neue Thalia (1792—93) which were continuations of the Rheinische Thalia started at Mannheim. His one **novel** (which remained unfinished) is called Der Geisterseher; he also wrote several little stories and sketches of no great importance.—In the **historical** field he produced besides many minor essays of unequal value two great works which exhibit a remarkable talent for graphic historical description and an uncommon faculty of understanding and appreciating historical characters. These two works are (1) Geschichte des Abfalls der vereinigten Niederlande von der spanischen Monarchie (published in 1788, unfinished), (2) Geschichte des dreißigjährigen Kriegs (1791—93). The first work is apparently connected with Don Carlos and its chief aim is the glorification of national independence. The second is his greatest historical work and led directly up to his great tragedy Wallenstein.—As a **philosopher** Schiller took for his basis Kant's critical philosophy, more especially that part of it which dealt with art and its relation to life; but while he strove to arouse a more general interest in the writings of the great sage of Königsberg he at the same time wished to modify the sternness of his teaching. Schiller's

philosophical essays grew out of his lectures at Jena, of his
conversations with Fichte and Humboldt, and out of his correspondence with the Prince of Augustenburg and with Körner.
His first writings were again devoted to the stage (Über die
tragische Kunst, etc.), the later essays to philosophy and literature,
but most of them were not published till after 1794. The titles
of the chief essays are (1) Über Anmut und Würde (publ. 1793),
(2) Über das Erhabene (publ. 1793), (3) Briefe über die ästhetische
Erziehung des Menschen (final version publ. 1795).

As a literary **critic** Schiller distinguished himself by his
essays on Bürger's (lyric) poetry, on Matthisson's (chiefly idyllic)
poems, and on Goethe's tragedy Egmont. The most important
of all his essays is one which was really conceived and published somewhat later but may be well mentioned along with
the others, viz. Über naive und sentimentalische Dichtung (1795—96)
in which he discussed the difference between classical (naive) and
modern (sentimentalische) poetry, and endeavoured to fix his own
position as an essentially reflecting and modern poet in contrast
to Goethe and his models, the ancient classical writers. This
essay is one of the fundamental treatises on literature from a
historical and aesthetic point of view, and all modern histories
of German literature are very largely indebted to it.

Period III. 1794—1805.

The general character of the third period is marked by
Schiller's friendship with Goethe and his return to
poetical production. In December 1799 the poet
removed from Jena to Weimar in order to be near Goethe and
the Weimar theatre, for the perfection of which he as well as
Goethe worked with the greatest assiduity and success. The
most valuable sources of information about his life and writings
during the second and third periods are besides his works his
correspondence with Lotte von Lengefeld before their marriage,
Wilh. v. Humboldt, the Prince of Augustenburg, and above
all with Körner, Cotta, and Goethe[1].

A *Life³.*

---

[1] A critical edition of Schiller's collected letters is being issued by
Fritz Jonas.

In 1795 Schiller started, with Cotta as his publisher, a monthly literary magazine called Die Horen (1795—7) for which he succeeded in obtaining articles, chiefly in prose, from the best German writers of his time. For the sake of publishing minor poems of his own and of his friends he began to edit (1796—1800) a Musenalmanach. Both publications had however soon to be given up for want of intelligent readers.

Schiller's philosophical writings come to an end with the last volumes of Die Horen and the poems generally speaking with the completion of the Musenalmanach. After 1800 he devoted himself almost exclusively to the drama.

The poems which he published at this time in the Horen or in the Musenalmanach are of a varied character. B. *Works³.* Some of them are ballads, some are poems on philosophical or literary subjects. There are hardly any songs among them, and absolutely no love-songs or songs founded on the love of nature. The ballads are all of them written in stanzas. Their subjects are either classical or medieval. Some of the finest poems treating of classical subjects are Die Bürgschaft, Der Ring des Polykrates, Die Kraniche des Ibykus, Hero und Leander. The best of the medieval chivalrous poems are Der Gang nach dem Eisenhammer, Der Taucher, Der Handschuh, Der Kampf mit dem Drachen, Der Graf von Habsburg. In most of them there is one great leading moral idea, which is treated with consummate art and in the most beautiful language.

His purely literary poems are in part of a very aggressive nature. These are written in the classical metre of hexameter and pentameter, part of them composed in conjunction with Goethe and published in the Musenalmanach for 1797 under the title of Xenien announcing 'hospitable gifts' for bad authors. They have played an important part in the history of German literature at the end of the eighteenth century but are now of minor importance.

Under the title of 'Tabulae Votivae' he wrote, at the same time and again in the classical metre, a fine collection of short epigrams on Life and Art, a sort of 'tame Xenien,' as Goethe called a series of similar poems. These have not lost anything of their original truth and beauty.

Schiller's finest philosophical poems are as a rule written either in classical metre or in stanzas. They are of the highest perfection in form and thought, and quite peculiar to Schiller. They grew out of his philosophical studies and his before mentioned essays are the best commentary on them. Of those written in hexameter and pentameter the following may be mentioned: Der Genius, Der Tanz, Das Glück, Die Geschlechter, Der Spaziergang. Of those written in stanzas the finest are Die Ideale, Das Ideal und das Leben, Die Macht des Gesanges, Die Klage der Ceres, Das eleusische Fest, Die Worte des Glaubens, Die Worte des Wahns, Breite und Tiefe, Licht und Wärme; in free metre the fine and elaborate poem Das Lied von der Glocke, and in blank verse Das verschleierte Bild zu Sais.

As a **dramatic poet** Schiller attained in this period to the highest degree of perfection German dramatic poetry had ever reached.

Ever busy for the Weimar stage he was great in adapting or translating great plays of other masters.

He adapted Lessing's Nathan der Weise, and two of Goethe's plays, viz. Götz von Berlichingen and Egmont. He prevailed upon Goethe to continue his Faust, 'the torso of Hercules,' as he called it, and his influence on the final version of the play is clearly traceable. Unfortunately he did not live to see even the first part completed.

He continued his adaptations and translations from foreign literatures in order to give to the répertoire of the theatre a great variety. He translated and adapted Shakespeare's *Macbeth*, Gozzi's *Turandot*, Racine's *Phèdre* and two comedies of Picard.

But the best of his time and thought he gave to the working out of his great original plays, which were mostly historical and tragical. All of them were written in blank verse, but in Wallenstein we find at the beginning (in Wallensteins Lager) doggerels in the style of Hans Sachs. In the classical fate-tragedy Die Braut von Messina an attempt was made to introduce in a somewhat modified form the classical chorus of the Greeks on the modern stage. Poems were not unfrequently inserted into the plays after the model of Shakspere and Goethe, but he never introduced prose-scenes. He selected his subjects from the history of all European nations, but he treated all of them in the same ideal way, making the dramatis personae exponents of his own ideas rather than truly historical personages. We give here a list of his dramatic works, which would have been much longer if time had been given him to work out the numerous schemes of plays which he had formed and of which only a very few were actually begun. It was Schiller's habit to have several schemes under consideration at a time before definitely deciding in favour of one.

The plays published by him between 1800 and 1804 are:

1. Wallenstein. (Published in two parts.) 1800.
2. Maria Stuart. 1801.
3. Die Jungfrau von Orleans. 1802.
4. Die Braut von Messina. 1803.
5. Wilhelm Tell. 1804.
6. A small festival-play, Die Huldigung der Künste, which is full of grace and beauty, was written by him in 1804, while
7. Demetrius, a great Russian tragedy which would no doubt have become one of his best works, was left unfinished when death overtook him in the midst of his unremitting activity on May 9, 1805. The fragment was not published until 1815.

II.

HISTORY OF THE PLAY.

As early as December 1782 we find Schiller asking his friend Reinwald to send him, among other books, Robertson's History of Scotland, so that it seems probable that he had already formed the design of founding a drama on the tragic history of Mary Stuart. At all events the plan of writing such a drama is mentioned several times in his correspondence with Reinwald during the months of February and March 1783, but at the end of the latter month Schiller finally decided in favour of Don Carlos.

If Schiller had written his Maria Stuart at this early date, it would probably have been in prose, like his Räuber, Fiesco and Cabale und Liebe, and, like Don Carlos, directed specially against Roman Catholic policy. Elizabeth's character would, no doubt, have appeared nobler than it does in the later play; she would have been represented as the enlightened 'mother of her country' as she is called in Don Carlos (III, 10, l. 3174). Mary herself would probably have been introduced as the representative of the medieval anti-Reformation spirit, the instrument of the Jesuits, and the centre of all the intrigues against freedom of thought. Many of the ideas which Schiller wished to express in this play were subsequently embodied in his Don Carlos.

A long pause of 16 years comes in between this old project and the play as we now have it. Two great tragedies were written before Schiller returned to the old idea, viz. Don Carlos and Wallenstein, and between these two a great revolution took place in the poet's artistic conceptions. The impetuous poet of 'Storm and Stress' went through a period of serious study and calm reflection which deeply influenced the character of his poetry. The new Maria Stuart consequently was both in form and substance in every respect a new and independent work.

On March 19, 1799 Schiller had at last sent off the manuscript of his great tragedy Wallenstein, the last part of which (Wallensteins Tod) was acted for the first time on April 20. But immediately after he had done with this great drama he looked about for some new tragical subject. He was thoroughly tired of soldiers, heroes and commanders and wished for a subject in which the interest should be of a purely sentimental and human character. On April 26, we find him busy with the preparations for Maria Stuart. After having carefully studied the historical authorities so far as they were accessible to him and having settled the general outlines of his new drama he actually began to write the first scenes of it on June 4, 1799. He also studied Lessing's Hamburgische Dramaturgie in which he found not only an excellent general theory of historical plays but also some acute observations on the real character of Elizabeth (Stücke 57 and 58). At the same time he was occupied in a careful examination of the dramatic art of Euripides, Corneille and Racine about which he communicated his ideas to Goethe. He thought that the subject of Mary Stuart would lend itself admirably to the 'Euripidean method' in which a particular crisis is described in full detail. The mass of historical material was greatly condensed, and only Mary's sufferings and fortitude during the last three days of her life were represented. When the play opens, the trial of Mary is over, the sentence pronounced, and the death warrant all but signed by the queen. The action of the play depends upon the motives both political and personal which prevailed upon Elizabeth to sign the fatal document, and the efforts of Mary's friends to avert the final blow. Schiller, who in writing Wallenstein and by arranging the enormous mass of historical events clearly and impressively had acquired a great mastery of the technique of a historical play, set to work with confidence and vivacity. He finished Maria Stuart within a year and it would not have taken him a whole year if he had not been delayed by bad health and the illness of his wife, as well as by his migration to Weimar in December, 1799. He completed his tragedy on June 9, 1800, and it was acted for the first time at Weimar on June 14. It was warmly received, especially at the representation which took place at Lauchstädt, near Weimar, on July 3. It is still very frequently acted on the German stage, although perhaps not quite so often as Wallenstein, Die Jungfrau von Orleans and Wilhelm Tell.

During the whole of the time that Schiller was busy with the play, his friend Goethe took the greatest interest in its progress and did his best to make the representation of it on the Weimar stage, of which he had the chief control, a successful one. The duke Karl August assigned apartments to him at his castle of Ettersburg, in order that he might be quite undisturbed and at leisure to write the last act. His old faithful friend and clear-sighted critic Körner at Dresden was extremely pleased with the play, in which he found all the youthful fire of Die Räuber combined with the matured skill of the experienced artist. An English acquaintance of his, J. C. Mellish[1], who lived at Dornburg,

---

[1] On Mellish see the Transactions of the Manchester Goethe Society, I. 140—1.

not far from Jena, translated the play into English blank verse, receiving from Schiller every act as soon as he himself had done with it. This oldest translation of the play, which was published in 1801, and which since that year has been several times re-issued in Bohn's Standard Library, is in excellent English and is on the whole a very faithful rendering of the original. Moreover it has an exceptional value, as part of it (up to Act II, Scene 3) is the translation of an earlier German version of the play than the one finally adopted by Schiller. Traces of an older plan with regard to some minor points are here and there discernible, and although the poet wisely rejected some passages which have been preserved by Mellish, it is at all events interesting to know of their former existence and to see where Schiller has subsequently thought it necessary to make alterations and additions. In Oesterley's critical edition of Schiller's play the differences which must have existed in the text translated by Mellish are constantly taken account of in the various readings. For this translation Schiller wished to find acceptance on the English stage, and he joined the translator in offering it to the management of Drury Lane theatre, but the letter which they wrote did not even receive an answer.

There is also a difference between the text of the printed editions and the ordinary stage version of the seventh scene of the last act. The various readings of the two stage editions made by Schiller himself are given in the critical edition and the most important passages are printed in Appendix I, 1— 3. As the Weimar stage and in fact most stages objected to the communion scene it was altered by the poet into a confession scene; Melvil is not represented as a priest, but proposes to become ordained after Mary's execution.

There is a great difference of opinion among the critics about Mary's farewell to Leicester (V, 9) which cannot be here discussed in full. The works and articles by Düntzer, Jeep, Bulthaupt, Fielitz, Bellermann, Sierke and others are quoted in Appendix II. Generally speaking we may say that while all the critics of note agree in praising the first four acts, there is a great deal of difference of opinion among them with reference to the

excellence and even necessity of the fifth. Some reject it altogether, others wish to keep only the first ten scenes, others only
the last five. The present editor prefers the whole act as it stands,
with the sole exception of ll. 3833—7, which he believes would
have been better suppressed when the poet decided to omit the
lines printed in Appendix I under 4.

III.

FORM AND CONTENTS OF THE PLAY.

The metrical form of the play is, as in Don Carlos and
Wallenstein, the blank verse which is familiar to English readers
in the Shaksperian drama. This metre had been used by
Schiller's great predecessors Lessing (in Nathan der Weise) and
Goethe (e.g. in Iphigenie, Tasso and parts of Faust). Schiller's
plays in blank verse have, however, some peculiarities of their
own. While the great majority of lines have five strongly
accented syllables, we find a good number which have six
Hebungen, thus resembling the French *alexandrines*; some
lines occur which have only four or three or even fewer stress
syllables. The regular change between accented and unaccented syllables is not unfrequently interrupted by two unaccented syllables (*Senkungen*) intervening between the stress
syllables or preceding the first stress syllable (which is called
doppelter Auftakt). At the end of acts, scenes or important
speeches and in a few scenes of a decidedly lyrical character
Schiller has, partly after the example of Shakspere, made
very skilful use of rime. His rimes are not always quite exact
for the eye, or for the ear of a North German, but they are
in most cases perfectly good in Schiller's own South German
dialect. At the beginning of the third act he has with good
effect introduced some stanzas of irregular length in order to
depict by these lyrical elements the high state of Mary's excitement. The language and style of the play are classical

throughout. The words are well chosen and always correspond to the subject : they are clear, pointed and epigrammatic in most of the scenes of the first, second and fourth
acts; they are passionate in the scenes 4 and 6 of act III;
and soft and melodious in the first part of the fifth act. The
structure of our drama is concise and easy to survey. The
first act gives an admirable exposition of the condition of
affairs and makes us acquainted with the mass of historical
detail we have to know. The dialogue is always animated and
interesting, even where state affairs are discussed at some
length.

The action of Maria Stuart is supposed to take place on
February 6, 7, 8, 1587. The scene is laid alternately in
Mary's prison at Fotheringhay Castle and at Elizabeth's Court
at Westminster Hall. Both queens were imagined by the poet
to be considerably younger than they actually were. In a letter
addressed to his Berlin friend, the great actor and skilful stage-
manager Iffland, he gives to Elizabeth not more than thirty,
to Mary about twenty-five years. This is rather a wide de-
parture from historical truth—Elizabeth was then in fact fifty-
four and Mary forty-five years old—but Schiller probably only
meant to emphasise the fact that he wished to represent them
as much younger than they really were. In many other points
too Schiller allowed himself some deviations from historical
accuracy, in order to produce some special poetic effect, or to
suit the requirements of his play. Thus the figure of Mortimer,
Leicester's love for Mary, and the meeting of the queens are
all inventions of the poet. But even here Schiller is not altogether unhistorical; rather we may say he has conceived his
figures in a truly historic spirit. The figure of Mortimer, the
fanatic from the seminary of Reims, is a type of the young
conspirators of the time, and seems to have borrowed several
features from the enthusiastic and ill-fated Babington. What-
ever Mortimer and Leicester plan, in order to save Mary, only
serves to hasten her tragic end, and even the unhistoric meeting
of the queens is a poetic necessity to bring about the catastrophe. The interview for which Mary has been longing for

years turns out to be her greatest misfortune, and in it she
herself seals her doom. Shrewsbury was not in fact so zealous
an advocate of the cause of Mary as he is represented. All the
opposition to Mary was concentrated by Schiller in the admirable figure of Burleigh. Dates (such as the time of Mary's
imprisonment), distances (e.g. the distance of Fotheringhay
from London and from Scotland), and small occurrences were
freely altered by the poet to suit his purposes. Yet, on the
whole, Schiller has succeeded in giving a faithful picture of the
times, and has drawn correctly the main lines of action and
the principal characters. He proceeded exactly according to
the views expressed in a letter to Goethe of August 20, 1799:
"In fact, I think it would be well to take from history merely
the general situation of the times and the personages, and to
invent everything else with full poetic licence; this would give
rise to an intermediate species of subject which would combine
the advantages of the historical drama with those of pure invention." A spirit of toleration and impartiality pervades the
whole play; the poet is not too partial to his heroine, nor on the
other hand unjust to the Protestants who are well represented
by the fine figures of Burleigh, Shrewsbury and Paulet. He
has depicted with the love of the artist all that is beautiful and
elevating in the Roman Catholic religion without shutting his
eyes to the intrigues of the Jesuits, their sanction of the murder
of the queen, the papal bulls and the St Bartholomew massacre.
Elizabeth is obviously represented from one side only, and all
the great and redeeming features in her character are wanting.
Schiller had to do this in order not to weaken the interest in
Mary. The more he raised Mary, the more he lowered Elizabeth.
The two queens are strongly contrasted throughout the play
and in order to heighten the dramatic effect their characters
have been modelled by the poet to suit his purpose. The great
political contest and the religious disputes are, if not concealed,
yet put in the background, and personal motives are made the
chief agencies in the play, viz. the love and jealousy of two
women. The main object is to exhibit the character of Mary
in its gradual elevation, rather than the political intrigues. Her

figure has been idealised as far as was necessary, but Schiller
has taken care not to represent her as being quite free from
guilt. In her time she was accused of having committed two
crimes: of having been accessory to the murder of Darnley and
to the conspiracy (with Babington) against the life of Elizabeth.
Schiller took account only of the former of these for which he
made her atone by being put to death on a charge of which she
was innocent.

Modern historical research, which has been in all probability
greatly stimulated by Schiller's play, has arrived at very different
conclusions from those which he found in his authorities. According to most modern writers Mary was very much surprised
and shocked by the murder of Darnley and only consented to
the unhappy marriage with Bothwell because she did not see
any way to avoid it[1].

---

[1] Some recent English and German books and articles (often con-
tradictory in the results arrived at) are the following:

Encyclopaedia Britannica, xv. (1888), 594—602 [A. C. S.].—*Joseph
Stevenson*. Mary Stuart. A narrative of the first eighteen years of her
life, principally fr. orig. documents. Edinburgh, 1886.—*John Hosack*.
Mary Stewart. A brief statement of the principal charges which have
been brought against her together with answers to the same. Edinburgh
and London, 1887.—*T. F. Henderson*. The Casket Letters and Mary,
Queen of Scots. 2nd ed. Edinburgh, 1890.—*Arnold Gaedeke*. Maria
Stuart. Heidelberg, 1879.—*Theodor Opitz*. Maria Stuart. Freiburg,
vol. I. 1879, vol. II. 1883.—*Ernst Bekker*. Maria Stuart, Darley,
Bothwell. Giessen, 1881. (Giessener Studien auf dem Gebiet der
Geschichte. I.)—*Wilhelm Oncken*. Zur Maria-Stuart-Frage. Giessen,
1885. (Giess. Stud. III, 3).—*Ernst Bekker*. Beiträge zur englischen
Geschichte im Zeitalter Elisabeths. Giessen, 1887. (Giess. Stud. IV.)
—*Harry Bresslau*. Die Kassettenbriefe der Königin Maria Stuart (in
'Historisches Taschenbuch' 6te folge), 1882.—*Harry Bresslau*. Bei-
träge zur Geschichte Maria Stuarts (in 'Histor. Zeitschr.' vol. 52), 1884.
—*B. Sepp*. Maria Stuart und ihre Ankläger zu York, Westminster und
Hampton Court. October 1568—Januar 1569. Eine Sammlung von
Aktenstücken. München, 1884.—*B. Sepp*. M. St.'s Briefwechsel mit
Anthony Babington. München, 1886.—*B. Sepp*. Process gegen M.
St. nach den Akten. München, 1886. (There are some more books
by Sepp referring to Mary's history.)—*Franz Zschech*. Die neuere
Forschung über Maria Stuart (in 'Preussische Jahrbücher' vol. 56
(1885), 435—63).

IV.

ARGUMENT.

ACT I.

[Mary's prison at Fotheringhay Castle. Mary is the central figure.
Her present condition. Her past history. The political and religious
state of the country. Her hopes and fears. Announcement of her
sentence. Her letters to Elizabeth and Leicester.]

Scene 1. Paulet breaks open Mary's cabinet. Dispute with Mary's
old nurse Kennedy. (ll. 1—143).

Sc. 2. Mary asks Paulet to inform her if her trial is decided and to
take to Elizabeth a letter of hers in which she requests an interview.
(144—250).

Sc. 3. Paulet's nephew Mortimer enters without apparently noticing
the queen. Paulet praises his straightforward character. (251—61).

Sc. 4. Mary gives herself up to reflections on her past life. It is the
anniversary of Darnley's murder. She accuses herself bitterly, the nurse
endeavours to excuse her, but is obliged to confess that her mistress has
done much that is wrong. Mary acknowledges that she knew of
Darnley's murder and that she knowingly married his murderer. (262
—379).

Sc. (5 and) 6. Mortimer reveals his real character. He is an
enthusiastic Roman Catholic and admirer of Mary. He gives her a
glowing description of his conversion. He has been sent by the Cardinal
of Guise, and he and twelve other young fanatics have sworn by the
consecrated Host to free her. As a nephew of her gaoler he hopes to
succeed. He informs her that her sentence has been pronounced and
that Lord Burleigh has arrived to inform her of it. She tells him that
she has great hopes of help from Lord Leicester and asks him to take to
that nobleman a letter containing her portrait. He promises to do so.
(380—683).

Sc. 7 Burleigh informs Mary that she must die. In their animated disputation the proceedings of the English tribunal are fully discussed and meet with bitter criticism from the Scottish queen. She denies the lawfulness of the trial and declares that, in spite of the assertions of her secretaries, she had nothing to do with Babington's conspiracy against the life of Elizabeth. The queen can therefore order her to be murdered, but she cannot justly pass judgment on her. (684—974).

Sc. 8. Burleigh endeavours to induce Paulet to do away with Mary secretly, but the old knight declares that such underhand proceedings are against his honour and that he will not allow Mary to be murdered. (975—1076).

ACT II.

[Elizabeth's Court at Westminster Hall. Second day of the tragedy. Elizabeth is the central figure. The French embassy is favourably received. Burleigh's, Shrewsbury's, Leicester's advice with regard to Mary. Effect of Mary's letters. Elizabeth's secret message to Mortimer. Elizabeth is persuaded by Leicester to have an interview with Mary.]

Sc. 1. The Earl of Kent gives the Secretary of State an account of a splendid Court festival in honour of the French gentlemen who had come to woo the queen for the Duke of Anjou. In an allegorical play the French assaults on the English fortress had however been frustrated. (1077—1115).

Sc. 2. The queen sends the Duke of Anjou her ring and shows a disposition to consent to the French marriage, but she peremptorily refuses to listen to any intercession of France in favour of Mary. (1116—1244).

Sc. 3. In a meeting of her Council of State, Elizabeth asks the opinion of her advisers with regard to the death warrant of Mary. Burleigh strongly urges its speedy execution in her own interest and in the interest of the State. Shrewsbury is courageous enough to oppose the execution and entreats Elizabeth to act only according to justice. Leicester's advice is to leave the sentence hanging over Mary's head, but not to execute it unless some armed rising should take place in her favour. Elizabeth ends the discussion without coming to a decision. (1245—1459).

Sc. 4. Paulet introduces Mortimer to the queen and delivers Mary's letter. Mortimer pretends to be a zealous Protestant who by his skilful devices has discovered many secret schemes of the Roman Catholic

Propaganda in favour of Mary. Elizabeth informs the lords of Mary's wish for an interview from which Burleigh dissuades her, because he thinks, a visit of the queen to a condemned prisoner could only be allowed if the prisoner was to be pardoned. Shrewsbury urges her to follow the softer feelings of her heart and to go and comfort Mary. Leicester maintains that Elizabeth could see Mary irrespectively of the sentence, and expresses the conviction that the queen will herself best know what is to be done. (1460—1571).

Sc. 5. After the others are gone, Elizabeth hints to Mortimer, whom she has told to stay, her wish that Mary should be got rid of quietly without the necessity for a public execution. She promises him the highest reward if he will fulfil her wishes. In order to gain time and to prevent the queen from trusting another man with her odious commission Mortimer feigns to enter fully into her plans and promises to rid her of Mary within a month. (1572—1631).

Sc. 6. In a monologue Mortimer discloses his true feelings. (1632 —61).

Sc. 7. Paulet warns his nephew not to trust any promises which the queen may have given him, and hints that he is fully aware of the nature of the commission with which he has been entrusted by the queen, and that he will prevent him from any attempt on Mary's life. (1662—93).

Sc. 8. Mortimer hands Mary's letter to Leicester and informs him of his plans to save her. Leicester is much surprised, confesses his love for the queen of Scots, and bitterly complains of the way in which Elizabeth has treated him. He refuses to listen to Mortimer's bold plans and entreats him to be careful. Above all he wants to gain time and to bring about a meeting of the two queens, for he too is of opinion that Elizabeth cannot order Mary's death after having granted her an interview. (1694—1944).

Sc. 9. Leicester actually prevails upon Elizabeth to grant Mary the desired interview by representing to the queen how much her beauty would outshine that of her rival. Elizabeth who is anxious to humiliate Mary the woman as much as Mary the queen, and who does not wish to inform Burleigh of her intention, enters into Leicester's proposal to stop that day at Fotheringhay Castle on her return from a hunting expedition and to meet Mary there, as if by chance. Elizabeth hypocritically adds that her only reason for consenting to see Mary is the wish to do Leicester a favour. (1945—2072).

ACT III.

[Meeting of the two queens at Fotheringhay Park on the afternoon of the second day. Fatal result of their conversation. Mary finds that Mortimer s real object is to get her into his power. New unsuccessful attempt on Elizabeth's life. Discovery of Mortimer's conspiracy.]

Sc. 1. Mary has received permission to walk in the park. Her unrestrained delight and revived hopes find expression in impassioned language. (2073—2142).

Sc. 2. Paulet informs her that her request is granted, and that in a few moments she will stand before the queen. Mary is quite overcome with surprise and repugnance. (2143—69).

Sc. 3. Her old friend Shrewsbury comes in order to prepare her for the interview and to entreat her to calm herself. (2170—2224).

Sc. 4. In this great scene Elizabeth's cold and ironical treatment of Mary causes the latter, who had at first humiliated herself as much as Elizabeth could desire, to scorn all prudence, to offend the queen mortally, and to humiliate her in the presence of her favourite Leicester. Elizabeth leaves her in anger, and it is clear that there is no longer any hope for Mary. (2225—2451).

Sc. 5. The queen of Scots for a moment indulges her exultation over the humiliation of her rival in a passionate outburst on the breast of her old nurse. (2452—67).

Sc. 6. Mortimer tells Mary that Leicester will not dare anything for her, but that he himself is resolved to risk everything for her sake, in order to free her and to claim her for his own. He is resolved to set her free the following night, to kill whoever may dare to cross his path, even his uncle, and he refuses to listen to her when she implores him not to save her at so fearful a price. In an outburst of glowing passion he clasps her to his heart, and threatens her that, if his love cannot make her his own, he will win her by fear. Mary flees from him in fear and indignation. (2468—2597).

Sc. 7. Paulet rushes past in the utmost excitement, and orders Mary to be shut up in the deepest dungeon. He hastily informs Mortimer that Elizabeth has been murdered on her return to London. (2598—2604).

Sc. 8. Mortimer soon learns from his friend and fellow-conspirator Okelly, that the attempt of a fanatic monk on Elizabeth's life has been unsuccessful, that their whole plot is discovered, that their friends are dispersed, and all hope is lost. Yet Mortimer resolves not to flee with the others, but to make a last attempt to save Mary. (2605—2640).

ACT IV.

[At Westminster Hall. Elizabeth and her court. Evening of the second day. The French alliance is broken off. Leicester's treachery and the tragic end of Mortimer. Elizabeth at last signs the death warrant which she hands over to Davison, leaving him without definite instructions. Burleigh triumphantly snatches the warrant from his hands.]

Scenes 1 and 2. The French ambassador is told by Burleigh to leave the court immediately, as he is under a strong suspicion of having promoted the aims of the conspirators. The French marriage project is abandoned by the queen. (2641—95).

Sc. 3. Leicester is given to understand by Burleigh that his intrigues have been discovered. (2696—2740).

Sc. 4. Leicester's fears are confirmed by Mortimer, who assures him that Burleigh knows everything, and is even in possession of a letter of Mary to him. Mortimer implores Leicester to use all his influence to gain time and to save Mary. Leicester, who at first does not see any way out of his perilous position, suddenly resolves to sacrifice Mortimer in order to save himself. He bids the guards to arrest the youth, and betakes himself at once to the queen. Mortimer kills himself before he can be arrested. (2741—2820).

Sc. 5. Meanwhile Burleigh has shown Mary's letter to Leicester to the queen, and Elizabeth in the utmost indignation resolves not to see the traitor any more, but to have Mary executed, and to hand him over to the full severity of the law. (2821—78).

Sc. 6. In spite of the queen's strict orders, Leicester enters her apartments and boldly maintains against Burleigh that he had only sought the intimacy of Mary and of Mortimer in order to be fully informed of all the plans made for the deliverance of Mary and the murder of Elizabeth. In order to prove his loyalty to the queen, he himself proposes the immediate execution of Mary. Burleigh proposes that Leicester should be sent by the queen to see the execution duly carried out, and Elizabeth consents, appointing Burleigh to be his colleague. (2879—3050).

Sc. 7. The Earl of Kent announces that great excitement prevails in London where the people urgently demand the signature of the death warrant, and the immediate execution of Mary. (3051—65).

Sc. 8. Davison, the Secretary of State, brings the death warrant in which nothing is wanting but Elizabeth's signature. (3066—3076).

Sc. 9. Shrewsbury comes to implore the queen to be firm and not to yield to the wishes of the crowd, while Burleigh urges her to give up all hesitation and to sign the warrant. The queen dismisses her council in order to have time for reflection. (3077—3189).

Sc. 10. In a monologue Elizabeth complains that she is not free to do what she likes, but is obliged to yield to the wishes of the people. But, gradually, she becomes more bitter against Mary, and when she thinks of her interview with her and of her humiliation at the hands of her rival, she hastily resolves to sign the warrant. (3190—3248).

Sc. 11. She hears from Davison that the crowd has easily been quieted by Shrewsbury and blames its fickleness. She then retires, leaving the warrant signed in Davison's hands without giving him any definite order what he is to do with it. (3249—3324).

Sc. 12. Burleigh finds Davison in a state of perplexity and triumphantly snatches the warrant from him. (3325—3348).

ACT V.

[Third day of the tragedy. Mary's execution and Elizabeth's isolation.]

a. **Scenes 1—10 at Fotheringhay Castle.**

Sc. 1. Melvil, Mary's old house steward, comes to bid his mistress a last farewell. Kennedy expresses her confidence that her mistress will meet her death with noble composure. She relates how they had in the previous night amid hope and fear been expecting Mortimer's arrival and how they had been aroused by a great noise at midnight, when, instead of the expected deliverer, Paulet had come to tell them that the scaffold was being erected. Mary had borne the news with fortitude and spent the rest of the night in prayer and in making her will. (3349—3424).

Sc. 2. The wife of Mary's secretary Curle, on whose testimony Mary had been sentenced to death, asserts that his evidence was false. (3425—44).

Sc. 3. A cup of wine is ordered for Mary by her doctor. (3445—59.)

Sc. 4. Mary's female attendants come in. She has sent them away in order to pray for the last time alone. (3460—63).

Sc. 5. Margaret Curle, who brings the wine, relates with horror that she has seen the scaffold and a great crowd flocking around it. (3464—79).

Sc. 6. Mary comes in with dignified composure, welcomes Melvil, sends her last greetings to her French and Spanish friends and takes leave with a few kind words of all her attendants imploring them to leave England for ever immediately after her death. They promise to obey her injunctions. (3480—3580).

Sc. 7. Melvil alone remains with Mary. She complains to him that she is not permitted to receive the last sacrament according to the Roman Catholic rite. Thereupon he surprises her by saying that he has become a priest for her sake and has received from the Pope a consecrated wafer for her. He hears her last confession in which she acknowledges her connivance at the murder of Darnley but affirms that she has never conspired against the life of Elizabeth. She further confesses her hatred for Elizabeth and her love for Leicester, but declares that she has now freed herself from all human passions. Melvil thereupon gives her absolution and administers both the wafer and the cup. (3581—3764).

Sc. 8. Burleigh comes to receive Mary's last orders. Leicester remains quite in the background not noticed by the queen. Mary sends Elizabeth her sisterly love and forgiveness. (3765—93).

Sc. 9. The Sheriff appears at the door. Mary prepares herself to follow him, when she observes Leicester's presence. She takes leave of him in words which, although they contain no direct reproach, overwhelm him with remorse. (3794—3838).

Sc. 10. Leicester remains alone. He wishes to leave by another door which, however, he finds locked, so that he cannot go out, and is obliged to hear with the bitterest pangs of conscience the sounds which tell him that the execution is taking place in the room below. (3839—75).

b. **Scenes 11—15 at Westminster Hall.**

Sc. 11. Elizabeth is waiting for news in a state of great excitement. (3876—87).

Sc. 12. She learns that Leicester and Burleigh have left London. She now knows that her fears are at an end. She sends for Davison. (3888—3904).

Sc. 13. Shrewsbury asks Elizabeth to give Mary a fresh trial, as her secretary Curle has revoked his evidence. Elizabeth pretends to believe that there is still time, and orders the trial to be recommenced. (3904—59).

Sc. 14. Davison informs her that the death warrant is in Burleigh's hands who snatched it from him when he was hesitating what to do with it. The queen reproaches him in the bitterest terms. (3960—94).

Sc. 15. Burleigh announces to her that her rival is dead. Elizabeth pretends to be extremely angry, and banishes him from her sight. She sends Davison to the Tower. Shrewsbury now resigns his office and retires from the court, and when she sends for Leicester, she learns that he too has left her and is gone to France. Thus, in the hour of victory, Elizabeth finds herself abandoned by all her most prominent advisers. (3995—4033).

Maria Stuart.

Trauerspiel in fünf Aufzügen.

Personen.

Elisabeth, Königin von England.

Maria Stuart, Königin von Schottland, Gefangene in England.

Robert Dudley, Graf von Leicester.

Georg Talbot, Graf von Shrewsbury.

Wilhelm Cecil, Baron von Burleigh, Großschatzmeister.

Graf von Kent.

Wilhelm Davison, Staatssekretär.

Amias Paulet, Ritter, Hüter der Maria.

Mortimer, sein Neffe.

Graf Aubespine, französischer Gesandter.

Graf Bellievre, außerordentlicher Botschafter von Frankreich.

Okelly, Mortimers Freund.

Drugeon Drury, zweiter Hüter der Maria.

Melvil, ihr Haushofmeister.

Burgoyn, ihr Arzt.

Hanna Kennedy, ihre Amme.

Margareta Kurl, ihre Kammerfrau.

Sheriff der Grafschaft.

Offizier der Leibwache.

Französische und englische Herren.

Trabanten.

Hofdiener der Königin von England.

Diener und Dienerinnen der Königin von Schottland.

Erster Aufzug.

Im Schloß zu Fotheringhay. — Ein Zimmer.

Erster Auftritt.

Hanna Kennedy, Amme der Königin von Schottland, in heftigem Streit mit Paulet, der im Begriff ist, einen Schrank zu öffnen. Drugeon Drury, sein Gehilfe, mit Brecheisen.

Kennedy.   Was macht Ihr, Sir?   Welch neue Drei-
    stigkeit!
Zurück von diesem Schrank!
    Paulet.   Wo kam der Schmuck her?
Vom obern Stock ward er herabgeworfen;
Der Gärtner hat bestochen werden sollen
Mit diesem Schmuck — Fluch über Weiberlist!   5
Trotz meiner Aufsicht, meinem scharfen Suchen
Noch Kostbarkeiten, noch geheime Schätze!
        (Sich über den Schrank machend.)
Wo das gesteckt hat, liegt noch mehr!
    Kennedy.   Zurück, Verwegner!
Hier liegen die Geheimnisse der Lady.
    Paulet.   Die eben such' ich.   (Schriften hervorziehend.)

Kennedy.   Unbedeutende   10
Papiere, bloße Übungen der Feder,
Des Kerkers traur'ge Weile zu verkürzen.

    Paulet. In müß'ger Weile schafft der böse Geist.

    Kennedy. Es sind französische Schriften.

    Paulet.   Desto schlimmer!
Die Sprache redet Englands Feind.

    Kennedy.   Konzepte   15
Von Briefen an die Königin von England.

    Paulet. Die überliefr' ich — Sieh! Was schimmert
hier?

(Er hat einen geheimen Ressort geöffnet und zieht aus einem verborgenen Fach Geschmeide hervor.)

Ein königliches Stirnband, reich an Steinen,
Durchzogen mit den Lilien von Frankreich!

(Er gibt es seinem Begleiter.)

Verwahrt's, Drury. Legt's zu dem Übrigen! *(Drury geht
ab.)*   20

    Kennedy. O schimpfliche Gewalt, die wir erleiden!

    Paulet. So lang sie noch besitzt, kann sie noch schaden,
Denn alles wird Gewehr in ihrer Hand.

    Kennedy. Seid gütig, Sir. Nehmt nicht den letzten
Schmuck
Aus unserm Leben weg! Die Jammervolle   25
Erfreut der Anblick alter Herrlichkeit,
Denn alles Andre habt Ihr uns entrissen.

    Paulet. Es liegt in guter Hand. Gewissenhaft
Wird es zu seiner Zeit zurückgegeben!

    Kennedy. Wer sieht es diesen kahlen Wänden an,   30
Daß eine Königin hier wohnt? Wo ist
Die Himmeldecke über ihrem Sitz?
Muß sie den zärtlich weichgewöhnten Fuß

Nicht auf gemeinen rauhen Boden setzen?
Mit grobem Zinn — die schlechtste Edelfrau   35
Würd' es verschmähn — bedient man ihre Tafel.

     Paulet. So speiste sie zu Sterlyn ihren Gatten,
Da sie aus Gold mit ihrem Buhlen trank.

     Kennedy. Sogar des Spiegels kleine Notdurft man=
       gelt.

     Paulet. So lang sie noch ihr eitles Bild beschaut, 40
Hört sie nicht auf, zu hoffen und zu wagen.

     Kennedy. An Büchern fehlt's, den Geist zu unter=
      halten.

     Paulet. Die Bibel ließ man ihr, das Herz zu bessern.

     Kennedy. Selbst ihre Laute ward ihr weggenommen.

     Paulet. Weil sie verbuhlte Lieder drauf gespielt. 45

     Kennedy. Ist das ein Schicksal für die Weicherzogne,
Die in der Wiege Königin schon war,
Am üpp'gen Hof der Medicäerin
In jeder Freuden Fülle aufgewachsen?
Es sei genug, daß man die Macht ihr nahm,   50
Muß man die armen Flitter ihr mißgönnen?
In großes Unglück lernt ein edles Herz
Sich endlich finden; aber wehe thut's,
Des Lebens kleine Zierden zu entbehren.

     Paulet. Sie wenden nur das Herz dem Eiteln zu, 55
Das in sich gehen und bereuen soll.
Ein üppig lastervolles Leben büßt sich
In Mangel und Erniedrigung allein.

     Kennedy. Wenn ihre zarte Jugend sich verging,
Mag sie's mit Gott abthun und ihrem Herzen,   60
In England ist kein Richter über sie.

     Paulet. Sie wird gerichtet, wo sie frevelte.

Kennedy.　Zum Freveln fesseln sie zu enge Bande.

Paulet.　Doch wußte sie aus diesen engen Banden
Den Arm zu strecken in die Welt, die Fackel　　　　65
Des Bürgerkrieges in das Reich zu schleudern
Und gegen unsre Königin, die Gott
Erhalte, Meuchelrotten zu bewaffnen.
Erregte sie aus diesen Mauern nicht
Den Böswicht Parry und den Babington　　　　70
Zu der verfluchten That des Königsmords?
Hielt dieses Eisengitter sie zurück,
Das edle Herz des Norfolk zu umstricken?
Für sie geopfert, fiel das beste Haupt
Auf dieser Insel unterm Henkerbeil —　　　　75
Und schreckte dieses jammervolle Beispiel
Die Rasenden zurück, die sich wetteifernd
Um ihretwillen in den Abgrund stürzen?
Die Blutgerüste füllen sich für sie
Mit immer neuen Todesopfern an,　　　　80
Und das wird nimmer enden, bis sie selbst,
Die Schuldigste, darauf geopfert ist.
— O, Fluch dem Tag, da dieses Landes Küste
Gastfreundlich diese Helena empfing.

Kennedy.　Gastfreundlich hätte England sie empfan-
　　　　gen?　　　　85
Die Unglückselige, die seit dem Tag,
Da sie den Fuß gesetzt in dieses Land,
Als eine Hilfeflehende, Vertriebne
Bei der Verwandten Schutz zu suchen kam,
Sich wider Völkerrecht und Königswürde　　　　90
Gefangen sieht, in enger Kerkerhaft
Der Jugend schöne Jahre muß vertrauern —

Die jetzt, nachdem sie alles hat erfahren,
Was das Gefängnis Bittres hat, gemeinen
Verbrechern gleich, vor des Gerichtes Schranken   95
Gefordert wird und schimpflich angeklagt
Auf Leib und Leben — eine Königin!

    Paulet. Sie kam ins Land als eine Mörderin,
Verjagt von ihrem Volk, des Throns entsetzt,
Den sie mit schwerer Greuelthat geschändet.   100
Verschworen kam sie gegen Englands Glück,
Der spanischen Maria blut'ge Zeiten
Zurück zu bringen, Engelland katholisch
Zu machen, an den Franzmann zu verraten.
Warum verschmähte sie's, den Edinburger   105
Vertrag zu unterschreiben, ihren Anspruch
An England aufzugeben und den Weg
Aus diesem Kerker schnell sich aufzuthun
Mit einem Federstrich? Sie wollte lieber
Gefangen bleiben, sich mißhandelt sehn,   110
Als dieses Titels leerem Prunk entsagen.
Weswegen that sie das? Weil sie den Ränken
Vertraut, den bösen Künsten der Verschwörung,
Und unheilspinnend diese ganze Insel
Aus ihrem Kerker zu erobern hofft.   115

    Kennedy. Ihr spottet, Sir — Zur Härte fügt Ihr
      noch
Den bittern Hohn! Sie hegte solche Träume,
Die hier lebendig eingemauert lebt,
Zu der kein Schall des Trostes, keine Stimme
Der Freundschaft aus der lieben Heimat dringt,   120
Die längst kein Menschenangesicht mehr schaute,
Als ihrer Kerkermeister finstre Stirn,

Die erst seit kurzem einen neuen Wächter
Erhielt in Eurem rauhen Anverwandten,
Von neuen Stäben sich umgittert sieht —   125
    Paulet. Kein Eisengitter schützt vor ihrer List.
Weiß ich, ob diese Stäbe nicht durchfeilt,
Nicht dieses Zimmers Boden, diese Wände,
Von außen fest, nicht hohl von innen sind
Und den Verrat einlassen, wenn ich schlafe?   130
Fluchvolles Amt, das mir geworden ist,
Die unheilbrütend Listige zu hüten.
Vom Schlummer jagt die Furcht mich auf; ich gehe
Nachts um, wie ein gequälter Geist, erprobe
Des Schlosses Riegel und der Wächter Treu   135
Und sehe zitternd jeden Morgen kommen,
Der meine Furcht wahr machen kann. Doch wohl mir!
Wohl! Es ist Hoffnung, daß es bald nun endet.
Denn lieber möcht' ich der Verdammten Schar
Wachstehend an der Höllenpforte hüten,   140
Als diese ränkevolle Königin.
    Kennedy. Da kommt sie selbst!
    Paulet.   Den Christus in der Hand,
Die Hoffart und die Weltlust in dem Herzen.

Zweiter Auftritt.

Maria im Schleier, ein Kruzifix in der Hand. Die Vorigen.

    Kennedy (ihr entgegen eilend). O Königin! Man tritt
      uns ganz mit Füßen,
Der Tyrannei, der Härte wird kein Ziel,   145
Und jeder neue Tag häuft neue Leiden

Und Schmach auf dein gekröntes Haupt.

    Maria.   Faß' dich!

Sag' an, was neu geschehen ist?

    Kennedy.   Sieh her!

Dein Pult ist aufgebrochen, deine Schriften,

Dein einz'ger Schatz, den wir mit Müh gerettet,   150

Der letzte Rest von deinem Brautgeschmeide

Aus Frankreich ist in seiner Hand. Du hast nun

Nichts Königliches mehr, bist ganz beraubt.

    Maria. Beruhige dich, Hanna. Diese Flitter machen

Die Königin nicht aus. Man kann uns niedrig   155

Behandeln, nicht erniedrigen. Ich habe

In England mich an viel gewöhnen lernen,

Ich kann auch das verschmerzen. Sir, Ihr habt Euch

Gewaltsam zugeeignet, was ich Euch

Noch heut zu übergeben willens war.   160

Bei diesen Schriften findet sich ein Brief,

Bestimmt für meine königliche Schwester

Von England — Gebt mir Euer Wort, daß Ihr

Ihn redlich an sie selbst wollt übergeben

Und nicht in Burleighs ungetreue Hand.   165

    Paulet. Ich werde mich bedenken, was zu thun ist.

    Maria. Ihr sollt den Inhalt wissen, Sir. Ich bitte

In diesem Brief um eine große Gunst —

— Um eine Unterredung mit ihr selbst,

Die ich mit Augen nie gesehn — Man hat mich   170

Vor ein Gericht von Männern vorgefordert,

Die ich als meinesgleichen nicht erkennen,

Zu denen ich kein Herz mir fassen kann.

Elisabeth ist meines Stammes, meines

Geschlechts und Ranges — Ihr allein, der Schwester,   175

Der Königin, der Frau kann ich mich öffnen.

    Paulet.   Sehr oft, Mylady, habt Ihr Euer Schicksal
Und Eure Ehre Männern anvertraut,
Die Eurer Achtung minder würdig waren.

    Maria.   Ich bitte noch um eine zweite Gunst,   180
Unmenschlichkeit allein kann mir sie weigern.
Schon lange Zeit entbehr' ich im Gefängnis
Der Kirche Trost, der Sakramente Wohlthat.
Und die mir Kron' und Freiheit hat geraubt,
Die meinem Leben selber droht, wird mir   185
Die Himmelsthüre nicht verschließen wollen.

    Paulet.   Auf Euren Wunsch wird der Dechant des
        Orts —

    Maria (unterbricht ihn lebhaft).   Ich will nichts vom
        Dechanten.   Einen Priester
Von meiner eignen Kirche fordre ich.
— Auch Schreiber und Notarien verlang' ich,   190
Um meinen letzten Willen aufzusetzen.
Der Gram, das lange Kerkerelend nagt
An meinem Leben. Meine Tage sind
Gezählt, befürcht' ich, und ich achte mich
Gleich einer Sterbenden.

    Paulet.   Da thut Ihr wohl,   195
Das sind Betrachtungen, die Euch geziemen.

    Maria.   Und weiß ich, ob nicht eine schnelle Hand
Des Kummers langsames Geschäft beschleunigt?
Ich will mein Testament aufsetzen, will
Verfügung treffen über das, was mein ist.   200

    Paulet.   Die Freiheit habt Ihr. Englands Königin
Will sich mit Eurem Raube nicht bereichern.

    Maria.   Man hat von meinen treuen Kammerfrauen

Von meinen Dienern mich getrennt — Wo sind sie?
Was ist ihr Schicksal? Ihrer Dienste kann ich   205
Entraten; doch beruhigt will ich sein,
Daß die Getreu'n nicht leiden und entbehren.

      Paulet. Für Eure Diener ist gesorgt. (Er will gehen.)

      Maria. Ihr geht, Sir? Ihr verlaßt mich abermals,
Und ohne mein geängstigt fürchtend Herz   210
Der Qual der Ungewißheit zu entladen.
Ich bin, Dank Eurer Späher Wachsamkeit,
Von aller Welt geschieden, keine Kunde
Gelangt zu mir durch diese Kerkermauern,
Mein Schicksal liegt in meiner Feinde Hand.   215
Ein peinlich langer Monat ist vorüber,
Seitdem die vierzig Kommissarien
In diesem Schloß mich überfallen, Schranken
Errichtet, schnell, mit unanständiger Eile,
Mich unbereitet, ohne Anwalts Hilfe,   220
Vor ein noch nie erhört Gericht gestellt,
Auf schlaugefaßte schwere Klagepunkte
Mich, die Betäubte, Überraschte, flugs
Aus dem Gedächtnis Rede stehen lassen —
Wie Geister kamen sie und schwanden wieder.   225
Seit diesem Tage schweigt mir jeder Mund,
Ich such' umsonst in Eurem Blick zu lesen,
Ob meine Unschuld, meiner Freunde Eifer,
Ob meiner Feinde böser Rat gesiegt.
Brecht endlich Euer Schweigen — laßt mich wissen,   230
Was ich zu fürchten, was zu hoffen habe.

      Paulet (nach einer Pause). Schließt Eure Rechnung mit
        dem Himmel ab.

      Maria. Ich hoff' auf seine Gnade, Sir — und hoffe

Auf strenges Recht von meinen ird'schen Richtern.

  Paulet. Recht soll Euch werden. Zweifelt nicht
  daran.   235

  Maria. Ist mein Prozeß entschieden, Sir?

  Paulet.   Ich weiß nicht.

  Maria. Bin ich verurteilt?

  Paulet.   Ich weiß nichts, Mylady.

  Maria. Man liebt hier rasch zu Werk zu gehn. Soll
  mich

Der Mörder überfallen, wie die Richter?

  Paulet. Denkt immerhin, es sei so, und er wird Euch
In beßrer Fassung dann, als diese, finden.   241

  Maria. Nichts soll mich in Erstaunen setzen, Sir,
Was ein Gerichtshof in Westminsterhall,
Den Burleighs Haß und Hattons Eifer lenkt,
Zu urteln sich erdreiste — Weiß ich doch,   245
Was Englands Königin wagen darf zu thun.

  Paulet. Englands Beherrscher brauchen nichts zu
  scheuen,

Als ihr Gewissen und ihr Parlament.
Was die Gerechtigkeit gesprochen, furchtlos,
Vor aller Welt wird es die Macht vollziehn.   250

Dritter Auftritt.

Die Vorigen. Mortimer, Paulets Neffe, tritt herein und, ohne der
Königin einige Aufmerksamkeit zu bezeigen, zu Paulet.

  Mortimer. Man sucht Euch, Oheim.

(Er entfernt sich auf eben die Weise. Die Königin bemerkt es mit Unwillen und wendet sich zu Paulet, der ihm folgen will.)

Maria.　　　　　　Sir, noch eine Bitte.
Wenn Ihr mir was zu sagen habt — von Euch
Ertrag' ich viel, ich ehre Euer Alter.
Den Übermut des Jünglings trag' ich nicht,
Spart mir den Anblick seiner rohen Sitten.　　　　255

Paulet.　Was ihn Euch widrig macht, macht mir ihn
　　　wert.
Wohl ist es keiner von den weichen Thoren,
Die eine falsche Weiberthräne schmelzt —
Er ist gereist, kommt aus Paris und Reims
Und bringt sein treu altenglisch Herz zurück:　　　260
Lady, an dem ist Eure Kunst verloren! (Geht ab.)

Vierter Auftritt.

Maria. Kennedy.

Kennedy.　Darf Euch der Rohe das ins Antlitz sagen!
O, es ist hart!
Maria (in Nachdenken verloren).　Wir haben in den Tagen
　　　unsers Glanzes
Dem Schmeichler ein zu willig Ohr geliehn;　　　265
Gerecht ist's, gute Kennedy, daß wir
Des Vorwurfs ernste Stimme nun vernehmen.
Kennedy.　Wie? so gebeugt, so mutlos, teure Lady?
Wart Ihr doch sonst so froh, Ihr pflegtet mich zu trösten,
Und eher mußt' ich Euren Flattersinn,　　　　270
Als Eure Schwermut schelten.
Maria.　　　　　　Ich erkenn' ihn.
Es ist der blut'ge Schatten König Darnleys,
Der zürnend aus dem Gruftgewölbe steigt,

Und er wird nimmer Friede mit mir machen,

Bis meines Unglücks Maß erfüllet ist.   275

     Kennedy.   Was für Gedanken —

     Maria.   Du vergissest, Hanna —

Ich aber habe ein getreu Gedächtnis —

Der Jahrstag dieser unglückseligen That

Ist heute abermals zurückgekehrt,

Er ist's, den ich mit Buß' und Fasten feire.   280

     Kennedy.   Schickt endlich diesen bösen Geist zur Ruh.

Ihr habt die That mit jahrelanger Reu,

Mit schweren Leidensproben abgebüßt.

Die Kirche, die den Löseschlüssel hat

Für jede Schuld, der Himmel hat vergeben.   285

     Maria.   Frischblutend steigt die längst vergebne Schuld

Aus ihrem leichtbedeckten Grab empor!

Des Gatten racheforderndes Gespenst

Schickt keines Meßedieners Glocke, kein

Hochwürdiges in Priesters Hand zur Gruft.   290

     Kennedy.   Nicht Ihr habt ihn gemordet! Andre
       thaten's!

     Maria.   Ich wußte drum.   Ich ließ die That geschehn

Und lockt' ihn schmeichelnd in das Todesnetz.

     Kennedy.   Die Jugend mildert Eure Schuld. Ihr
       wart

So zarten Alters noch.

     Maria.   So zart — und lud   295

Die schwere Schuld auf mein so junges Leben.

     Kennedy.   Ihr wart durch blutige Beleidigung

Gereizt und durch des Mannes Übermut,

Den Eure Liebe aus der Dunkelheit,

Wie eine Götterhand, hervorgezogen,   300

Den Ihr durch Euer Brautgemach zum Throne
Geführt, mit Eurer blühenden Person
Beglückt und Eurer angestammten Krone.
Konnt' er vergessen, daß sein prangend Los
Der Liebe großmutsvolle Schöpfung war?   305
Und doch vergaß er's, der Unwürdige!
Beleidigte mit niedrigem Verdacht,
Mit rohen Sitten Eure Zärtlichkeit,
Und widerwärtig wurd' er Euren Augen.
Der Zauber schwand, der Euren Blick getäuscht,   310
Ihr floht erzürnt des Schändlichen Umarmung
Und gabt ihn der Verachtung preis — Und er —
Versucht' er's, Eure Gunst zurückzurufen?
Bat er um Gnade? Warf er sich bereuend
Zu Euren Füßen, Besserung versprechend?   315
Trotz bot Euch der Abscheuliche — Der Euer
Geschöpf war, Euren König wollt' er spielen,
Vor Euren Augen ließ er Euch den Liebling,
Den schönen Sänger Rizzio, durchbohren —
Ihr rächtet blutig nur die blut'ge That.   320

    Maria. Und blutig wird sie auch an mir sich rächen,
Du sprichst mein Urteil aus, da du mich tröstest.

    Kennedy. Da Ihr die That geschehn ließt, wart Ihr nicht
Ihr selbst, gehörtet Euch nicht selbst. Ergriffen
Hatt' Euch der Wahnsinn blinder Liebesglut,   325
Euch unterjocht dem furchtbaren Verführer,
Dem unglücksel'gen Bothwell — über Euch
Mit übermüt'gem Männerwillen herrschte
Der Schreckliche, der Euch durch Zaubertränke,
Durch Höllenkünste das Gemüt verwirrend,   330
Erhitzte —

M. S.   2

Maria.   Seine Künste waren keine andre,
Als seine Männerkraft und meine Schwachheit.

Kennedy. Nein, sag' ich. Alle Geister der Ver-
    dammnis
Mußt' er zu Hilfe rufen, der dies Band
Um Eure hellen Sinne wob. Ihr hattet   335
Kein Ohr mehr für der Freundin Warnungsstimme,
Kein Aug' für das, was wohlanständig war.
Verlassen hatte Euch die zarte Scheu
Der Menschen; Eure Wangen, sonst der Sitz
Schamhaft errötender Bescheidenheit,   340
Sie glühten nur vom Feuer des Verlangens.
Ihr warft den Schleier des Geheimnisses
Von Euch; des Mannes keckes Laster hatte
Auch Eure Blödigkeit besiegt; Ihr stelltet
Mit dreister Stirne Eure Schmach zur Schau.   345
Ihr ließt das königliche Schwert von Schottland
Durch ihn, den Mörder, dem des Volkes Flüche
Nachschallten, durch die Gassen Edinburgs
Vor Euch hertragen im Triumph, umringtet
Mit Waffen Euer Parlament, und hier,   350
Im eignen Tempel der Gerechtigkeit,
Zwangt Ihr mit frechem Possenspiel die Richter,
Den Schuldigen des Mordes loszusprechen —
Ihr gingt noch weiter — Gott!

Maria.   Vollende nur!
Und reicht' ihm meine Hand vor dem Altare!   355

Kennedy. O, laßt ein ewig Schweigen diese That
Bedecken! Sie ist schauderhaft, empörend,
Ist einer ganz Verlornen wert — Doch Ihr seid keine
Verlorene — ich kenn' Euch ja, ich bin's,

Die Eure Kindheit auferzogen. Weich　　　　　360
Ist Euer Herz gebildet, offen ist's
Der Scham — der Leichtsinn nur ist Euer Laster.
Ich wiederhol' es, es giebt böse Geister,
Die in des Menschen unverwahrter Brust
Sich augenblicklich ihren Wohnplatz nehmen,　　365
Die schnell in uns das Schreckliche begehn
Und, zu der Höll' entfliehend, das Entsetzen
In dem befleckten Busen hinterlassen.
Seit dieser That, die Euer Leben schwärzt,
Habt Ihr nichts Lasterhaftes mehr begangen,　　370
Ich bin ein Zeuge Eurer Besserung.
Drum fasset Mut! Macht Friede mit Euch selbst!
Was Ihr auch zu bereuen habt, in England
Seid Ihr nicht schuldig; nicht Elisabeth,
Nicht Englands Parlament ist Euer Richter.　　375
Macht ist's, die Euch hier unterdrückt; vor diesen
Anmaßlichen Gerichtshof dürft Ihr Euch
Hinstellen mit dem ganzen Mut der Unschuld.

　　　Maria. Wer kommt? (Mortimer zeigt sich an der Thüre.)
　　　Kennedy.　　　　Es ist der Neffe. Geht hinein.

Fünfter Auftritt.

Die Vorigen. Mortimer scheu hereintretend.

Mortimer (zur Amme). Entfernt Euch, haltet **Wache**
　　vor der Thür,　　　　　　　　　　　　　380
Ich habe mit der Königin zu reden.
　　　Maria (mit Ansehn). Hanna, du bleibst.

Mortimer. Habt keine Furcht, Mylady. Lernt mich kennen.

(Er überreicht ihr eine Karte.)

Maria *(sieht sie an und fährt bestürzt zurück).* Ha! Was ist das?

Mortimer *(zur Amme).* Geht, Dame Kennedy, Sorgt, daß mein Oheim uns nicht überfalle! 385

Maria *(zur Amme, welche zaudert und die Königin fragend ansieht).* Geh! Geh! Thu, was er sagt.

(Die Amme entfernt sich mit Zeichen der Verwunderung.)

Sechster Auftritt.

Mortimer, Maria.

Maria. Von meinem Oheim,
Dem Kardinal von Lothringen aus Frankreich! *(Liest.)*
„Traut dem Sir Mortimer, der Euch dies bringt,
„Denn keinen treuern Freund habt Ihr in England.“
(Mortimern mit Erstaunen ansehend.)
Ist's möglich? Ist's kein Blendwerk, das mich täuscht?
So nahe find' ich einen Freund und wähnte mich 391
Verlassen schon von aller Welt — find' ihn
In Euch, dem Neffen meines Kerkermeisters,
In dem ich meinen schlimmsten Feind —

Mortimer *(sich ihr zu Füßen werfend).* Verzeihung
Für diese verhaßte Larve, Königin, 395
Die mir zu tragen Kampf genug gekostet,
Doch der ich's danke, daß ich mich Euch nahen,
Euch Hilfe und Errettung bringen kann.

Maria Steht auf — Ihr überrascht mich, Sir — Ich kann

So schnell nicht aus der Tiefe meines Elends   400
Zur Hoffnung übergehen — Redet, Sir —
Macht mir dies Glück begreiflich, daß ich's glaube.

    Mortimer (steht auf). Die Zeit verrinnt. Bald wird
        mein Oheim hier sein,
Und ein verhaßter Mensch begleitet ihn.
Eh' Euch ihr Schreckensauftrag überrascht,   405
Hört an, wie Euch der Himmel Rettung schickt.

    Maria. Er schickt sie durch ein Wunder seiner All=
        macht!

    Mortimer. Erlaubt, daß ich von mir beginne.

    Maria.   Redet, Sir!

    Mortimer. Ich zählte zwanzig Jahre, Königin,
In strengen Pflichten war ich aufgewachsen,   410
In finsterm Haß des Papsttums aufgesäugt,
Als mich die unbezwingliche Begierde
Hinaus trieb auf das feste Land. Ich ließ
Der Puritaner dumpfe Predigtstuben,
Die Heimat hinter mir, in schnellem Lauf   415
Durchzog ich Frankreich, das gepriesene
Italien mit heißem Wunsche suchend.

  Es war die Zeit des großen Kirchenfests,
Von Pilgerscharen wimmelten die Wege,
Bekränzt war jedes Gottesbild, es war,   420
Als ob die Menschheit auf der Wanderung wäre,
Wallfahrend nach dem Himmelreich — Mich selbst
Ergriff der Strom der glaubenvollen Menge
Und riß mich in das Weichbild Roms —

  Wie ward mir, Königin!   425
Als mir der Säulen Pracht und Siegesbogen

Entgegenstieg, des Kolosseums Herrlichkeit.
Den Staunenden umfing, ein hoher Bildnergeist
In seine heitre Wunderwelt mich schloß!
Ich hatte nie der Künste Macht gefühlt;   430
Es haßt die Kirche, die mich auferzog,
Der Sinne Reiz, kein Abbild duldet sie,
Allein das körperlose Wort verehrend.
Wie wurde mir, als ich ins Innre nun
Der Kirchen trat und die Musik der Himmel   435
Herunterstieg und der Gestalten Fülle
Verschwenderisch aus Wand und Decke quoll,
Das Herrlichste und Höchste, gegenwärtig,
Vor den entzückten Sinnen sich bewegte;
Als ich sie selbst nun sah, die Göttlichen,   440
Den Gruß des Engels, die Geburt des Herrn,
Die heil'ge Mutter, die herabgestiegne
Dreifaltigkeit, die leuchtende Verklärung —
Als ich den Papst drauf sah in seiner Pracht
Das Hochamt halten und die Völker segnen.   445
O, was ist Goldes, was Juwelen Schein,
Womit der Erde Könige sich schmücken!
Nur er ist mit dem Göttlichen umgeben.
Ein wahrhaft Reich der Himmel ist sein Haus,
Denn nicht von dieser Welt sind diese Formen.   450
    Maria. O, schonet mein! Nicht weiter! Höret auf,
Den frischen Lebensteppich vor mir aus
Zu breiten — Ich bin elend und gefangen.
    Mortimer. Auch ich war's, Königin! und mein Ge-
      fängnis
Sprang auf, und frei auf einmal fühlte sich   455
Der Geist, des Lebens schönen Tag begrüßend.

Haß schwur ich nun dem engen dumpfen Buch,
Mit frischem Kranz die Schläfe mir zu schmücken,
Mich fröhlich an die Fröhlichen zu schließen.
Viel edle Schotten drängten sich an mich　　　460
Und der Franzosen muntre Landsmannschaften.
Sie brachten mich zu Eurem edlen Oheim,
Dem Kardinal von Guise — Welch ein Mann!
Wie sicher, klar und männlich groß! — Wie ganz
Geboren, um die Geister zu regieren!　　　465
Das Muster eines königlichen Priesters,
Ein Fürst der Kirche, wie ich keinen sah!

　　　Maria.　Ihr habt sein teures Angesicht gesehn,
Des vielgeliebten, des erhabnen Mannes,
Der meiner zarten Jugend Führer war.　　　470
O, redet mir von ihm! Denkt er noch mein?
Liebt ihn das Glück, blüht ihm das Leben noch,
Steht er noch herrlich da, ein Fels der Kirche?

　　　Mortimer.　Der Treffliche ließ selber sich herab,
Die hohen Glaubenslehren mir zu deuten　　　475
Und meines Herzens Zweifel zu zerstreun.
Er zeigte mir, daß grübelnde Vernunft
Den Menschen ewig in der Irre leitet,
Daß seine Augen sehen müssen, was
Das Herz soll glauben, daß ein sichtbar Haupt　　　480
Der Kirche not thut, daß der Geist der Wahrheit
Geruht hat auf den Sitzungen der Väter.
Die Wahnbegriffe meiner kind'schen Seele,
Wie schwanden sie vor seinem siegenden
Verstand und vor der Suada seines Mundes!　　　485
Ich kehrte in der Kirche Schoß zurück,
Schwur meinen Irrthum ab in seine Hände.

    Maria. So seid Ihr einer jener Tausende,
Die er mit seiner Rede Himmelskraft,
Wie der erhabne Prediger des Berges,   490
Ergriffen und zum ew'gen Heil geführt!

    Mortimer. Als ihn des Amtes Pflichten bald darauf
Nach Frankreich riefen, sandt' er mich nach Reims,
Wo die Gesellschaft Jesu, fromm geschäftig,
Für Englands Kirche Priester auferzieht.   495
Den edlen Schotten Morgan fand ich hier,
Auch Euren treuen Leßley, den gelehrten
Bischof von Roße, die auf Frankreichs Boden
Freudlose Tage der Verbannung leben —
Eng schloß ich mich an diese Würdigen   500
Und stärkte mich im Glauben — Eines Tags,
Als ich mich umsah in des Bischofs Wohnung,
Fiel mir ein weiblich Bildnis in die Augen
Von rührend wundersamem Reiz; gewaltig
Ergriff es mich in meiner tiefsten Seele,   505
Und des Gefühls nicht mächtig stand ich da.
Da sagte mir der Bischof: Wohl mit Recht
Mögt Ihr gerührt bei diesem Bilde weilen.
Die schönste aller Frauen, welche leben,
Ist auch die jammernswürdigste von allen,   510
Um unsres Glaubens willen duldet sie,
Und Euer Vaterland ist's, wo sie leidet.

    Maria. Der Redliche! Nein, ich verlor nicht alles,
Da solcher Freund im Unglück mir geblieben.

    Mortimer. Drauf fing er an, mit herzerschütternder
Beredsamkeit mir Euer Märtyrtum   516
Und Eurer Feinde Blutgier abzuschildern.
Auch Euern Stammbaum wies er mir, er zeigte

Mir Eure Abkunst von dem hohen Hause
Der Tudor, überzeugte mich, daß Euch   520
Allein gebührt, in Engelland zu herrschen,
Nicht dieser Afterkönigin, gezeugt
In ehebrecherischem Bett, die Heinrich,
Ihr Vater, selbst verwarf als Bastardtochter.
Nicht seinem einz'gen Zeugnis wollt' ich traun,   525
Ich holte Rat bei allen Rechtsgelehrten,
Viel alte Wappenbücher schlug ich nach,
Und alle Kundige, die ich befragte,
Bestätigten mir Eures Anspruchs Kraft.
Ich weiß nunmehr, daß Euer gutes Recht   530
An England Euer ganzes Unrecht ist,
Daß Euch dies Reich als Eigentum gehört,
Worin Ihr schuldlos als Gefangne schmachtet.

    Maria. O dieses unglücksvolle Recht! Es ist
Die einz'ge Quelle aller meiner Leiden.   535

    Mortimer. Um diese Zeit kam mir die Kunde zu
Daß Ihr aus Talbots Schloß hinweggeführt
Und meinem Oheim übergeben worden —
Des Himmels wundervolle Rettungshand
Glaubt' ich in dieser Fügung zu erkennen,   540
Ein lauter Ruf des Schicksals war sie mir,
Das meinen Arm gewählt, Euch zu befreien.
Die Freunde stimmen freudig bei, es gibt
Der Kardinal mir seinen Rat und Segen
Und lehrt mich der Verstellung schwere Kunst.   545
Schnell ward der Plan entworfen, und ich trete
Den Rückweg an ins Vaterland, wo ich,
Ihr wißt's, vor zehen Tagen bin gelandet. (Er hält inne.)
Ich sah Euch, Königin — Euch selbst!

Nicht Euer Bild! — O, welchen Schatz bewahrt   550
Dies Schloß! Kein Kerker! Eine Götterhalle,
Glanzvoller als der königliche Hof
Von England — O des Glücklichen, dem es
Vergönnt ist, eine Luft mit Euch zu atmen!

    Wohl hat sie recht, die Euch so tief verbirgt!   555
Aufstehen würde Englands ganze Jugend,
Kein Schwert in seiner Scheide müßig bleiben
Und die Empörung mit gigantischem Haupt
Durch diese Friedensinsel schreiten, sähe
Der Britte seine Königin!

    Maria.   Wohl ihr,   560
Säh' jeder Britte sie mit Euren Augen!

    Mortimer. Wär' er, wie ich, ein Zeuge Eurer
      Leiden,
Der Sanftmut Zeuge und der edlen Fassung,
Womit Ihr das Unwürdige erduldet.
Denn geht Ihr nicht aus allen Leidensproben   565
Als eine Königin hervor? Raubt Euch
Des Kerkers Schmach von Eurem Schönheitsglanze?
Euch mangelt alles, was das Leben schmückt,
Und doch umfließt Euch ewig Licht und Leben.
Nie setz' ich meinen Fuß auf diese Schwelle,   570
Daß nicht mein Herz zerrissen wird von Qualen,
Nicht von der Lust entzückt, Euch anzuschauen! —
Doch furchtbar naht sich die Entscheidung, wachsend
Mit jeder Stunde dringet die Gefahr;
Ich darf nicht länger säumen — Euch nicht länger   575
Das Schreckliche verbergen —

    Maria.   Ist mein Urteil
Gefällt? Entdeckt mir's frei. Ich kann es hören.

　　Mortimer. Es ist gefällt. Die zwei und vierzig Richter
　　　　haben
Ihr Schuldig ausgesprochen über Euch. Das Haus
Der Lords und der Gemeinen, die Stadt London　　580
Bestehen heftig dringend auf des Urteils
Vollstreckung; nur die Königin säumt noch
— Aus arger List, daß man sie nötige,
Nicht aus Gefühl der Menschlichkeit und Schonung.

　　Maria (mit Fassung). Sir Mortimer, Ihr überrascht
　　　　mich nicht,　　585
Erschreckt mich nicht. Auf solche Botschaft war ich
Schon längst gefaßt. Ich kenne meine Richter.
Nach den Mißhandlungen, die ich erlitten,
Begreif' ich wohl, daß man die Freiheit mir
Nicht schenken kann — Ich weiß, wo man hinaus will.　　590
In ew'gem Kerker will man mich bewahren
Und meine Rache, meinen Rechtsanspruch
Mit mir verscharren in Gefängnisnacht.

　　Mortimer. Nein, Königin — o nein! nein! Dabei
　　　　steht man
Nicht still. Die Tyrannei begnügt sich nicht,　　595
Ihr Werk nur halb zu thun. So lang Ihr lebt,
Lebt auch die Furcht der Königin von England.
Euch kann kein Kerker tief genug begraben,
Nur Euer Tod versichert ihren Thron.

　　Maria. Sie könnt' es wagen, mein gekröntes Haupt
Schmachvoll auf einen Henkerblock zu legen?　　601

　　Mortimer. Sie wird es wagen. Zweifelt nicht daran.

　　Maria. Sie könnte so die eigne Majestät
Und aller Könige im Staube wälzen?
Und fürchtet sie die Rache Frankreichs nicht?　　605

    Mortimer. Sie schließt mit Frankreich einen ew'gen
      Frieden,
Dem Duc von Anjou schenkt sie Thron und Hand.
    Maria. Wird sich der König Spaniens nicht waffnen?
    Mortimer. Nicht eine Welt in Waffen fürchtet sie,
So lang sie Frieden hat mit ihrem Volke.   610
    Maria. Den Britten wollte sie dies Schauspiel
      geben?
    Mortimer. Dies Land, Mylady, hat in letzten
      Zeiten
Der königlichen Frauen mehr vom Thron
Herab aufs Blutgerüste steigen sehn.
Die eigne Mutter der Elisabeth   615
Ging diesen Weg und Katharina Howard,
Auch Lady Gray war ein gekröntes Haupt.
    Maria (nach einer Pause). Nein, Mortimer! Euch
      blendet eitle Furcht.
Es ist die Sorge Eures treuen Herzens,
Die Euch vergebne Schrecknisse erschafft.   620
Nicht das Schaffot ist's, das ich fürchte, Sir.
Es gibt noch andre Mittel, stillere,
Wodurch sich die Beherrscherin von England
Vor meinem Anspruch Ruhe schaffen kann.
Eh' sich ein Henker für mich findet, wird   625
Noch eher sich ein Mörder dingen lassen.
—Das ist's, wovor ich zittre, Sir! und nie
Setz' ich des Bechers Rand an meine Lippen,
Daß nicht ein Schauder mich ergreift, er könnte
Kredenzt sein von der Liebe meiner Schwester.   630
    Mortimer. Nicht offenbar, noch heimlich soll's dem
      Mord

Gelingen, Euer Leben anzutasten.
Seid ohne Furcht! Bereitet ist schon alles.
Zwölf edle Jünglinge des Landes sind
In meinem Bündnis, haben heute früh   635
Das Sakrament darauf empfangen, Euch
Mit starkem Arm aus diesem Schloß zu führen.
Graf Aubespine, der Abgesandte Frankreichs,
Weiß um den Bund, er bietet selbst die Hände,
Und sein Palast ist's, wo wir uns versammeln.   640

    Maria.   Ihr macht mich zittern, Sir — doch nicht
      vor Freude.
Mir fliegt ein böses Ahnen durch das Herz.
Was unternehmt Ihr? Wißt Ihr's? Schrecken Euch
Nicht Babingtons, nicht Tichburns blut'ge Häupter,
Auf Londons Brücke warnend aufgesteckt?   645
Nicht das Verderben der Unzähligen,
Die ihren Tod in gleichem Wagstück fanden
Und meine Ketten schwerer nur gemacht?
Unglücklicher, verführter Jüngling — flieht!
Flieht, wenn's noch Zeit ist — wenn der Späher Burleigh
Nicht jetzt schon Kundschaft hat von Euch, nicht schon 651
In Eure Mitte den Verräter mischte.
Flieht aus dem Reiche schnell! Marien Stuart
Hat noch kein Glücklicher beschützt.

    Mortimer.   Mich schrecken
Nicht Babingtons, nicht Tichburns blut'ge Häupter,   655
Auf Londons Brücke warnend aufgesteckt,
Nicht das Verderben der unzähl'gen andern,
Die ihren Tod in gleichem Wagstück fanden;
Sie fanden auch darin den ew'gen Ruhm,
Und Glück schon ist's, für Eure Rettung sterben.   660

Maria.   Umfonft! Mich rettet nicht Gewalt, nicht Lift.
Der Feind ift wachsam, und die Macht ift sein.
Nicht Paulet nur und seiner Wächter Schar,
Ganz England hütet meines Kerkers Thore.
Der freie Wille der Elisabeth allein   665
Kann sie mir aufthun.

    Mortimer.   O, das hoffet nie!

    Maria.   Ein einz'ger Mann lebt, der sie öffnen kann.

    Mortimer.   O nennt mir diesen Mann —

    Maria.   Graf Lester.

    Mortimer (tritt erstaunt zurück).   Lester!

Graf Lester! — Euer blutigfter Verfolger,
Der Günftling der Elisabeth — Von diesem —   670

    Maria.   Bin ich zu retten, ift's allein durch ihn.
— Geht zu ihm. Öffnet Euch ihm frei,
Und zur Gewähr, daß ich's bin, die Euch sendet,
Bringt ihm dies Schreiben.   Es enthält mein Bildnis.
(Sie zieht ein Papier aus dem Busen, Mortimer tritt zurück und zögert,
es anzunehmen.)

Nehmt hin.   Ich trag' es lange schon bei mir,   675
Weil Eures Oheims strenge Wachsamkeit
Mir jeden Weg zu ihm gehemmt — Euch sandte
Mein guter Engel —

    Mortimer.   Königin — dies Rätsel —
Erklärt es mir —

    Maria.   Graf Lester wird's Euch lösen.
Vertraut ihm, er wird Euch vertraun — Wer kommt? 680

    Kennedy (eilfertig eintretend).   Sir Paulet naht mit
      einem Herrn vom Hofe.

    Mortimer.   Es ist Lord Burleigh.   Faßt Euch, Kö-
      nigin!

Hört es mit Gleichmut an, was er Euch bringt.
(Er entfernt sich durch eine Seitenthüre.   Kennedy folgt ihm.)

Siebenter Auftritt.

Maria.   Lord Burleigh, Großschatzmeister von England, und
Ritter Paulet.

Paulet.   Ihr wünschtet heut Gewißheit Eures Schick-
sals,
Gewißheit bringt Euch Seine Herrlichkeit,   685
Mylord von Burleigh.   Tragt sie mit Ergebung.
Maria.   Mit Würde, hoff' ich, die der Unschuld
ziemt.
Burleigh.   Ich komme als Gesandter des Gerichts.
Maria.   Lord Burleigh leiht dienstfertig dem Gerichte,
Dem er den Geist geliehn, nun auch den Mund.   690
Paulet.   Ihr sprecht, als wüßtet Ihr bereits das
Urteil.
Maria.   Da es Lord Burleigh bringt, so weiß ich es.
— Zur Sache, Sir.
Burleigh.   Ihr habt Euch dem Gericht
Der Zweiundvierzig unterworfen, Lady —
Maria.   Verzeiht, Mylord, daß ich Euch gleich zu
Anfang   695
Ins Wort muß fallen — Unterworfen hätt' ich mich
Dem Richterspruch der Zweiundvierzig, sagt Ihr?
Ich habe keineswegs mich unterworfen.
Nie konnt' ich das — ich konnte meinem Rang,
Der Würde meines Volks und meines Sohnes   700
Und aller Fürsten nicht so viel vergeben.
Verordnet ist im englischen Gesetz,

Daß jeder Angeklagte durch Geschworne
Von seinesgleichen soll gerichtet werden.
Wer in der Committee ist meinesgleichen?   705
Nur Könige sind meine Peers.

       Burleigh.   Ihr hörtet
Die Klagartikel an, ließt Euch darüber
Vernehmen vor Gerichte —

       Maria.   Ja, ich habe mich
Durch Hattons arge List verleiten lassen,
Bloß meiner Ehre wegen und im Glauben   710
An meiner Gründe siegende Gewalt,
Ein Ohr zu leihen jenen Klagepunkten
Und ihren Ungrund darzuthun — Das that ich
Aus Achtung für die würdigen Personen
Der Lords, nicht für ihr Amt, das ich verwerfe.   715

       Burleigh. Ob Ihr sie anerkennt, ob nicht, Mylady,
Das ist nur eine leere Förmlichkeit,
Die des Gerichtes Lauf nicht hemmen kann.
Ihr atmet Englands Luft, genießt den Schutz,
Die Wohlthat des Gesetzes, und so seid Ihr   720
Auch seiner Herrschaft unterthan!

       Maria.   Ich atme
Die Luft in einem englischen Gefängnis.
Heißt das in England leben, der Gesetze
Wohlthat genießen? Kenn' ich sie doch kaum.
Nie hab' ich eingewilligt, sie zu halten.   725
Ich bin nicht dieses Reiches Bürgerin,
Bin eine freie Königin des Auslands.

       Burleigh. Und denkt Ihr, daß der königliche Name
Zum Freibrief dienen könne, blut'ge Zwietracht
In fremdem Lande straflos auszusäen?   730

Wie stünd' es um die Sicherheit der Staaten,
Wenn das gerechte Schwert der Themis nicht
Die schuld'ge Stirn des königlichen Gastes
Erreichen könnte, wie des Bettlers Haupt?

    Maria. Ich will mich nicht der Rechenschaft entziehn,
Die Richter sind es nur, die ich verwerfe.   736
    Burleigh. Die Richter! Wie, Mylady? Sind es etwa
Vom Pöbel aufgegriffene Verworfne,
Schamlose Zungendrescher, denen Recht
Und Wahrheit feil ist, die sich zum Organ   740
Der Unterdrückung willig dingen lassen?
Sind's nicht die ersten Männer dieses Landes,
Selbständig gnug, um wahrhaft sein zu dürfen,
Um über Fürstenfurcht und niedrige
Bestechung weit erhaben sich zu sehn?   745
Sind's nicht dieselben, die ein edles Volk
Frei und gerecht regieren, deren Namen
Man nur zu nennen braucht, um jeden Zweifel,
Um jeden Argwohn schleunig stumm zu machen?
An ihrer Spitze steht der Völkerhirte,   750
Der fromme Primas von Canterbury,
Der weise Talbot, der des Siegels wahret,
Und Howard, der des Reiches Flotten führt.
Sagt! Konnte die Beherrscherin von England
Mehr thun, als aus der ganzen Monarchie   755
Die Edelsten auslesen und zu Richtern
In diesem königlichen Streit bestellen?
Und wär's zu denken, daß Parteienhaß
Den Einzelnen bestäche — können vierzig
Erlesne Männer sich in einem Spruche   760
Der Leidenschaft vereinigen?

Maria (nach einigem Stillschweigen). Ich höre staunend
    die Gewalt des Mundes,
Der mir von je so unheilbringend war —
Wie werd' ich mich, ein ungelehrtes Weib,
Mit so kunstfert'gem Redner messen können! —   765
Wohl! Wären diese Lords, wie Ihr sie schildert,
Verstummen müßt' ich, hoffnungslos verloren
Wär' meine Sache, sprächen sie mich schuldig.
Doch diese Namen, die Ihr preisend nennt,
Die mich durch ihr Gewicht zermalmen sollen,   770
Mylord, ganz andre Rollen seh' ich sie
In den Geschichten dieses Landes spielen.
Ich sehe diesen hohen Adel Englands,
Des Reiches majestätischen Senat,
Gleich Sklaven des Serails den Sultanslaunen   775
Heinrichs des Achten, meines Großohms, schmeicheln —
Ich sehe dieses edle Oberhaus,
Gleich feil mit den erkäuflichen Gemeinen,
Gesetze prägen und verrufen, Ehen
Auflösen, binden, wie der Mächtige   780
Gebietet, Englands Fürstentöchter heute
Enterben, mit dem Bastardnamen schänden
Und morgen sie zu Königinnen krönen.
Ich sehe diese würd'gen Peers mit schnell
Vertauschter Überzeugung unter vier   785
Regierungen den Glauben viermal ändern —
    Burleigh. Ihr nennt Euch fremd in Englands Reichs=
        gesetzen,
In Englands Unglück seid Ihr sehr bewandert.
    Maria. Und das sind meine Richter! — Lord Schatz=
        meister!

Ich will gerecht sein gegen Euch! Seid Ihr's   790
Auch gegen mich — Man sagt, Ihr meint es gut
Mit diesem Staat, mit Eurer Königin,
Seid unbestechlich, wachsam, unermüdet —
Ich will es glauben. Nicht der eigne Nutzen
Regiert Euch, Euch regiert allein der Vorteil   795
Des Souveräns, des Landes. Eben darum
Mißtraut Euch, edler Lord, daß nicht der Nutzen
Des Staats Euch als Gerechtigkeit erscheine.
Nicht zweifl' ich dran, es sitzen neben Euch
Noch edle Männer unter meinen Richtern.   800
Doch sie sind Protestanten, Eiferer
Für Englands Wohl und sprechen über mich,
Die Königin von Schottland, die Papistin!
Es kann der Britte gegen den Schotten nicht
Gerecht sein, ist ein uralt Wort — Drum ist   805
Herkömmlich seit der Väter grauer Zeit,
Daß vor Gericht kein Britte gegen den Schotten,
Kein Schotte gegen jenen zeugen darf.
Die Not gab dieses seltsame Gesetz;
Ein tiefer Sinn wohnt in den alten Bräuchen,   810
Man muß sie ehren, Mylord — die Natur
Warf diese beiden feur'gen Völkerschaften
Auf dieses Brett im Ozean; ungleich
Verteilte sie's und hieß sie darum kämpfen.
Der Tweede schmales Bette trennt allein   815
Die heft'gen Geister; oft vermischte sich
Das Blut der Kämpfenden in ihren Wellen.
Die Hand am Schwerte, schauen sie sich drohend
Von beiden Ufern an seit tausend Jahren.
Kein Feind bedränget Engelland, dem nicht   820

Der Schotte sich zum Helfer zugesellte;
Kein Bürgerkrieg entzündet Schottlands Städte,
Zu dem der Britte nicht den Zunder trug.
Und nicht erlöschen wird der Haß, bis endlich
Ein Parlament sie brüderlich vereint,   825
Ein Zepter waltet durch die ganze Insel.

    Burleigh. Und eine Stuart sollte dieses Glück
Dem Reich gewähren?

    Maria.   Warum soll ich's leugnen?
Ja, ich gesteh's, daß ich die Hoffnung nährte,
Zwei edle Nationen unterm Schatten   830
Des Ölbaums frei und fröhlich zu vereinen.
Nicht ihres Völkerhasses Opfer glaubt' ich
Zu werden; ihre lange Eifersucht,
Der alten Zwietracht unglücksel'ge Glut
Hofft' ich auf ew'ge Tage zu ersticken   835
Und, wie mein Ahnherr Richmond die zwei Rosen
Zusammenband nach blut'gem Streit, die Kronen
Schottland und England friedlich zu vermählen.

    Burleigh. Auf schlimmem Weg verfolgtet Ihr dies Ziel,
Da Ihr das Reich entzünden, durch die Flammen   840
Des Bürgerkriegs zum Throne steigen wolltet.

    Maria. Das wollt' ich nicht — beim großen Gott
      des Himmels!
Wann hätt' ich das gewollt? Wo sind die Proben?

    Burleigh. Nicht Streitens wegen kam ich her. Die
      Sache
Ist keinem Wortgefecht mehr unterworfen.   845
Es ist erkannt durch vierzig Stimmen gegen zwei,
Daß Ihr die Akte vom vergangnen Jahr
Gebrochen, dem Gesetz verfallen seid.

Es ist verordnet im vergangnen Jahr:
„Wenn sich Tumult im Königreich erhübe   850
„Im Namen und zum Nutzen irgend einer
„Person, die Rechte vorgibt an die Krone,
„Daß man gerichtlich gegen sie verfahre,
„Bis in den Tod die schuldige verfolge"—
Und da bewiesen ist—

   Maria.   Mylord von Burleigh!   855
Ich zweifle nicht, daß ein Gesetz, ausdrücklich
Auf mich gemacht, verfaßt, mich zu verderben,
Sich gegen mich wird brauchen lassen — Wehe
Dem armen Opfer, wenn derselbe Mund,
Der das Gesetz gab, auch das Urteil spricht!   860
Könnt Ihr es leugnen, Lord, daß jene Akte
Zu meinem Untergang ersonnen ist?

  Burleigh. Zu Eurer Warnung sollte sie gereichen,
Zum Fallstrick habt Ihr selber sie gemacht.
Den Abgrund saht Ihr, der vor Euch sich aufthat,   865
Und, treu gewarnt, stürztet Ihr hinein.
Ihr wart mit Babington, dem Hochverräter,
Und seinen Mordgesellen einverstanden,
Ihr hattet Wissenschaft von allem, lenktet
Aus Eurem Kerker planvoll die Verschwörung.   870

  Maria. Wann hätt' ich das gethan? Man zeige mir
Die Dokumente auf.

  Burleigh.   Die hat man Euch
Schon neulich vor Gerichte vorgewiesen.

  Maria. Die Kopien, von fremder Hand geschrieben!
Man bringe die Beweise mir herbei,   875
Daß ich sie selbst diktiert, daß ich sie so
Diktiert, gerade so, wie man gelesen.

Burleigh. Daß es dieselben sind, die er empfangen,
Hat Babington vor seinem Tod bekannt.

Maria. Und warum stellte man ihn mir nicht lebend
Vor Augen? Warum eilte man so sehr,   881
Ihn aus der Welt zu fördern, eh' man ihn
Mir, Stirne gegen Stirne, vorgeführt?

Burleigh. Auch Eure Schreiber, Kurl und Nau,
    erhärten
Mit einem Eid, daß es die Briefe seien,   885
Die sie aus Eurem Munde niederschrieben.

Maria. Und auf das Zeugnis meiner Hausbedienten
Verdammt man mich? Auf Treu und Glauben derer,
Die mich verraten, ihre Königin,
Die in demselben Augenblick die Treu   890
Mir brachen, da sie gegen mich gezeugt?

Burleigh. Ihr selbst erklärtet sonst den Schotten
    Kurl
Für einen Mann von Tugend und Gewissen.

Maria. So kannt' ich ihn — doch eines Mannes
    Tugend
Erprobt allein die Stunde der Gefahr.   895
Die Folter konnt' ihn ängstigen, daß er
Aussagte und gestand, was er nicht wußte!
Durch falsches Zeugnis glaubt' er sich zu retten
Und mir, der Königin, nicht viel zu schaden.   899

Burleigh. Mit einem freien Eid hat er's beschworen.

Maria. Vor meinem Angesichte nicht! — Wie, Sir?
Das sind zwei Zeugen, die noch beide leben!
Man stelle sie mir gegenüber, lasse sie
Ihr Zeugniß mir ins Antlitz wiederholen!
Warum mir eine Gunst, ein Recht verweigern,   905

Das man dem Mörder nicht versagt? Ich weiß
Aus Talbots Munde, meines vor'gen Hüters,
Daß unter dieser nämlichen Regierung
Ein Reichsschluß durchgegangen, der befiehlt,
Den Kläger dem Beklagten vorzustellen.   910
Wie? Oder hab' ich falsch gehört? — Sir Paulet!
Ich hab' Euch stets als Biedermann erfunden,
Beweist es jetzo. Sagt mir auf Gewissen,
Ist's nicht so? Gibt's kein solch Gesetz in England?

    Paulet.   So ist's, Mylady. Das ist bei uns
      Rechtens.   915
Was wahr ist, muß ich sagen.

    Maria.   Nun, Mylord!
Wenn man mich denn so streng nach englischem Recht
Behandelt, wo dies Recht mich unterdrückt,
Warum dasselbe Landesrecht umgehen,
Wenn es mir Wohlthat werden kann? — Antwortet! 920
Warum ward Babington mir nicht vor Augen
Gestellt, wie das Gesetz befiehlt? Warum
Nicht meine Schreiber, die noch beide leben?

    Burleigh.   Ereifert Euch nicht, Lady. Euer Einver-
      ständnis
Mit Babington ist's nicht allein —

    Maria.   Es ist's   925
Allein, was mich dem Schwerte des Gesetzes
Bloßstellt, wovon ich mich zu rein'gen habe.
Mylord! Bleibt bei der Sache. Beugt nicht aus.

    Burleigh.   Es ist bewiesen, daß Ihr mit Mendoza,
Dem spanischen Botschafter, unterhandelt —   930

    Maria (lebhaft).   Bleibt bei der Sache, Lord!

    Burleigh.   Daß Ihr Anschläge

Geschmiedet, die Religion des Landes
Zu stürzen, alle Könige Europens.
Zum Krieg mit England aufgeregt —
    Maria.   Und wenn ich's
Gethan? Ich hab' es nicht gethan — Jedoch   935
Gesetzt, ich that's! Mylord, man hält mich hier
Gefangen wider alle Völkerrechte.
Nicht mit dem Schwerte kam ich in dies Land,
Ich kam herein, als eine Bittende,
Das heil'ge Gastrecht fordernd, in den Arm   940
Der blutsverwandten Königin mich werfend —
Und so ergriff mich die Gewalt, bereitete
Mir Ketten, wo ich Schutz gehofft — Sagt an!
Ist mein Gewissen gegen diesen Staat
Gebunden? Hab' ich Pflichten gegen England?   945
Ein heilig Zwangsrecht üb' ich aus, da ich
Aus diesen Banden strebe, Macht mit Macht
Abwende, alle Staaten dieses Weltteils
Zu meinem Schutz aufrühre und bewege.
Was irgend nur in einem guten Krieg   950
Recht ist und ritterlich, das darf ich üben.
Den Mord allein, die heimlich blut'ge That,
Verbietet mir mein Stolz und mein Gewissen,
Mord würde mich beflecken und entehren.
Entehren, sag' ich — keinesweges mich   955
Verdammen, einem Rechtsspruch unterwerfen.
Denn nicht vom Rechte, von Gewalt allein
Ist zwischen mir und Engelland die Rede.
    Burleigh (bedeutend).   Nicht auf der Stärke schrecklich
        Recht beruft Euch,
Mylady! Es ist der Gefangenen nicht günstig.   960

Maria. Ich bin die Schwache, sie die Mächt'ge —
  Wohl!
Sie brauche die Gewalt, sie töte mich,
Sie bringe ihrer Sicherheit das Opfer.
Doch sie gestehe dann, daß sie die Macht
Allein, nicht die Gerechtigkeit geübt.   965
Nicht vom Gesetze borge sie das Schwert,
Sich der verhaßten Feindin zu entladen,
Und kleide nicht in heiliges Gewand
Der rohen Stärke blutiges Erkühnen.
Solch Gaukelspiel betrüge nicht die Welt!   970
Ermorden lassen kann sie mich, nicht richten!
Sie geb' es auf, mit des Verbrechens Früchten
Den heil'gen Schein der Tugend zu vereinen,
Und was sie ist, das wage sie zu scheinen! (Sie geht ab.)

Achter Auftritt.

Burleigh. Paulet.

Burleigh. Sie trotzt uns — wird uns trotzen, Ritter
  Paulet,   975
Bis an die Stufen des Schaffots — Dies stolze Herz
Ist nicht zu brechen — Überraschte sie
Der Urtelspruch? Saht Ihr sie eine Thräne
Vergießen? Ihre Farbe nur verändern?
Nicht unser Mitleid ruft' sie an. Wohl kennt sie   980
Den Zweifelmut der Königin von England,
Und unsre Furcht ist's, was sie mutig macht.
    Paulet. Lord Großschatzmeister! Dieser eitle Trotz
    wird schnell
Verschwinden, wenn man ihm den Vorwand raubt.

Es sind Unziemlichkeiten vorgegangen   985
In diesem Rechtsstreit, wenn ich's sagen darf.
Man hätte diesen Babington und Tichburn
Ihr in Person vorführen, ihre Schreiber
Ihr gegenüber stellen sollen.

    Burleigh (schnell).   Nein!
Nein, Ritter Paulet! Das war nicht zu wagen.   990
Zu groß ist ihre Macht auf die Gemüter
Und ihrer Thränen weibliche Gewalt.
Ihr Schreiber Kurl, ständ' er ihr gegenüber,
Käm' es dazu, das Wort nun auszusprechen,
An dem ihr Leben hängt — er würde zaghaft   995
Zurückziehn, sein Geständnis widerrufen —

    Paulet.   So werden Englands Feinde alle Welt
Erfüllen mit gehässigen Gerüchten,
Und des Prozesses festliches Gepräng
Wird als ein kühner Frevel nur erscheinen.   1000

    Burleigh.   Dies ist der Kummer unsrer Königin —
Daß diese Stifterin des Unheils doch
Gestorben wäre, ehe sie den Fuß
Auf Englands Boden setzte!

    Paulet.   Dazu sag' ich Amen. 1004

    Burleigh.   Daß Krankheit sie im Kerker aufgerieben!

    Paulet.   Viel Unglück hätt' es diesem Land erspart.

    Burleigh.   Doch, hätt' auch gleich ein Zufall der
       Natur
Sie hingerafft — wir hießen doch die Mörder.

    Paulet. Wohl wahr. Man kann den Menschen nicht
       verwehren,
Zu denken, was sie wollen.

    Burleigh.   Zu beweisen wär's   1010

Doch nicht und würde weniger Geräusch erregen —

    Paulet. Mag es Geräusch erregen! Nicht der laute,
Nur der gerechte Tadel kann verletzen.

    Burleigh. O! auch die heilige Gerechtigkeit
Entflieht dem Tadel nicht. Die Meinung hält es　1015
Mit dem Unglücklichen, es wird der Neid
Stets den obsiegend Glücklichen verfolgen.
Das Richterschwert, womit der Mann sich ziert,
Verhaßt ist's in der Frauen Hand. Die Welt
Glaubt nicht an die Gerechtigkeit des Weibes,　　1020
Sobald ein Weib das Opfer wird. Umsonst,
Daß wir, die Richter, nach Gewissen sprachen!
Sie hat der Gnade königliches Recht,
Sie muß es brauchen! Unerträglich ist's,
Wenn sie den strengen Lauf läßt dem Gesetze!　　1025

    Paulet. Und also —

    Burleigh (rasch einfallend). Also soll sie leben? Nein!
Sie darf nicht leben! Nimmermehr! Dies, eben
Dies ist's, was unsre Königin beängstigt —
Warum der Schlaf ihr Lager flieht — Ich lese
In ihren Augen ihrer Seele Kampf,　　　　　　1030
Ihr Mund wagt ihre Wünsche nicht zu sprechen;
Doch vielbedeutend fragt ihr stummer Blick:
Ist unter allen meinen Dienern keiner,
Der die verhaßte Wahl mir spart, in ew'ger Furcht
Auf meinem Thron zu zittern, oder grausam　　1035
Die Königin, die eigne Blutsverwandte
Dem Beil zu unterwerfen?

    Paulet. Das ist nun die Notwendigkeit, steht nicht
      zu ändern.

    Burleigh. Wohl stünd's zu ändern, meint die Königin,

Wenn sie nur aufmerksamre Diener hätte.   1040
    Paulet.   Aufmerksamre?
    Burleigh.   Die einen stummen Auftrag
Zu deuten wissen.
    Paulet.   Einen stummen Auftrag!
    Burleigh. Die, wenn man ihnen eine gift'ge Schlange
Zu hüten gab, den anvertrauten Feind
Nicht wie ein heilig teures Kleinod hüten.   1045
    Paulet (bedeutungsvoll).   Ein hohes Kleinod ist der gute
      Name,
Der unbescholtne Ruf der Königin,
Den kann man nicht zu wohl bewachen, Sir!
    Burleigh. Als man die Lady von dem Shrewsbury
Wegnahm und Ritter Paulets Hut vertraute,   1050
Da war die Meinung —
    Paulet.   Ich will hoffen, Sir,
Die Meinung war, daß man den schwersten Auftrag
Den reinsten Händen übergeben wollte.
Bei Gott! Ich hätte dieses Schergenamt
Nicht übernommen, dächt' ich nicht, daß es   1055
Den besten Mann in England forderte.
Laßt mich nicht denken, daß ich's etwas anderm
Als meinem reinen Rufe schuldig bin.
    Burleigh. Man breitet aus, sie schwinde, läßt sie
      kränker
Und kränker werden, endlich still verscheiden;   1060
So stirbt sie in der Menschen Angedenken —
Und Euer Ruf bleibt rein.
    Paulet.   Nicht mein Gewissen.
    Burleigh. Wenn Ihr die eigne Hand nicht leihen wollt,
So werdet Ihr der fremden doch nicht wehren —

　　Paulet (unterbricht ihn). Kein Mörder soll sich ihrer
　　　　Schwelle nahn,　　　　　　　　　　　　　　1065
So lang die Götter meines Dachs sie schützen.
Ihr Leben ist mir heilig, heil'ger nicht
Ist mir das Haupt der Königin von England.
Ihr seid die Richter! Richtet! Brecht den Stab!
Und wenn es Zeit ist, laßt den Zimmerer　　　　1070
Mit Art und Säge kommen, das Gerüst
Aufschlagen — für den Sheriff und den Henker
Soll meines Schlosses Pforte offen sein.
Jetzt ist sie zur Bewahrung mir vertraut,
Und seid gewiß, ich werde sie bewahren,　　　　1075
Daß sie nichts Böses thun soll, noch erfahren! (Gehen ab.)

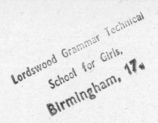
Zweiter Aufzug.

Der Palast zu Westminster.

Erster Auftritt.

Der Graf von Kent und Sir William Davison begegnen einander.

Davison.   Seid Ihr's, Mylord von Kent? Schon
    vom Turnierplatz
Zurück, und ist die Festlichkeit zu Ende?
    Kent.   Wie? Wohntet Ihr dem Ritterspiel nicht bei?
    Davison.   Mich hielt mein Amt.   1080
        Kent.   Ihr habt das schönste Schauspiel
Verloren, Sir, das der Geschmack ersonnen
Und edler Anstand ausgeführt — denn, wißt,
Es wurde vorgestellt die keusche Festung
Der Schönheit, wie sie vom Verlangen
Berennt wird — Der Lord Marschall, Oberrichter,   1085
Der Seneschall nebst zehen andern Rittern
Der Königin verteidigten die Festung,
Und Frankreichs Kavaliere griffen an.
Voraus erschien ein Herold, der das Schloß
Aufforderte in einem Madrigale,   1090

Und von dem Wall antwortete der Kanzler.

Drauf spielte das Geschütz, und Blumensträuße,

Wohlriechend köstliche Essenzen wurden

Aus niedlichen Feldstücken abgefeuert.

Umsonst! Die Stürme wurden abgeschlagen,   1095

Und das Verlangen mußte sich zurückziehn.

  Davison. Ein Zeichen böser Vorbedeutung, Graf,

Für die französische Brautwerbung.

  Kent. Nun, nun, das war ein Scherz — Im Ernste,

  denk' ich,

Wird sich die Festung endlich doch ergeben.   1100

  Davison. Glaubt Ihr? Ich glaub' es nimmermehr.

  Kent. Die schwierigsten Artikel sind bereits

Berichtigt und von Frankreich zugestanden.

Monsieur begnügt sich, in verschlossener

Kapelle seinen Gottesdienst zu halten   1105

Und öffentlich die Reichsreligion

Zu ehren und zu schützen — Hättet Ihr den Jubel

Des Volks gesehn, als diese Zeitung sich verbreitet!

Denn dieses war des Landes ew'ge Furcht,

Sie möchte sterben ohne Leibeserben   1110

Und England wieder Papstes Fesseln tragen,

Wenn ihr die Stuart auf dem Throne folgte.

  Davison. Der Furcht kann es entledigt sein — Sie

  geht

Ins Brautgemach, die Stuart geht zum Tode.

  Kent. Die Königin kommt!   1115

Zweiter Auftritt.

Die Vorigen. Elisabeth, von Leicester geführt. Graf Aubespine,
Bellievre, Graf Shrewsbury, Lord Burleigh mit noch andern
französischen und englischen Herren treten auf.

Elisabeth (zu Aubespine).   Graf! Ich beklage diese edeln
    Herrn,
Die ihr galanter Eifer über Meer
Hierher geführt, daß sie die Herrlichkeit
Des Hofs von St. Germain bei mir vermissen.
Ich kann so prächt'ge Götterfeste nicht   1120
Erfinden, als die königliche Mutter
Von Frankreich — Ein gesittet fröhlich Volk,
Das sich, so oft ich öffentlich mich zeige,
Mit Segnungen um meine Sänfte drängt,
Dies ist das Schauspiel, das ich fremden Augen   1125
Mit ein'gem Stolze zeigen kann.   Der Glanz
Der Edelfräulein, die im Schönheitsgarten
Der Katharina blühn, verbärge nur
Mich selber und mein schimmerlos Verdienst.

    Aubespine.   Nur eine Dame zeigt Westminsterhof
Dem überraschten Fremden — aber alles,   1131
Was an dem reizenden Geschlecht entzückt,
Stellt sich versammelt dar in dieser einen.

    Bellievre.   Erhabne Majestät von Engelland,
Vergönne, daß wir unsern Urlaub nehmen   1135
Und Monsieur, unsern königlichen Herrn,
Mit der ersehnten Freudenpost beglücken.
Ihn hat des Herzens heiße Ungeduld
Nicht in Paris gelassen, er erwartet
Zu Amiens die Boten seines Glücks,   1140

Und bis nach Calais reichen seine Posten,
Das Jawort, das dein königlicher Mund
Aussprechen wird, mit Flügelschnelligkeit
Zu seinem trunknen Ohre hinzutragen.

    Elisabeth.   Graf Bellievre, dringt nicht weiter in
      mich.   1145
Nicht Zeit ist's jetzt, ich wiederhol' es Euch,
Die freud'ge Hochzeitfackel anzuzünden.
Schwarz hängt der Himmel über diesem Land,
Und besser ziemte mir der Trauerflor,
Als das Gepränge bräutlicher Gewänder.   1150
Denn nahe droht ein jammervoller Schlag,
Mein Herz zu treffen und mein eignes Haus.

    Bellievre.   Nur dein Versprechen gieb uns, Königin;
In frohern Tagen folge die Erfüllung.

    Elisabeth.   Die Könige sind nur Sklaven ihres
      Standes,   1155
Dem eignen Herzen dürfen sie nicht folgen.
Mein Wunsch war's immer, unvermählt zu sterben,
Und meinen Ruhm hätt' ich darein gesetzt,
Daß man dereinst auf meinem Grabstein läse:
„Hier ruht die jungfräuliche Königin."   1160
Doch meine Unterthanen wollen's nicht,
Sie denken jetzt schon fleißig an die Zeit,
Wo ich dahin sein werde — Nicht genug,
Daß jetzt der Segen dieses Land beglückt,
Auch ihrem künf'gen Wohl soll ich mich opfern,   1165
Auch meine jungfräuliche Freiheit soll ich,
Mein höchstes Gut, hingeben für mein Volk,
Und der Gebieter wird mir aufgedrungen.
Es zeigt mir dadurch an, daß ich ihm nur

Ein Weib bin, und ich meinte doch, regiert   1170
Zu haben, wie ein Mann und wie ein König.
Wohl weiß ich, daß man Gott nicht dient, wenn man
Die Ordnung der Natur verläßt, und Lob
Verdienen sie, die vor mir hier gewaltet,
Daß sie die Klöster aufgethan und tausend   1175
Schlachtopfer einer falschverstandnen Andacht
Den Pflichten der Natur zurückgegeben.
Doch eine Königin, die ihre Tage
Nicht ungenützt in müßiger Beschauung
Verbringt, die unverdrossen, unermüdet   1180
Die schwerste aller Pflichten übt, die sollte
Von dem Naturzweck ausgenommen sein,
Der eine Hälfte des Geschlechts der Menschen
Der andern unterwürfig macht —
    Aubespine. Jedwede Tugend, Königin, hast du 1185
Auf deinem Thron verherrlicht, nichts ist übrig,
Als dem Geschlechte, dessen Ruhm du bist,
Auch noch in seinen eigensten Verdiensten
Als Muster vorzuleuchten. Freilich lebt
Kein Mann auf Erden, der es würdig ist,   1190
Daß du die Freiheit ihm zum Opfer brächtest.
Doch wenn Geburt, wenn Hoheit, Heldentugend
Und Männerschönheit einen Sterblichen
Der Ehre würdig machen, so —
    Elisabeth.   Kein Zweifel,
Herr Abgesandter, daß ein Ehebündnis   1195
Mit einem königlichen Sohne Frankreichs
Mich ehrt. Ja, ich gesteh' es unverhohlen,
Wenn es sein muß — wenn ich's nicht ändern kann,
Dem Dringen meines Volkes nachzugeben —

Und es wird stärker sein, als ich, befürcht' ich — 1200
So kenn' ich in Europa keinen Fürsten,
Dem ich mein höchstes Kleinod, meine Freiheit,
Mit minderm Widerwillen opfern würde.
Laßt dies Geständnis Euch Genüge thun.   1204

    Bellievre. Es ist die schönste Hoffnung; doch es ist
Nur eine Hoffnung, und mein Herr wünscht mehr —

      Elisabeth. Was wünscht er?

(Sie zieht einen Ring vom Finger und betrachtet ihn nachdenkend.)

                  Hat die Königin doch nichts
Voraus vor dem gemeinen Bürgerweibe!
Das gleiche Zeichen weist auf gleiche Pflicht,
Auf gleiche Dienstbarkeit — der Ring macht Ehen,   1210
Und Ringe sind's, die eine Kette machen.
— Bringt Seiner Hoheit dies Geschenk. Es ist
Noch keine Kette, bindet mich noch nicht;
Doch kann ein Reif draus werden, der mich bindet.

    Bellievre (kniet nieder, den Ring empfangend). In seinem
      Namen, große Königin,   1215
Empfang' ich knieend dies Geschenk und drücke
Den Kuß der Huldigung auf meiner Fürstin Hand.

    Elisabeth (zum Grafen Leicester, den sie während der letzten
      Rede unverwandt betrachtet hat).
Erlaubt, Mylord! (Sie nimmt ihm das blaue Band ab und hängt
    es dem Bellievre um.)

          Bekleidet Seine Hoheit
Mit diesem Schmuck, wie ich Euch hier damit
Bekleide und in meines Ordens Pflichten nehme.   1220
Honni soit qui mal y pense! — Es schwinde
Der Argwohn zwischen beiden Nationen,
Und ein vertraulich Band umschlinge fortan

Die Kronen Frankreich und Britannien!   1224
    Aubespine.   Erhabne Königin, dies ist ein Tag
Der Freude!   Möcht' er's allen sein, und möchte
Kein Leidender auf dieser Insel trauern!
Die Gnade glänzt auf deinem Angesicht,
O! daß ein Schimmer ihres heitern Lichts
Auf eine unglücksvolle Fürstin fiele,   1230
Die Frankreich und Britannien gleich nahe
Angeht —
    Elisabeth.   Nicht weiter, Graf!   Vermengen wir
Nicht zwei ganz unvereinbare Geschäfte.
Wenn Frankreich ernstlich meinen Bund verlangt,
Muß es auch meine Sorgen mit mir teilen   1235
Und meiner Feinde Freund nicht sein —
    Aubespine.   Unwürdig
In deinen eignen Augen würd' es handeln,
Wenn es die Unglückselige, die Glaubens=
Verwandte und die Witwe seines Königs
In diesem Bund vergäße — Schon die Ehre,   1240
Die Menschlichkeit verlangt —
    Elisabeth.   In diesem Sinn
Weiß ich sein Fürwort nach Gebühr zu schätzen.
Frankreich erfüllt die Freundespflicht; mir wird
Verstattet sein, als Königin zu handeln.

(Sie neigt sich gegen die französischen Herren, welche sich mit den übri=
gen Lords ehrfurchtsvoll entfernen.)

Dritter Auftritt.

Elisabeth. Leicester. Burleigh. Talbot.

(Die Königin setzt sich.)

Burleigh. Ruhmvolle Königin! Du krönest heut
Die heißen Wünsche deines Volks. Nun erst   1246
Erfreun wir uns der segenvollen Tage,
Die du uns schenkst, da wir nicht zitternd mehr
In eine stürmevolle Zukunft schauen.
Nur eine Sorge kümmert noch dies Land,   1250
Ein Opfer ist's, das alle Stimmen fordern.
Gewähr' auch dieses, und der heut'ge Tag
Hat Englands Wohl auf immerdar gegründet.

Elisabeth. Was wünscht mein Volk noch? Sprecht,
Mylord.

Burleigh.   Es fordert
Das Haupt der Stuart — Wenn du deinem Volk 1255
Der Freiheit köstliches Geschenk, das teuer
Erworbne Licht der Wahrheit willst versichern,
So muß sie nicht mehr sein — Wenn wir nicht ewig
Für dein kostbares Leben zittern sollen,
So muß die Feindin untergehn! — Du weißt es,   1260
Nicht alle deine Britten denken gleich,
Noch viele heimliche Verehrer zählt
Der röm'sche Götzendienst auf dieser Insel.
Die alle nähren feindliche Gedanken;
Nach dieser Stuart steht ihr Herz, sie sind   1265
Im Bunde mit den lothringischen Brüdern,
Den unversöhnten Feinden deines Namens.
Dir ist von dieser wütenden Partei

Der grimmige Vertilgungskrieg geschworen,
Den man mit falschen Höllenwaffen führt.   1270
Zu Reims, dem Bischofssitz des Kardinals,
Dort ist das Rüsthaus, wo sie Blitze schmieden;
Dort wird der Königsmord gelehrt — von dort
Geschäftig senden sie nach deiner Insel
Die Missionen aus, entschloßne Schwärmer,   1275
In allerlei Gewand vermummt — von dort
Ist schon der dritte Mörder ausgegangen,
Und unerschöpflich, ewig neu erzeugen
Verborgne Feinde sich aus diesem Schlunde.
— Und in dem Schloß zu Fotheringhay sitzt   1280
Die Ate dieses ew'gen Kriegs, die mit
Der Liebesfackel dieses Reich entzündet.
Für sie, die schmeichelnd jedem Hoffnung gibt,
Weiht sich die Jugend dem gewissen Tod —
Sie zu befreien, ist die Losung; sie   1285
Auf deinen Thron zu setzen, ist der Zweck.
Denn dies Geschlecht der Lothringer erkennt
Dein heilig Recht nicht an, du heißest ihnen
Nur eine Räuberin des Throns, gekrönt
Vom Glück! Sie waren's, die die Thörichte   1290
Verführt, sich Englands Königin zu schreiben.
Kein Friede ist mit ihr und ihrem Stamm!
Du mußt den Streich erleiden oder führen.
Ihr Leben ist dein Tod! Ihr Tod dein Leben!

    Elisabeth. Mylord! Ein traurig Amt verwaltet Ihr.
Ich kenne Eures Eifers reinen Trieb,   1296
Weiß, daß gediegne Weisheit aus Euch redet;
Doch diese Weisheit, welche Blut befiehlt,
Ich hasse sie in meiner tiefsten Seele.

Sinnt einen mildern Rat aus — Edler Lord   1300
Von Shrewsbury! Sagt Ihr uns Eure Meinung.

    Talbot. Du gabst dem Eifer ein gebührend Lob,
Der Burleighs treue Brust beseelt — Auch mir,
Strömt es mir gleich nicht so beredt vom Munde,
Schlägt in der Brust kein minder treues Herz.   1305
Mögst du noch lange leben, Königin,
Die Freude deines Volks zu sein, das Glück
Des Friedens diesem Reiche zu verlängern.
So schöne Tage hat dies Eiland nie
Gesehn, seit eigne Fürsten es regieren.   1310
Mög' es sein Glück mit seinem Ruhme nicht
Erkaufen! Möge Talbots Auge wenigstens
Geschlossen sein, wenn dies geschieht!

    Elisabeth. Verhüte Gott, daß wir den Ruhm befleckten!

    Talbot. Nun dann, so wirst du auf ein ander Mittel
        sinnen,   1315
Dies Reich zu retten — denn die Hinrichtung
Der Stuart ist ein ungerechtes Mittel.
Du kannst das Urteil über die nicht sprechen,
Die dir nicht unterthänig ist.

    Elisabeth.   So irrt
Mein Staatsrat und mein Parlament, im Irrtum   1320
Sind alle Richterhöfe dieses Landes,
Die mir dies Recht einstimmig zuerkannt —

    Talbot. Nicht Stimmenmehrheit ist des Rechtes Probe,
England ist nicht die Welt, dein Parlament
Nicht der Verein der menschlichen Geschlechter.   1325
Dies heut'ge England ist das künft'ge nicht,
Wie's das vergangne nicht mehr ist — Wie sich
Die Neigung anders wendet, also steigt

Und fällt des Urteils wandelbare Woge.
Sag' nicht, du müssest der Notwendigkeit   1330
Gehorchen und dem Dringen deines Volks.
Sobald du willst, in jedem Augenblick
Kannst du erproben, daß dein Wille frei ist.
Versuch's! Erkläre, daß du Blut verabscheust,
Der Schwester Leben willst gerettet sehn,   1335
Zeig' denen, die dir anders raten wollen,
Die Wahrheit deines königlichen Zorns,
Schnell wirst du die Notwendigkeit verschwinden
Und Recht in Unrecht sich verwandeln sehn.
Du selbst mußt richten, du allein. Du kannst dich   1340
Auf dieses unstät schwanke Rohr nicht lehnen.
Der eignen Milde folge du getrost.
Nicht Strenge legte Gott ins weiche Herz
Des Weibes — und die Stifter dieses Reichs,
Die auch dem Weib die Herrscherzügel gaben,   1345
Sie zeigten an, daß Strenge nicht die Tugend
Der Könige soll sein in diesem Lande.

     Elisabeth. Ein warmer Anwalt ist Graf Shrewsbury
Für meine Feindin und des Reichs. Ich ziehe
Die Räte vor, die meine Wohlfahrt lieben.   1350

     Talbot. Man gönnt ihr keinen Anwalt, niemand
       wagt's,
Zu ihrem Vorteil sprechend, deinem Zorn
Sich bloßzustellen — so vergönne mir,
Dem alten Manne, den am Grabesrand
Kein irdisch Hoffen mehr verführen kann,   1355
Daß ich die Aufgegebene beschütze.
Man soll nicht sagen, daß in deinem Staatsrat
Die Leidenschaft, die Selbstsucht eine Stimme

Gehabt, nur die Barmherzigkeit geschwiegen.
Verbündet hat sich alles wider sie,   1360
Du selber hast ihr Antlitz nie gesehn,
Nichts spricht in deinem Herzen für die Fremde.
— Nicht ihrer Schuld red' ich das Wort. Man sagt,
Sie habe den Gemahl ermorden lassen,
Wahr ist's, daß sie den Mörder ehlichte.   1365
Ein schwer Verbrechen! — Aber es geschah
In einer finster unglücksvollen Zeit,
Im Angstgedränge bürgerlichen Kriegs,
Wo sie, die Schwache, sich umrungen sah
Von heftigdringenden Vasallen, sich   1370
Dem Mutvollstärksten in die Arme warf —
Wer weiß, durch welcher Künste Macht besiegt?
Denn ein gebrechlich Wesen ist das Weib.

    Elisabeth. Das Weib ist nicht schwach. Es gibt
      starke Seelen
In dem Geschlecht — Ich will in meinem Beisein 1375
Nichts von der Schwäche des Geschlechtes hören.

    Talbot. Dir war das Unglück eine strenge Schule.
Nicht seine Freudenseite kehrte dir
Das Leben zu. Du sahest keinen Thron
Von ferne, nur das Grab zu deinen Füßen.   1380
Zu Woodstock war's und in des Towers Nacht,
Wo dich der gnäd'ge Vater dieses Landes
Zur ernsten Pflicht durch Trübsal auferzog.
Dort suchte dich der Schmeichler nicht. Früh lernte,
Vom eiteln Weltgeräusche nicht zerstreut,   1385
Dein Geist sich sammeln, denkend in sich gehn
Und dieses Lebens wahre Güter schätzen.
— Die Arme rettete kein Gott. Ein zartes Kind

Ward sie verpflanzt nach Frankreich, an den Hof
Des Leichtsinns, der gedankenlosen Freude.   1390
Dort in der Feste ew'ger Trunkenheit
Vernahm sie nie der Wahrheit ernste Stimme.
Geblendet ward sie von der Laster Glanz
Und fortgeführt vom Strome des Verderbens.
Ihr ward der Schönheit eitles Gut zu teil,   1395
Sie überstrahlte blühend alle Weiber,
Und durch Gestalt nicht minder als Geburt — —

    Elisabeth.   Kommt zu Euch selbst, Mylord von
      Shrewsbury!

Denkt, daß wir hier im ernsten Rate sitzen.
Das müssen Reize sondergleichen sein,   1400
Die einen Greis in solches Feuer setzen.
— Mylord von Lester! Ihr allein schweigt still?
Was ihn beredt macht, bindet's Euch die Zunge?

    Leicester.   Ich schweige vor Erstaunen, Königin,
Daß man dein Ohr mit Schrecknissen erfüllt,   1405
Daß diese Märchen, die in Londons Gassen
Den gläub'gen Pöbel ängsten, bis herauf
In deines Staatsrats heitre Mitte steigen
Und weise Männer ernst beschäftigen.
Verwunderung ergreift mich, ich gesteh's,   1410
Daß diese länderlose Königin
Von Schottland, die den eignen kleinen Thron
Nicht zu behaupten wußte, ihrer eignen
Vasallen Spott, der Auswurf ihres Landes,
Dein Schrecken wird auf einmal im Gefängnis!   1415
— Was, beim Allmächt'gen! machte sie dir furchtbar?
Daß sie dies Reich in Anspruch nimmt? daß dich
Die Guisen nicht als Königin erkennen?

Kann dieser Guisen Widerspruch das Recht
Entkräften, das Geburt dir gab, der Schluß   1420
Der Parlamente dir bestätigte?
Ist sie durch Heinrichs letzten Willen nicht
Stillschweigend abgewiesen? und wird England,
So glücklich im Genuß des neuen Lichts,
Sich der Papistin in die Arme werfen?   1425
Von dir, der angebeteten Monarchin,
Zu Darnleys Mörderin hinüberlaufen?
Was wollen diese ungestümen Menschen,
Die dich noch lebend mit der Erbin quälen,
Dich nicht geschwind genug vermählen können,   1430
Um Staat und Kirche von Gefahr zu retten?
Stehst du nicht blühend da in Jugendkraft,
Welkt jene nicht mit jedem Tag zum Grabe?
Bei Gott! Du wirst, ich hoff's, noch viele Jahre
Auf ihrem Grabe wandeln, ohne daß   1435
Du selber sie hinabzustürzen brauchtest —

    Burleigh. Lord Lester hat nicht immer so geurteilt.

    Leicester. Wahr ist's, ich habe selber meine Stimme
Zu ihrem Tod gegeben im Gericht.
— Im Staatsrat sprech' ich anders. Hier ist nicht   1440
Die Rede von dem Recht, nur von dem Vorteil.
Ist's jetzt die Zeit, von ihr Gefahr zu fürchten,
Da Frankreich sie verläßt, ihr einz'ger Schutz,
Da du den Königssohn mit deiner Hand
Beglücken willst, die Hoffnung eines neuen   1445
Regentenstammes diesem Lande blüht?
Wozu sie also töten? Sie ist tot!
Verachtung ist der wahre Tod. Verhüte,
Daß nicht das Mitleid sie ins Leben rufe!

Drum ist mein Rat: Man lasse die Sentenz, 1450
Die ihr das Haupt abspricht, in voller Kraft
Bestehn! Sie lebe — aber unterm Beile
Des Henkers lebe sie, und schnell, wie sich
Ein Arm für sie bewaffnet, fall' es nieder.

    Elisabeth (steht auf). Mylords, ich hab' nun eure
      Meinungen 1455
Gehört und sag' euch Dank für euren Eifer.
Mit Gottes Beistand, der die Könige
Erleuchtet, will ich eure Gründe prüfen
Und wählen, was das Bessere mir dünkt.

Vierter Auftritt.

Die Vorigen. Ritter Paulet mit Mortimer.

    Elisabeth. Da kommt Amias Paulet. Edler Sir, 1460
Was bringt Ihr uns?
    Paulet.   Glorwürd'ge Majestät!
Mein Neffe, der ohnlängst von weiten Reisen
Zurückgekehrt, wirft sich zu deinen Füßen
Und leistet dir sein jugendlich Gelübde.
Empfange du es gnadenvoll und laß 1465
Ihn wachsen in der Sonne deiner Gunst.
    Mortimer (läßt sich auf ein Knie nieder). Lang lebe meine
      königliche Frau,
Und Glück und Ruhm bekröne ihre Stirne!
    Elisabeth. Steht auf. Seid mir willkommen, Sir,
      in England.
Ihr habt den großen Weg gemacht, habt Frankreich 1470

Bereist und Rom und Euch zu Reims verweilt.
Sagt mir denn an, was spinnen unsre Feinde?

    Mortimer. Ein Gott verwirre sie und wende rück-
        wärts
Auf ihrer eignen Schützen Brust die Pfeile,
Die gegen meine Königin gesandt sind!   1475

    Elisabeth. Saht Ihr den Morgan und den ränke-
        spinnenden
Bischof von Roße?

    Mortimer.   Alle schottische
Verbannte lernt' ich kennen, die zu Reims
Anschläge schmieden gegen diese Insel.
In ihr Vertrauen stahl ich mich, ob ich   1480
Etwa von ihren Ränken was entdeckte.

    Paulet. Geheime Briefe hat man ihm vertraut,
In Ziffern, für die Königin von Schottland,
Die er mit treuer Hand uns überliefert.   1484

    Elisabeth. Sagt, was sind ihre neuesten Entwürfe?

    Mortimer. Es traf sie alle wie ein Donnerstreich,
Daß Frankreich sie verläßt, den festen Bund
Mit England schließt; jetzt richten sie die Hoffnung
Auf Spanien.

    Elisabeth. So schreibt mir Walsingham.

    Mortimer. Auch eine Bulle, die Papst Sixtus jüngst
Vom Vatikane gegen dich geschleudert,   1491
Kam eben an zu Reims, als ich's verließ;
Das nächste Schiff bringt sie nach dieser Insel.

    Leicester. Vor solchen Waffen zittert England nicht
        mehr.

    Burleigh. Sie werden furchtbar in des Schwärmers
        Hand.
                    1495

Elifabeth (Mortimern forschend ansehend). Man gab Euch
 schuld, daß Ihr zu Reims die Schulen
Besucht und Euren Glauben abgeschworen?

  Mortimer. Die Miene gab ich mir, ich leugn' es nicht,
So weit ging die Begierde, dir zu dienen!

  Elifabeth (zu Paulet, der ihr Papiere überreicht). Was zieht
 Ihr da hervor?

  Paulet.   Es ist ein Schreiben, 1500
Das dir die Königin von Schottland sendet.

  Burleigh (haftig darnach greifend). Gebt mir den Brief.

  Paulet (gibt das Papier der Königin). Verzeiht, Lord
 Großschatzmeister!
In meiner Königin selbsteigne Hand
Befahl sie mir den Brief zu übergeben.
Sie sagt mir stets, ich sei ihr Feind. Ich bin 1505
Nur ihrer Laster Feind; was sich verträgt
Mit meiner Pflicht, mag ich ihr gern erweisen.

  (Die Königin hat den Brief genommen. Während sie ihn lieft, sprechen
   Mortimer und Leicester einige Worte heimlich miteinander.)

  Burleigh (zu Paulet). Was kann der Brief enthalten?
 Eitle Klagen,
Mit denen man das mitleidsvolle Herz
Der Königin verschonen soll.

  Paulet.   Was er 1510
Enthält, hat sie mir nicht verhehlt. Sie bittet
Um die Vergünstigung, das Angesicht
Der Königin zu sehen.

  Burleigh (schnell). Nimmermehr!

  Talbot. Warum nicht? Sie erfleht nichts Unge=
 rechtes.

  Burleigh. Die Gunst des königlichen Angesichts

Hat sie verwirkt, die Mordanstifterin, 1516
Die nach dem Blut der Königin gedürstet.
Wer's treu mit seiner Fürstin meint, der kann
Den falsch verräterischen Rat nicht geben.

    Talbot. Wenn die Monarchin sie beglücken will, 1520
Wollt Ihr der Gnade sanfte Regung hindern?

    Burleigh. Sie ist verurteilt! Unterm Beile liegt
Ihr Haupt. Unwürdig ist's der Majestät,
Das Haupt zu sehen, das dem Tod geweiht ist.
Das Urteil kann nicht mehr vollzogen werden, 1525
Wenn sich die Königin ihr genahet hat,
Denn Gnade bringt die königliche Nähe —

    Elisabeth (nachdem sie den Brief gelesen, ihre Thränen trocknend).
Was ist der Mensch! Was ist das Glück der Erde!
Wie weit ist diese Königin gebracht,
Die mit so stolzen Hoffnungen begann, 1530
Die auf den ältsten Thron der Christenheit
Berufen worden, die in ihrem Sinn
Drei Kronen schon aufs Haupt zu setzen meinte!
Welch andre Sprache führt sie jetzt, als damals,
Da sie das Wappen Englands angenommen 1535
Und von den Schmeichlern ihres Hofs sich Königin
Der zwei britann'schen Inseln nennen ließ!
—Verzeiht, Mylords, es schneidet mir ins Herz,
Wehmut ergreift mich, und die Seele blutet,
Daß Irdisches nicht fester steht, das Schicksal 1540
Der Menschheit, das entsetzliche, so nahe
An meinem eignen Haupt vorüberzieht.

    Talbot. O Königin! Dein Herz hat Gott gerührt,
Gehorche dieser himmlischen Bewegung!
Schwer büßte sie fürwahr die schwere Schuld, 1545

Und Zeit ist's, daß die harte Prüfung ende!
Reich' ihr die Hand, der Tiefgefallenen!
Wie eines Engels Lichterscheinung steige
In ihres Kerkers Gräbernacht hinab —

  Burleigh. Sei standhaft, große Königin. Laß nicht
Ein lobenswürdig menschliches Gefühl   1551
Dich irre führen. Raube dir nicht selbst
Die Freiheit, das Notwendige zu thun.
Du kannst sie nicht begnadigen, nicht retten,
So lade nicht auf dich verhaßten Tadel,   1555
Daß du mit grausam höhnendem Triumph
Am Anblick deines Opfers dich geweidet.

  Leicester. Laßt uns in unsern Schranken bleiben, Lords.
Die Königin ist weise, sie bedarf
Nicht unsers Rats, das Würdigste zu wählen.   1560
Die Unterredung beider Königinnen
Hat nichts gemein mit des Gerichtes Gang.
Englands Gesetz, nicht der Monarchin Wille
Verurteilt die Maria. Würdig ist's
Der großen Seele der Elisabeth,   1565
Daß sie des Herzens schönem Triebe folge,
Wenn das Gesetz den strengen Lauf behält.

  Elisabeth. Geht, meine Lords. Wir werden Mittel
   finden,
Was Gnade fordert, was Notwendigkeit
Uns auferlegt, geziemend zu vereinen.   1570
Jetzt — tretet ab!

  (Die Lords gehen. An der Thüre ruft sie den Mortimer zurück.)
    Sir Mortimer! Ein Wort!

Fünfter Auftritt.

Elisabeth

(nachdem sie ihn einige Augenblicke forschend mit den Augen gemessen).

Ihr zeiget einen kecken Mut und seltne
Beherrschung Eurer selbst für Eure Jahre.
Wer schon so früh der Täuschung schwere Kunst
Ausübte, der ist mündig vor der Zeit,   1575
Und er verkürzt sich seine Prüfungsjahre.
— Auf eine große Bahn ruft Euch das Schicksal,
Ich prophezei' es Euch, und mein Orakel
Kann ich, zu Eurem Glücke, selbst vollziehn.

    Mortimer. Erhabene Gebieterin, was ich   1580
Vermag und bin, ist deinem Dienst gewidmet.

    Elisabeth. Ihr habt die Feinde Englands kennen
    lernen.
Ihr Haß ist unversöhnlich gegen mich
Und unerschöpflich ihre Blutentwürfe.
Bis diesen Tag zwar schützte mich die Allmacht;   1585
Doch ewig wankt die Kron' auf meinem Haupt,
So lang sie lebt, die ihrem Schwärmereifer
Den Vorwand leiht und ihre Hoffnung nährt.

    Mortimer. Sie lebt nicht mehr, sobald du es ge-
    bietest.

    Elisabeth. Ach, Sir! Ich glaubte mich am Ziele
    schon
                                 1590
Zu sehn und bin nicht weiter als am Anfang.
Ich wollte die Gesetze handeln lassen,
Die eigne Hand vom Blute rein behalten.

Das Urteil ift gefprochen. Was gewinn' ich?
Es muß vollzogen werden, Mortimer!   1595
Und ich muß die Vollziehung anbefehlen.
Mich immer trifft der Haß der That. Ich muß
Sie eingeftehn und kann den Schein nicht retten.
Das ift das Schlimmfte!

  Mortimer.   Was befümmert dich
Der böfe Schein bei der gerechten Sache?   1600

  Elifabeth. Ihr kennt die Welt nicht, Ritter. Was
   man fcheint,
Hat jedermann zum Richter, was man ift, hat keinen.
Von meinem Rechte überzeug' ich niemand,
So muß ich Sorge tragen, daß mein Anteil
An ihrem Tod in ew'gem Zweifel bleibe.   1605
Bei folchen Thaten doppelter Geftalt
Giebt's keinen Schuß, als in der Dunkelheit.
Der fchlimmfte Schritt ift, den man eingeftehn,
Was man nicht aufgibt, hat man nie verloren.

  Mortimer (ausforfchend). Dann wäre wohl das Befte —
  Elifabeth (fchnell).   Freilich wär's   1610
Das Befte — O, mein guter Engel fpricht
Aus Euch. Fahrt fort, vollendet, werter Sir,
Euch ift es ernft, Ihr bringet auf den Grund,
Seid ein ganz andrer Mann, als Euer Oheim —

  Mortimer (betroffen). Entdeckteft du dem Ritter deinen
   Wunfch?   1615

  Elifabeth. Mich reuet, daß ich's that.

  Mortimer.   Entfchuldige
Den alten Mann. Die Jahre machen ihn
Bedenklich. Solche Wageftücke fordern
Den kecken Mut der Jugend —

Elisabeth (schnell).   Darf ich Euch —

Mortimer.   Die Hand will ich dir leihen, rette du
Den Namen, wie du kannst —

Elisabeth.   Ja, Sir! wenn Ihr   1621
Mich eines Morgens mit der Botschaft wecket:
Maria Stuart, deine blut'ge Feindin,
Ist heute nacht verschieden!

Mortimer.   Zähl' auf mich.

Elisabeth.   Wann wird mein Haupt sich ruhig schlafen
    legen?   1625

Mortimer.   Der nächste Neumond ende deine Furcht.

Elisabeth.   Gehabt Euch wohl, Sir! Laßt es Euch
    nicht leid thun,
Daß meine Dankbarkeit den Flor der Nacht
Entlehnen muß — Das Schweigen ist der Gott
Der Glücklichen — Die engsten Bande sind's,   1630
Die zärtesten, die das Geheimnis stiftet! (Sie geht ab.)

Sechster Auftritt.

Mortimer allein.

Geh, falsche, gleisnerische Königin!
Wie du die Welt, so täusch' ich dich. Recht ist's,
Dich zu verraten, eine gute That!
Seh' ich aus, wie ein Mörder? Lasest du   1635
Ruchlose Fertigkeit auf meiner Stirn?
Trau nur auf meinen Arm und halte deinen
Zurück. Gieb dir den frommen Heuchelschein
Der Gnade vor der Welt, indessen du
Geheim auf meine Mörderhilfe hoffst,   1640
So werden wir zur Rettung Frist gewinnen!

Erhöhen willst du mich — zeigst mir von ferne
Bedeutend einen kostbarn Preis — Und wärst
Du selbst der Preis und deine Frauengunst!
Wer bist du, Armste, und was kannst du geben?   1645
Mich locket nicht des eiteln Ruhmes Geiz!
Bei ihr nur ist des Lebens Reiz —
Um sie, in ew'gem Freudenchore, schweben
Der Anmut Götter und der Jugendlust,
Das Glück der Himmel ist an ihrer Brust,   1650
Du hast nur tote Güter zu vergeben!
Das eine Höchste, was das Leben schmückt,
Wenn sich ein Herz, entzückend und entzückt,
Dem Herzen schenkt in süßem Selbstvergessen,
Die Frauenkrone hast du nie besessen,   1655
Nie hast du liebend einen Mann beglückt!
— Ich muß den Lord erwarten, ihren Brief
Ihm übergeben. Ein verhaßter Auftrag!
Ich habe zu dem Höflinge kein Herz,
Ich selber kann sie retten, ich allein,   1660
Gefahr und Ruhm und auch der Preis sei mein!

(Indem er gehen will, begegnet ihm Paulet.)

Siebenter Auftritt.

Mortimer. Paulet.

Paulet. Was sagte dir die Königin?
Mortimer.   Nichts, Sir.
Nichts — von Bedeutung.
    Paulet (fixiert ihn mit ernstem Blick). Höre, Mortimer!
Es ist ein schlüpfrig glatter Grund, auf den
Du dich begeben. Lockend ist die Gunst   1665

Der Könige, nach Ehre geizt die Jugend.
— Laß dich den Ehrgeiz nicht verführen!

    Mortimer. Wart Ihr's nicht selbst, der an den Hof
       mich brachte?

    Paulet. Ich wünschte, daß ich's nicht gethan. Am
       Hofe

Ward unsers Hauses Ehre nicht gesammelt.   1670
Steh fest, mein Neffe. Kaufe nicht zu teuer!
Verletze dein Gewissen nicht!

    Mortimer. Was fällt Euch ein? Was für Besorg-
       nisse!

    Paulet. Wie groß dich auch die Königin zu machen
Verspricht — trau ihrer Schmeichelrede nicht.   1675
Verleugnen wird sie dich, wenn du gehorcht,
Und, ihren eignen Namen rein zu waschen,
Die Blutthat rächen, die sie selbst befahl.

    Mortimer. Die Blutthat, sagt Ihr? —

    Paulet.   Weg mit der Verstellung!
Ich weiß, was dir die Königin angesonnen,   1680
Sie hofft, daß deine ruhmbegier'ge Jugend
Willfähr'ger sein wird, als mein starres Alter.
Hast du ihr zugesagt? Hast du?

    Mortimer.   Mein Oheim!

    Paulet. Wenn du's gethan hast, so verfluch' ich dich,
Und dich verwerfe —

    Leicester (kommt). Werter Sir, erlaubt   1685
Ein Wort mit Eurem Neffen. Die Monarchin
Ist gnadenvoll gesinnt für ihn, sie will,
Daß man ihm die Person der Lady Stuart
Uneingeschränkt vertraue — Sie verläßt sich
Auf seine Redlichkeit —

Paulet.   Verläßt sich — Gut!   1690

Leicester. Was sagt Ihr, Sir?

Paulet.   Die Königin verläßt sich
Auf ihn, und ich, Mylord, verlasse mich
Auf mich und meine beiden offnen Augen. (Er geht ab.)

Achter Auftritt.

Leicester. Mortimer.

Leicester (verwundert). Was wandelte den Ritter an?

Mortimer. Ich weiß es nicht — Das unerwartete
Vertrauen, das die Königin mir schenkt —   1696

Leicester (ihn forschend ansehend). Verdient Ihr, Ritter,
    daß man Euch vertraut?

Mortimer (ebenso). Die Frage thu' ich Euch, Mylord
    von Lester.

Leicester. Ihr hattet mir was in geheim zu sagen.

Mortimer. Versichert mir erst, daß ich's wagen darf.

Leicester. Wer giebt mir die Versicherung für Euch?
— Laßt Euch mein Mißtraun nicht beleidigen!   1702
Ich seh' Euch zweierlei Gesichter zeigen
An diesem Hofe — Eins darunter ist
Notwendig falsch; doch welches ist das wahre?   1705

Mortimer. Es geht mir eben so mit Euch, Graf
    Lester.

Leicester. Wer soll nun des Vertrauens Anfang
    machen?

Mortimer. Wer das Geringere zu wagen hat.

Leicester. Nun! Der seid Ihr!

Mortimer.   Ihr seid es! Euer Zeugnis,
Des vielbedeutenden, gewalt'gen Lords,   1710

Kann mich zu Boden schlagen, meins vermag
Nichts gegen Euren Rang und Eure Gunst.

      Leicester. Ihr irrt Euch, Sir. In allem andern
        bin ich
Hier mächtig, nur in diesem zarten Punkt,
Den ich jetzt Eurer Treu preisgeben soll,   1715
Bin ich der schwächste Mann an diesem Hof,
Und ein verächtlich Zeugnis kann mich stürzen.

      Mortimer. Wenn sich der allvermögende Lord Lester
So tief zu mir herunterläßt, ein solch
Bekenntnis mir zu thun, so darf ich wohl   1720
Ein wenig höher denken von mir selbst
Und ihm in Großmut ein Exempel geben.

      Leicester. Geht mir voran im Zutraun, ich will
        folgen.

      Mortimer (den Brief schnell hervorziehend). Dies sendet
        Euch die Königin von Schottland.

      Leicester (schrickt zusammen und greift hastig darnach). Sprecht
        leise, Sir — Was seh' ich! Ach! Es ist   1725
Ihr Bild! (Küßt es und betrachtet es mit stummem Entzücken.)

      Mortimer (der ihn während des Lesens scharf beobachtet).
        Mylord, nun glaub' ich Euch.

      Leicester (nachdem er den Brief schnell durchlaufen). Sir
        Mortimer! Ihr wißt des Briefes Inhalt?

      Mortimer. Nichts weiß ich.

      Leicester.   Nun! Sie hat Euch ohne Zweifel
Vertraut —

      Mortimer. Sie hat mir nichts vertraut. Ihr würdet
Dies Rätsel mir erklären, sagte sie.   1730
Ein Rätsel ist es mir, daß Graf von Lester,
Der Günstling der Elisabeth, Mariens

Erklärter Feind und ihrer Richter einer,
Der Mann sein soll, von dem die Königin
In ihrem Unglück Rettung hofft — Und dennoch   1735
Muß dem so sein, denn Eure Augen sprechen
Zu deutlich aus, was Ihr für sie empfindet.

    Leicester.   Entdeckt mir selbst erst, wie es kommt, daß
      Ihr
Den feur'gen Anteil nehmt an ihrem Schicksal,
Und was Euch ihr Vertraun erwarb.

    Mortimer.   Mylord,   1740
Das kann ich Euch mit wenigem erklären.
Ich habe meinen Glauben abgeschworen
Zu Rom und steh' im Bündnis mit den Guisen.
Ein Brief des Erzbischofs zu Reims hat mich
Beglaubigt bei der Königin von Schottland.   1745

    Leicester.   Ich weiß von Eurer Glaubensänderung,
Sie ist's, die mein Vertrauen zu Euch weckte.
Gebt mir die Hand. Verzeiht mir meinen Zweifel.
Ich kann der Vorsicht nicht zu viel gebrauchen,
Denn Walsingham und Burleigh hassen mich,   1750
Ich weiß, daß sie mir lauernd Netze stellen.
Ihr konntet ihr Geschöpf und Werkzeug sein,
Mich in das Garn zu ziehn —

    Mortimer.   Wie kleine Schritte
Geht ein so großer Lord an diesem Hof!
Graf, ich beklag' Euch.

    Leicester.   Freudig werf' ich mich   1755
An die vertraute Freundesbrust, wo ich
Des langen Zwangs mich endlich kann entladen.
Ihr seid verwundert, Sir, daß ich so schnell
Das Herz geändert gegen die Maria.

Zwar in der That haßt' ich sie nie — der Zwang   1760
Der Zeiten machte mich zu ihrem Gegner.
Sie war mir zugedacht seit langen Jahren,
Ihr wißt's, eh sie die Hand dem Darnley gab,
Als noch der Glanz der Hoheit sie umlachte.
Kalt stieß ich damals dieses Glück von mir,   1765
Jetzt im Gefängnis, an des Todes Pforten
Such' ich sie auf, und mit Gefahr des Lebens.

    Mortimer.   Das heißt großmütig handeln!
    Leicester.   — Die Gestalt
Der Dinge, Sir, hat sich indes verändert.
Mein Ehrgeiz war es, der mich gegen Jugend   1770
Und Schönheit fühllos machte.   Damals hielt ich
Mariens Hand für mich zu klein, ich hoffte
Auf den Besitz der Königin von England.

    Mortimer.   Es ist bekannt, daß sie Euch allen Män-
      nern
Vorzog —
    Leicester.   So schien es, edler Sir — und nun, nach
      zehn   1775
Verlornen Jahren unverdroßnen Werbens,
Verhaßten Zwangs — O Sir, mein Herz geht auf!
Ich muß des langen Unmuts mich entladen —
Man preist mich glücklich — Wüßte man, was es
Für Ketten sind, um die man mich beneidet —   1780
Nachdem ich zehen bittre Jahre lang
Dem Götzen ihrer Eitelkeit geopfert,
Mich jedem Wechsel ihrer Sultanslaunen
Mit Sklavendemut unterwarf, das Spielzeug
Des kleinen grillenhaften Eigensinns,   1785
Geliebkost jetzt von ihrer Zärtlichkeit

Und jetzt mit sprödem Stolz zurückgestoßen,
Von ihrer Gunst und Strenge gleich gepeinigt,
Wie ein Gefangener vom Argusblick
Der Eifersucht gehütet, ins Verhör   1790
Genommen wie ein Knabe, wie ein Diener
Gescholten — O, die Sprache hat kein Wort
Für diese Hölle!

    Mortimer.   Ich beklag' Euch, Graf.

    Leicester.   Täuscht mich am Ziel der Preis! Ein
      andrer kommt,
Die Frucht des teuren Werbens mir zu rauben.   1795
An einen jungen blühenden Gemahl
Verlier' ich meine lang besessnen Rechte!
Heruntersteigen soll ich von der Bühne,
Wo ich so lange als der erste glänzte.
Nicht ihre Hand allein, auch ihre Gunst   1800
Droht mir der neue Ankömmling zu rauben.
Sie ist ein Weib, und er ist liebenswert.

    Mortimer.   Er ist Kathrinens Sohn. In guter
      Schule
Hat er des Schmeichelns Künste ausgelernt.

    Leicester.   So stürzen meine Hoffnungen — ich suche
In diesem Schiffbruch meines Glücks ein Brett   1806
Zu fassen — und mein Auge wendet sich
Der ersten schönen Hoffnung wieder zu.
Mariens Bild, in ihrer Reize Glanz,
Stand neu vor mir, Schönheit und Jugend traten   1810
In ihre vollen Rechte wieder ein,
Nicht kalter Ehrgeiz mehr, das Herz verglich,
Und ich empfand, welch Kleinod ich verloren.
Mit Schrecken seh' ich sie in tiefes Elend

Herabgestürzt, gestürzt durch mein Verschulden.   1815
Da wird in mir die Hoffnung wach, ob ich
Sie jetzt noch retten könnte und besitzen.
Durch eine treue Hand gelingt es mir,
Ihr mein verändert Herz zu offenbaren,
Und dieser Brief, den Ihr mir überbracht,   1820
Versichert mir, daß sie verzeiht, sich mir
Zum Preise schenken will, wenn ich sie rette.

   Mortimer. Ihr thatet aber nichts zu ihrer Rettung!
Ihr ließt geschehn, daß sie verurteilt wurde,
Gabt Eure Stimme selbst zu ihrem Tod!   1825
Ein Wunder muß geschehn — Der Wahrheit Licht
Muß mich, den Neffen ihres Hüters, rühren,
Im Vatikan zu Rom muß ihr der Himmel
Den unverhofften Retter zubereiten,
Sonst fand sie nicht einmal den Weg zu Euch!   1830

   Leicester. Ach, Sir, es hat mir Qualen gnug ge-
    kostet!
Um selbe Zeit ward sie von Talbots Schloß
Nach Fotheringhay weggeführt, der strengen
Gewahrsam Eures Oheims anvertraut.
Gehemmt ward jeder Weg zu ihr, ich mußte   1835
Fortfahren vor der Welt, sie zu verfolgen.
Doch denket nicht, daß ich sie leidend hätte
Zum Tode gehen lassen! Nein, ich hoffte
Und hoffe noch, das Äußerste zu hindern,
Bis sich ein Mittel zeigt, sie zu befrein.   1840

   Mortimer. Das ist gefunden — Lester, Euer edles
Vertraun verdient Erwiderung. Ich will sie
Befreien, darum bin ich hier, die Anstalt
Ist schon getroffen, Euer mächt'ger Beistand

Versichert uns den glücklichen Erfolg.   1845
    Leicester. Was sagt Ihr? Ihr erschreckt mich. Wie?
      Ihr wolltet —
    Mortimer. Gewaltsam aufthun will ich ihren Kerker,
Ich hab' Gefährten, alles ist bereit —
    Leicester. Ihr habt Mitwisser und Vertraute! Weh
      mir!
In welches Wagnis reißt Ihr mich hinein!   1850
Und diese wissen auch um mein Geheimnis?
    Mortimer. Sorgt nicht. Der Plan ward ohne Euch
      entworfen,
Ohn' Euch wär' er vollstreckt, bestünde sie
Nicht drauf, Euch ihre Rettung zu verdanken.
    Leicester. So könnt Ihr mich für ganz gewiß ver=
      sichern,   1855
Daß in dem Bund mein Name nicht genannt ist?
    Mortimer. Verlaßt Euch drauf! Wie? So bedenk=
      lich, Graf,
Bei einer Botschaft, die Euch Hilfe bringt!
Ihr wollt die Stuart retten und besitzen,
Ihr findet Freunde, plötzlich, unerwartet,   1860
Vom Himmel fallen Euch die nächsten Mittel —
Doch zeigt Ihr mehr Verlegenheit als Freude?
    Leicester. Es ist nichts mit Gewalt. Das Wagestück
Ist zu gefährlich.
    Mortimer. Auch das Säumen ist's!   1864
    Leicester. Ich sag' Euch, Ritter, es ist nicht zu wagen.
    Mortimer (bitter). Nein, nicht für Euch, der sie be=
      sitzen will!
Wir wollen sie bloß retten und sind nicht so
Bedenklich —

Leicester. Junger Mann, Ihr seid zu rasch
In so gefährlich dornenvoller Sache.

Mortimer. Ihr — sehr bedacht in solchem Fall der
Ehre. 1870

Leicester. Ich seh' die Netze, die uns rings umgeben.

Mortimer. Ich fühle Mut, sie alle zu durchreißen.

Leicester. Tollkühnheit, Raserei ist dieser Mut.

Mortimer. Nicht Tapferkeit ist diese Klugheit, Lord.

Leicester. Euch lüstet's wohl, wie Babington zu enden?

Mortimer. Euch nicht, des Norfolks Großmut nach-
zuahmen. 1876

Leicester. Norfolk hat seine Braut nicht heimgeführt.

Mortimer. Er hat bewiesen, daß er's würdig war.

Leicester. Wenn wir verderben, reißen wir sie nach.

Mortimer. Wenn wir uns schonen, wird sie nicht
gerettet. 1880

Leicester. Ihr überlegt nicht, hört nicht, werdet alles
Mit heftig blindem Ungestüm zerstören,
Was auf so guten Weg geleitet war.

Mortimer. Wohl auf den guten Weg, den Ihr ge-
bahnt?
Was habt Ihr denn gethan, um sie zu retten? 1885
— Und wie? Wenn ich nun Bube gnug gewesen,
Sie zu ermorden, wie die Königin
Mir anbefahl, wie sie zu dieser Stunde
Von mir erwartet — Nennt mir doch die Anstalt,
Die Ihr gemacht, ihr Leben zu erhalten. 1890

Leicester (erstaunt). Gab Euch die Königin diesen Blutbefehl?

Mortimer. Sie irrte sich in mir, wie sich Maria
In Euch.

Leicester.   Und Ihr habt zugesagt?   Habt Ihr?

Mortimer.   Damit sie andre Hände nicht erkaufe,
Bot ich die meinen an.

Leicester.   Ihr thatet wohl.   1895
Dies kann uns Raum verschaffen.   Sie verläßt sich
Auf Euren blut'gen Dienst, das Todesurteil
Bleibt unvollstreckt, und wir gewinnen Zeit —

Mortimer (ungeduldig).   Nein, wir verlieren Zeit!

Leicester.   Sie zählt auf Euch,
So minder wird sie Anstand nehmen, sich   1900
Den Schein der Gnade vor der Welt zu geben.
Vielleicht, daß ich durch List sie überrede,
Das Angesicht der Gegnerin zu sehn,
Und dieser Schritt muß ihr die Hände binden.
Burleigh hat recht.   Das Urteil kann nicht mehr   1905
Vollzogen werden, wenn sie sie gesehn.
— Ja, ich versuch' es, alles biet' ich auf —

Mortimer.   Und was erreicht Ihr dadurch?   Wenn
        sie sich
In mir getäuscht sieht, wenn Maria fortfährt,
Zu leben — ist nicht alles, wie zuvor?   1910
Frei wird sie niemals!   Auch das Mildeste,
Was kommen kann, ist ewiges Gefängnis.
Mit einer kühnen That müßt Ihr doch enden,
Warum wollt Ihr nicht gleich damit beginnen?
In Euren Händen ist die Macht, Ihr bringt   1915
Ein Heer zusammen, wenn Ihr nur den Adel
Auf Euren vielen Schlössern waffnen wollt!
Maria hat noch viel verborgne Freunde;
Der Howard und der Percy edle Häuser,
Ob ihre Häupter gleich gestürzt, sind noch   1920

An Helden reich, sie harren nur darauf,
Daß ein gewalt'ger Lord das Beispiel gebe!
Weg mit Verstellung! Handelt öffentlich!
Verteidigt als ein Ritter die Geliebte,
Kämpft einen edeln Kampf um sie! Ihr seid   1925
Herr der Person der Königin von England,
Sobald Ihr wollt. Lockt sie auf Eure Schlösser,
Sie ist Euch oft dahin gefolgt. Dort zeigt ihr
Den Mann! Sprecht als Gebieter! Haltet sie
Verwahrt, bis sie die Stuart frei gegeben!   1930

    Leicester. Ich staune, ich entsetze mich — Wohin
Reißt Euch der Schwindel? — Kennt Ihr diesen Boden?
Wißt Ihr, wie's steht an diesem Hof, wie eng
Dies Frauenreich die Geister hat gebunden?
Sucht nach dem Heldengeist, der ehmals wohl   1935
In diesem Land sich regte — Unterworfen
Ist alles unterm Schlüssel eines Weibes,
Und jedes Mutes Federn abgespannt.
Folgt meiner Leitung. Wagt nichts unbedachtsam.
— Ich höre kommen, geht.

    Mortimer.   Maria hofft!   1940
Kehr' ich mit leerem Trost zu ihr zurück?

    Leicester. Bringt ihr die Schwüre meiner ew'gen
      Liebe!

    Mortimer. Bringt ihr die selbst! Zum Werkzeug
      ihrer Rettung
Bot ich mich an, nicht Euch zum Liebesboten! (Er geht ab.)

Neunter Auftritt.

Elisabeth. Leicester.

Elisabeth. Wer ging da von Euch weg? Ich hörte
    sprechen. 1945

    Leicester (sich auf ihre Rede schnell und erschrocken umwendend).
Es war Sir Mortimer.

    Elisabeth. Was ist Euch, Lord?
So ganz betreten?

    Leicester (faßt sich). — Über deinen Anblick!
Ich habe dich so reizend nie gesehn,
Geblendet steh' ich da von deiner Schönheit.
— Ach!

    Elisabeth. Warum seufzt Ihr?

    Leicester. Hab' ich keinen Grund,
Zu seufzen? Da ich deinen Reiz betrachte, 1951
Erneut sich mir der namenlose Schmerz
Des drohenden Verlustes.

    Elisabeth. Was verliert Ihr?

    Leicester. Dein Herz, dein liebenswürdig Selbst ver-
    lier' ich.
Bald wirst du in den jugendlichen Armen 1955
Des feurigen Gemahls dich glücklich fühlen,
Und ungeteilt wird er dein Herz besitzen.
Er ist von königlichem Blut, das bin
Ich nicht; doch Trotz sei aller Welt geboten,
Ob einer lebt auf diesem Erdenrund, 1960
Der mehr Anbetung für dich fühlt, als ich.
Der Duc von Anjou hat dich nie gesehn,
Nur deinen Ruhm und Schimmer kann er lieben,

Ich liebe dich. Wärst du die ärmste Hirtin,
Ich als der größte Fürst der Welt geboren,   1965
Zu deinem Stand würd' ich heruntersteigen,
Mein Diadem zu deinen Füßen legen.

    Elisabeth. Beklag' mich, Dudley, schilt mich nicht!—
        Ich darf ja
Mein Herz nicht fragen. Ach! das hätte anders
Gewählt. Und wie beneid' ich andre Weiber,   1970
Die das erhöhen dürfen, was sie lieben.
So glücklich bin ich nicht, daß ich dem Manne,
Der mir vor allen teuer ist, die Krone
Aufsetzen kann! — Der Stuart ward's vergönnt,
Die Hand nach ihrer Neigung zu verschenken;   1975
Die hat sich jegliches erlaubt, sie hat
Den vollen Kelch der Freuden ausgetrunken.

    Leicester. Jetzt trinkt sie auch den bittern Kelch des
        Leidens.

    Elisabeth. Sie hat der Menschen Urteil nichts geachtet.
Leicht wurd' es ihr, zu leben, nimmer lud sie   1980
Das Joch sich auf, dem ich mich unterwarf.
Hätt' ich doch auch Ansprüche machen können,
Des Lebens mich, der Erde Lust zu freun,
Doch zog ich strenge Königspflichten vor.
Und doch gewann sie aller Männer Gunst,   1985
Weil sie sich nur befliß, ein Weib zu sein,
Und um sie buhlt die Jugend und das Alter.
So sind die Männer. Lüstlinge sind alle!
Dem Leichtsinn eilen sie, der Freude zu
Und schätzen nichts, was sie verehren müssen.   1990
Verjüngte sich nicht dieser Talbot selbst,
Als er auf ihren Reiz zu reden kam!

Leicester. Vergieb es ihm. Er war ihr Wächter einst;
Die List'ge hat mit Schmeicheln ihn bethört.

Elisabeth. Und ist's denn wirklich wahr, daß sie so
schön ist? 1995
So oft mußt' ich die Larve rühmen hören,
Wohl möcht' ich wissen, was zu glauben ist.
Gemälde schmeicheln, Schilderungen lügen,
Nur meinen eignen Augen würd' ich traun.
— Was schaut Ihr mich so seltsam an?
Leicester. Ich stellte 2000
Dich in Gedanken neben die Maria.
— Die Freude wünsch' ich mir, ich berg' es nicht,
Wenn es ganz in geheim geschehen könnte,
Der Stuart gegenüber dich zu sehn!
Dann solltest du erst deines ganzen Siegs 2005
Genießen! Die Beschämung gönnt' ich ihr,
Daß sie mit eignen Augen — denn der Neid
Hat scharfe Augen — überzeugt sich sähe,
Wie sehr sie auch an Adel der Gestalt
Von dir besiegt wird, der sie so unendlich 2010
In jeder andern würd'gen Tugend weicht.

Elisabeth. Sie ist die Jüngere an Jahren.
Leicester. Jünger!
Man sieht's ihr nicht an. Freilich ihre Leiden!
Sie mag wohl vor der Zeit gealtert haben.
Ja, und was ihre Kränkung bittrer machte, 2015
Das wäre, dich als Braut zu sehn! Sie hat
Des Lebens schöne Hoffnung hinter sich,
Dich sähe sie dem Glück entgegenschreiten!
Und als die Braut des Königssohns von Frankreich,
Da sie sich stets so viel gewußt, so stolz 2020

Gethan mit der französischen Vermählung,
Noch jetzt auf Frankreichs mächt'ge Hilfe pocht!

    Elisabeth (nachlässig hinwerfend).   Man peinigt mich ja,
    sie zu sehn.

    Leicester (lebhaft).   Sie fordert's
Als eine Gunst, gewähr' es ihr als Strafe!
Du kannst sie auf das Blutgerüste führen,   2025
Es wird sie minder peinigen, als sich
Von deinen Reizen ausgelöscht zu sehn.
Dadurch ermordest du sie, wie sie dich
Ermorden wollte — Wenn sie deine Schönheit
Erblickt, durch Ehrbarkeit bewacht, in Glorie   2030
Gestellt durch einen unbefleckten Tugendruf,
Den sie, leichtsinnig buhlend, von sich warf,
Erhoben durch der Krone Glanz und jetzt
Durch zarte Bräutlichkeit geschmückt — dann hat
Die Stunde der Vernichtung ihr geschlagen.   2035
Ja — wenn ich jetzt die Augen auf dich werfe —
Nie warst du, nie zu einem Sieg der Schönheit
Gerüsteter, als eben jetzt — Mich selbst
Hast du umstrahlt wie eine Lichterscheinung,
Als du vorhin ins Zimmer tratest — Wie?   2040
Wenn du gleich jetzt, jetzt, wie du bist, hinträtest
Vor sie, du findest keine schönre Stunde —

    Elisabeth.   Jetzt — Nein — Nein — Jetzt nicht, Lester
    — Nein, das muß ich
Erst wohl bedenken — mich mit Burleigh —

    Leicester (lebhaft einfallend).   Burleigh!
Der denkt allein auf deinen Staatsvorteil;   2045
Auch deine Weiblichkeit hat ihre Rechte,
Der zarte Punkt gehört vor dein Gericht,

Nicht vor des Staatsmanns — ja, auch Staatskunst will es,
Daß du sie siehst, die öffentliche Meinung
Durch eine That der Großmut dir gewinnest!　　2050
Magst du nachher dich der verhaßten Feindin,
Auf welche Weise dir's gefällt, entladen.

　　Elisabeth.　Nicht wohlanständig wär' mir's, die Ver-
　　　　wandte
Im Mangel und in Schmach zu sehn.　Man sagt,
Daß sie nicht königlich umgeben sei,　　2055
Vorwerfend wär' mir ihres Mangels Anblick.

　　Leicester.　Nicht ihrer Schwelle brauchst du dich zu
　　　　nahn.
Hör' meinen Rat.　Der Zufall hat es eben
Nach Wunsch gefügt.　Heut ist das große Jagen,
An Fotheringhay führt der Weg vorbei,　　2060
Dort kann die Stuart sich im Park ergehn,
Du kommst ganz wie von ohngefähr dahin,
Es darf nichts als vorher bedacht erscheinen,
Und wenn es dir zuwider, redest du
Sie gar nicht an —

　　Elisabeth.　　　Begeh' ich eine Thorheit,　　2065
So ist es Eure, Lester, nicht die meine.
Ich will Euch heute keinen Wunsch versagen,
Weil ich von meinen Unterthanen allen
Euch heut am wehesten gethan.　(Ihn zärtlich ansehend.)
Sei's eine Grille nur von Euch.　Dadurch　　2070
Giebt Neigung sich ja kund, daß sie bewilligt
Aus freier Gunst, was sie auch nicht gebilligt.

　　　　(Leicester stürzt zu ihren Füßen, der Vorhang fällt.)

Dritter Aufzug.

Gegend in einem Park. Vorn mit Bäumen besetzt, hinten eine weite Aussicht.

Erster Auftritt.

Maria tritt in schnellem Lauf hinter Bäumen hervor. Hanna Kennedy folgt langsam.

Kennedy. Ihr eilet ja, als wenn Ihr Flügel hättet,
So kann ich Euch nicht folgen, wartet doch!
 Maria. Laß mich der neuen Freiheit genießen, 2075
   Laß mich ein Kind sein, sei es mit,
   Und auf dem grünen Teppich der Wiesen
   Prüfen den leichten, geflügelten Schritt.
   Bin ich dem finstern Gefängnis entstiegen,
   Hält sie mich nicht mehr, die traurige Gruft?
   Laß mich in vollen, in durstigen Zügen   2081
   Trinken die freie, die himmlische Luft.
 Kennedy. O meine teure Lady! Euer Kerker
Ist nur um ein klein Weniges erweitert.
Ihr seht nur nicht die Mauer, die uns einschließt, 2085
Weil sie der Bäume dicht Gesträuch versteckt.

Maria. O Dank, Dank diesen freundlich grünen
    Bäumen,
Die meines Kerkers Mauern mir verstecken!
Ich will mich frei und glücklich träumen,
Warum aus meinem süßen Wahn mich wecken?   2090
Umfängt mich nicht der weite Himmelsschoß?
Die Blicke, frei und fessellos,
Ergehen sich in ungemeßnen Räumen.
Dort, wo die grauen Nebelberge ragen,
Fängt meines Reiches Grenze an,   2095
Und diese Wolken, die nach Mittag jagen,
Sie suchen Frankreichs fernen Ozean.
    Eilende Wolken, Segler der Lüfte!
    Wer mit euch wanderte, mit euch schiffte!
    Grüßet mir freundlich mein Jugendland!   2100
    Ich bin gefangen, ich bin in Banden,
    Ach, ich hab' keinen andern Gesandten!
    Frei in Lüften ist eure Bahn,
    Ihr seid nicht dieser Königin unterthan.
Kennedy. Ach, teure Lady! Ihr seid außer Euch, 2105
Die langentbehrte Freiheit macht Euch schwärmen.
Maria. Dort legt ein Fischer den Nachen an.
    Dieses elende Werkzeug könnte mich retten,
    Brächte mich schnell zu befreundeten Städten.
    Spärlich nährt es den dürftigen Mann.   2110
    Beladen wollt' ich ihn reich mit Schätzen,
    Einen Zug sollt' er thun, wie er keinen gethan,
    Das Glück sollt' er finden in seinen Netzen,
    Nähm' er mich ein in den rettenden Kahn.
Kennedy. Verlorne Wünsche! Seht Ihr nicht, daß uns
Von ferne dort die Spähertritte folgen?   2116

Ein finster grausames Verbot scheucht jedes
Mitleidige Geschöpf aus unserm Wege.

    Maria. Nein, gute Hanna. Glaub' mir, nicht umsonst
Ist meines Kerkers Thor geöffnet worden.   2120
Die kleine Gunst ist mir des größern Glücks
Verkünderin. Ich irre nicht. Es ist
Der Liebe thät'ge Hand, der ich sie danke.
Lord Lesters mächt'gen Arm erkenn' ich drin.
Allmählich will man mein Gefängnis weiten,   2125
Durch Kleineres zum Größern mich gewöhnen,
Bis ich das Antlitz dessen endlich schaue,
Der mir die Bande löst auf immerdar.

    Kennedy. Ach, ich kann diesen Widerspruch nicht
      reimen!
Noch gestern kündigt man den Tod Euch an,   2130
Und heute wird Euch plötzlich solche Freiheit.
Auch denen, hört' ich sagen, wird die Kette
Gelöst, auf die die ew'ge Freiheit wartet.

    Maria. Hörst du das Hifthorn? Hörst du's klingen,
      Mächtigen Rufes, durch Feld und Hain?   2135
      Ach, auf das mutige Roß mich zu schwingen,
      An den fröhlichen Zug mich zu reihn!
      Noch mehr! O, die bekannte Stimme,
      Schmerzlich süßer Erinnerung voll.
      Oft vernahm sie mein Ohr mit Freuden   2140
      Auf des Hochlands bergigten Heiden,
      Wenn die tobende Jagd erscholl.

Zweiter Auffritt.

Paulet. Die Vorigen.

Paulet. Nun! Hab' ich's endlich recht gemacht, My=
lady?
Verdien' ich einmal Euern Dank?
          Maria.   Wie, Ritter?
Seid Ihr's, der diese Gunst mir ausgewirkt?   2145
Ihr seid's?
          Paulet. Warum soll ich's nicht sein? Ich war
Am Hof, ich überbrachte Euer Schreiben —
          Maria. Ihr übergabt es? Wirklich, thatet Ihr's?
Und diese Freiheit, die ich jetzt genieße,
Ist eine Frucht des Briefs —
          Paulet (mit Bedeutung).   Und nicht die einz'ge! 2150
Macht Euch auf eine größre noch gefaßt.
          Maria. Auf eine größre, Sir? Was meint ihr damit?
          Paulet. Ihr hörtet doch die Hörner —
          Maria (zurückfahrend, mit Ahnung).   Ihr erschreckt mich!
          Paulet. Die Königin jagt in dieser Gegend.
          Maria.   Was? 2154
          Paulet. In wenig Augenblicken steht sie vor Euch.
          Kennedy (auf Maria zueilend, welche zittert und hinzusinken
          droht). Wie wird Euch, teure Lady! Ihr verblaßt.
          Paulet. Nun? Ist's nun nicht recht? War's nicht
          Eure Bitte?
Sie wird Euch früher gewährt, als Ihr gedacht.
Ihr wart sonst immer so geschwinder Zunge,
Jetzt bringet Eure Worte an, jetzt ist   2160
Der Augenblick, zu reden!

Maria. O, warum hat man mich nicht vorbereitet!
Jetzt bin ich nicht darauf gefaßt, jetzt nicht.
Was ich mir als die höchste Gunst erbeten,
Dünkt mir jetzt schrecklich, fürchterlich — Komm, Hanna, 2165
Führ' mich ins Haus, daß ich mich fasse, mich
Erhole —

Paulet. Bleibt. Ihr müßt sie hier erwarten.
Wohl, wohl mag's Euch beängstigen, ich glaub's,
Vor Eurem Richter zu erscheinen.

Dritter Auftritt.

Graf Shrewsbury zu den Vorigen.

Maria. Es ist nicht darum! Gott, mir ist ganz anders
Zu Mut — Ach, edler Shrewsbury! Ihr kommt,   2171
Vom Himmel mir ein Engel zugesendet!
— Ich kann sie nicht sehn! Rettet, rettet mich
Von dem verhaßten Anblick —

Shrewsbury. Kommt zu Euch, Königin! Faßt
Euren Mut   2175
Zusammen. Das ist die entscheidungsvolle Stunde.

Maria. Ich habe drauf geharret — Jahre lang
Mich drauf bereitet, alles hab' ich mir
Gesagt und ins Gedächtnis eingeschrieben,
Wie ich sie rühren wollte und bewegen!   2180
Vergessen plötzlich, ausgelöscht ist alles,
Nichts lebt in mir in diesem Augenblick,
Als meiner Leiden brennendes Gefühl.
In blut'gen Haß gewendet wider sie
Ist mir das Herz, es fliehen alle guten   2185

Gedanken, und die Schlangenhaare schüttelnd,
Umstehen mich die finstern Höllengeister.

    Shrewsbury. Gebietet Eurem wild empörten Blut,
Bezwingt des Herzens Bitterkeit! Es bringt
Nicht gute Frucht, wenn Haß dem Haß begegnet. 2190
Wie sehr auch Euer Innres widerstrebe,
Gehorcht der Zeit und dem Gesetz der Stunde!
Sie ist die Mächtige — demütigt Euch!

    Maria. Vor ihr! Ich kann es nimmermehr.

    Shrewsbury.   Thut's dennoch!
Sprecht ehrerbietig, mit Gelassenheit! 2195
Ruft ihre Großmut an, trotzt nicht, jetzt nicht
Auf Euer Recht, jetzo ist nicht die Stunde.

    Maria. Ach, mein Verderben hab' ich mir erfleht,
Und mir zum Fluche wird mein Flehn erhört!
Nie hätten wir uns sehen sollen, niemals! 2200
Daraus kann nimmer, nimmer Gutes kommen!
Eh' mögen Feu'r und Wasser sich in Liebe
Begegnen und das Lamm den Tiger küssen —
Ich bin zu schwer verletzt — sie hat zu schwer
Beleidigt — Nie ist zwischen uns Versöhnung! 2205

    Shrewsbury. Seht sie nur erst von Angesicht!
Ich sah es ja, wie sie von Eurem Brief
Erschüttert war, ihr Auge schwamm in Thränen.
Nein, sie ist nicht gefühllos, hegt Ihr selbst
Nur besseres Vertrauen — Darum eben 2210
Bin ich vorausgeeilt, damit ich Euch
In Fassung setzen und ermahnen möchte.

    Maria (seine Hand ergreifend). Ach, Talbot! Ihr wart
        stets mein Freund — daß ich
In Eurer milden Haft geblieben wäre!

Es ward mir hart begegnet, Shrewsbury!		2215

    Shrewsbury. Vergeßt jetzt alles. Darauf denkt allein,
Wie Ihr sie unterwürfig wollt empfangen.

    Maria. Ist Burleigh auch mit ihr, mein böser Engel?

    Shrewsbury. Niemand begleitet sie, als Graf von
    Lester.

    Maria. Lord Lester!

    Shrewsbury.		Fürchtet nichts von ihm. Nicht er
Will Euren Untergang — Sein Werk ist es,		2221
Daß Euch die Königin die Zusammenkunft
Bewilligt.

    Maria. Ach! Ich wußt' es wohl!

    Shrewsbury.		Was sagt Ihr?

    Paulet. Die Königin kommt!

(Alles weicht auf die Seite; nur Maria bleibt, auf die Kennedy gelehnt.)

Vierter Auftritt.

Die Vorigen. Elisabeth. Graf Leicester. Gefolge.

    Elisabeth (zu Leicester). Wie heißt der Landsitz?

    Leicester.		Fotheringhayschloß. 2225

    Elisabeth (zu Shrewsbury). Schickt unser Jagdgefolg
    voraus nach London,
Das Volk drängt allzuheftig in den Straßen,
Wir suchen Schutz in diesem stillen Park.

(Talbot entfernt das Gefolge. Sie firiert mit den Augen die Maria,
indem sie zu Leicester weiter spricht.)

Mein gutes Volk liebt mich zu sehr. Unmäßig,
Abgöttisch sind die Zeichen seiner Freude,		2230
So ehrt man einen Gott, nicht einen Menschen.

Maria (welche diese Zeit über halb ohnmächtig auf die Amme
    gelehnt war, erhebt sich jetzt, und ihr Auge begegnet dem ge=
    spannten Blick der Elisabeth. Sie schaudert zusammen und wirft
    sich wieder an der Amme Brust). O Gott, aus diesen
    Zügen spricht kein Herz!

Elisabeth. Wer ist die Lady? (Ein allgemeines Schwei=
    gen).

Leicester. — Du bist zu Fotheringhay, Königin.

Elisabeth (stellt sich überrascht und erstaunt, einen finstern Blick
    auf Leicestern richtend). Wer hat mir das gethan? Lord
    Lester! 2235

Leicester. Es ist geschehen Königin — Und nun
Der Himmel deinen Schritt hieher gelenkt,
So laß die Großmut und das Mitleid siegen.

Shrewsbury. Laß dich erbitten, königliche Frau,
Dein Aug' auf die Unglückliche zu richten, 2240
Die hier vergeht vor deinem Anblick.
(Maria rafft sich zusammen und will auf die Elisabeth zugehen, steht aber
    auf halbem Wege schaudernd still; ihre Gebärden drücken den
    heftigsten Kampf aus.)

Elisabeth. Wie, Mylords?
Wer war es denn, der eine Tiefgebeugte
Mir angekündigt? Eine Stolze find' ich,
Vom Unglück keineswegs geschmeidigt.

Maria. Sei's!
Ich will mich auch noch diesem unterwerfen. 2245
Fahr hin, ohnmächt'ger Stolz der edlen Seele!
Ich will vergessen, wer ich bin, und was
Ich litt; ich will vor ihr mich niederwerfen,
Die mich in diese Schmach herunterstieß.
      (Sie wendet sich gegen die Königin.)
Der Himmel hat für Euch entschieden, Schwester! 2250

Gekrönt vom Sieg ist Euer glücklich Haupt,
Die Gottheit bet' ich an, die Euch erhöhte!
(Sie fällt vor ihr nieder.)
Doch seid auch Ihr nun edelmütig, Schwester!
Laßt mich nicht schmachvoll liegen! Eure Hand
Streckt aus, reicht mir die königliche Rechte,   2255
Mich zu erheben von dem tiefen Fall!

      Elisabeth (zurücktretend). Ihr seid an Eurem Platz,
        Lady Maria!

Und dankend preis' ich meines Gottes Gnade,
Der nicht gewollt, daß ich zu Euren Füßen
So liegen sollte, wie Ihr jetzt zu meinen.   2260

    Maria (mit steigendem Affekt). Denkt an den Wechsel alles
      Menschlichen!

Es leben Götter, die den Hochmut rächen!
Verehret, fürchtet sie, die schrecklichen,
Die mich zu Euren Füßen niederstürzen —
Um dieser fremden Zeugen willen ehrt   2265
In mir Euch selbst! entweihet, schändet nicht
Das Blut der Tudor, das in meinen Adern,
Wie in den Euren, fließt — O Gott im Himmel!
Steht nicht da, schroff und unzugänglich, wie
Die Felsenklippe, die der Strandende   2270
Vergeblich ringend zu erfassen strebt.
Mein alles hängt, mein Leben, mein Geschick
An meiner Worte, meiner Thränen Kraft;
Löst mir das Herz, daß ich das Eure rühre!
Wenn Ihr mich anschaut mit dem Eisesblick,   2275
Schließt sich das Herz mir schaudernd zu, der Strom
Der Thränen stockt, und kaltes Grausen fesselt
Die Flehensworte mir im Busen an.

Elisabeth (kalt und streng).   Was habt Ihr mir zu sagen,
    Lady Stuart?

Ihr habt mich sprechen wollen. Ich vergesse   2280
Die Königin, die schwer beleidigte,
Die fromme Pflicht der Schwester zu erfüllen,
Und meines Anblicks Trost gewähr' ich Euch.
Dem Trieb der Großmut folg' ich, setze mich
Gerechtem Tadel aus, daß ich so weit   2285
Heruntersteige — denn Ihr wißt,
Daß Ihr mich habt ermorden lassen wollen.
    Maria.   Womit soll ich den Anfang machen, wie
Die Worte klüglich stellen, daß sie Euch
Das Herz ergreifen, aber nicht verletzen!   2290
O Gott, gieb meiner Rede Kraft und nimm
Ihr jeden Stachel, der verwunden könnte!
Kann ich doch für mich selbst nicht sprechen, ohne Euch
Schwer zu verklagen, und das will ich nicht.
— Ihr habt an mir gehandelt, wie nicht recht ist,   2295
Denn ich bin eine Königin, wie Ihr,
Und Ihr habt als Gefangne mich gehalten.
Ich kam zu Euch als eine Bittende,
Und Ihr, des Gastrechts heilige Gesetze,
Der Völker heilig Recht in mir verhöhnend,   2300
Schloßt mich in Kerkermauern ein; die Freunde,
Die Diener werden grausam mir entrissen,
Unwürd'gem Mangel werd' ich preisgegeben,
Man stellt mich vor ein schimpfliches Gericht —
Nichts mehr davon! Ein ewiges Vergessen   2305
Bedecke, was ich Grausames erlitt.
— Seht! Ich will alles eine Schickung nennen,
Ihr seid nicht schuldig, ich bin auch nicht schuldig;

Ein böser Geist stieg aus dem Abgrund auf,
Den Haß in unsern Herzen zu entzünden,   2310
Der unsre zarte Jugend schon entzweit.
Er wuchs mit uns, und böse Menschen fachten
Der unglückfel'gen Flamme Atem zu,
Wahnsinn'ge Eiferer bewaffneten
Mit Schwert und Dolch die unberufne Hand —   2315
Das ist das Fluchgeschick der Könige,
Daß sie, entzweit, die Welt in Haß zerreißen
Und jeder Zwietracht Furien entfesseln.
— Jetzt ist kein fremder Mund mehr zwischen uns,
        (nähert sich ihr zutraulich und mit schmeichelndem Ton)
Wir stehn einander selbst nun gegenüber.   2320
Jetzt, Schwester, redet! Nennt mir meine Schuld,
Ich will Euch völliges Genügen leisten.
Ach, daß Ihr damals mir Gehör geschenkt,
Als ich so dringend Euer Auge suchte!
Es wäre nie so weit gekommen, nicht   2325
An diesem traur'gen Ort geschähe jetzt
Die unglückselig traurige Begegnung.

        Elisabeth. Mein guter Stern bewahrte mich davor,
Die Natter an den Busen mir zu legen.
— Nicht die Geschicke, Euer schwarzes Herz   2330
Klagt an, die wilde Ehrsucht Eures Hauses.
Nichts Feindliches war zwischen uns geschehn,
Da kündigte mir Euer Ohm, der stolze,
Herrschwüt'ge Priester, der die freche Hand
Nach allen Kronen streckt, die Fehde an,   2335
Bethörte Euch, mein Wappen anzunehmen,
Euch meine Königstitel zuzueignen,
Auf Tod und Leben in den Kampf mit mir

Zu gehn — Wen rief er gegen mich nicht auf?
Der Priester Zungen und der Völker Schwert,   2340
Des frommen Wahnsinns fürchterliche Waffen;
Hier selbst, im Friedenssitze meines Reichs,
Blies er mir der Empörung Flammen an —
Doch Gott ist mit mir, und der stolze Priester
Behält das Feld nicht — Meinem Haupte war   2345
Der Streich gedrohet, und das Eure fällt!

    Maria. Ich steh' in Gottes Hand. Ihr werdet Euch
So blutig Eurer Macht nicht überheben —

    Elisabeth. Wer soll mich hindern? Euer Oheim gab
Das Beispiel allen Königen der Welt,   2350
Wie man mit seinen Feinden Frieden macht.
Die Sankt Barthelemi sei meine Schule!
Was ist mir Blutsverwandtschaft, Völkerrecht?
Die Kirche trennet aller Pflichten Band,
Den Treubruch heiligt sie, den Königsmord,   2355
Ich übe nur, was Eure Priester lehren.
Sagt, welches Pfand gewährte mir für Euch,
Wenn ich großmütig Eure Bande löste?
Mit welchem Schloß verwahr' ich Eure Treue,
Das nicht Sankt Peters Schlüssel öffnen kann?   2360
Gewalt nur ist die einz'ge Sicherheit,
Kein Bündnis ist mit dem Gezücht der Schlangen.

    Maria. O, das ist Euer traurig finstrer Argwohn!
Ihr habt mich stets als eine Feindin nur
Und Fremdlingin betrachtet. Hättet Ihr   2365
Zu Eurer Erbin mich erklärt, wie mir
Gebührt, so hätten Dankbarkeit und Liebe
Euch eine treue Freundin und Verwandte
In mir erhalten.

Elisabeth.   Draußen, Lady Stuart,
Ist Eure Freundschaft, Euer Haus das Papsttum   2370
Der Mönch ist Euer Bruder — Euch zur Erbin
Erklären!   Der verräterische Fallstrick!
Daß Ihr bei meinem Leben noch mein Volk
Verführtet, eine listige Armida,
Die edle Jugend meines Königreichs   2375
In Eurem Buhlernetze schlau verstricktet —
Daß alles sich der neu aufgehnden Sonne
Zuwendete, und ich —
     Maria.   Regiert in Frieden!
Jedwedem Anspruch auf dies Reich entsag' ich.
Ach, meines Geistes Schwingen sind gelähmt,   2380
Nicht Größe lockt mich mehr — Ihr habt's erreicht,
Ich bin nur noch der Schatten der Maria.
Gebrochen ist in langer Kerkerschmach
Der edle Mut — Ihr habt das Äußerste an mir
Gethan, habt mich zerstört in meiner Blüte!   2385
— Jetzt macht ein Ende, Schwester!   Sprecht es aus,
Das Wort, um dessentwillen Ihr gekommen,
Denn nimmer will ich glauben, daß Ihr kamt,
Um Euer Opfer grausam zu verhöhnen.
Sprecht dieses Wort aus!   Sagt mir: „Ihr seid frei,   2390
„Maria!   Meine Macht habt Ihr gefühlt,
„Jetzt lernet meinen Edelmut verehren."
Sagt's, und ich will mein Leben, meine Freiheit
Als ein Geschenk aus Eurer Hand empfangen.
— Ein Wort macht alles ungeschehn.   Ich warte   2395
Darauf.   O! laßt mich's nicht zu lang erharren!
Weh Euch, wenn Ihr mit diesem Wort nicht endet!
Denn wenn Ihr jetzt nicht segenbringend, herrlich,

Wie eine Gottheit von mir scheidet — Schwester!
Nicht um dies ganze reiche Eiland, nicht   2400
Um alle Länder, die das Meer umfaßt,
Möcht' ich vor Euch so stehn, wie Ihr vor mir!

    Elisabeth. Bekennt Ihr endlich Euch für überwunden?
Ist's aus mit Euren Ränken? Ist kein Mörder
Mehr unterweges? Will kein Abenteurer   2405
Für Euch die traur'ge Ritterschaft mehr wagen?
— Ja, es ist aus, Lady Maria. Ihr verführt
Mir keinen mehr. Die Welt hat andre Sorgen.
Es lüstet keinen, Euer — vierter Mann
Zu werden, denn Ihr tötet Eure Freier,   2410
Wie Eure Männer!

    Maria (auffahrend). Schwester, Schwester!
O Gott! Gott! Gieb mir Mäßigung!

    Elisabeth (sieht sie lange mit einem Blick stolzer Verachtung an).
Das also sind die Reizungen, Lord Lester,
Die ungestraft kein Mann erblickt, daneben
Kein andres Weib sich wagen darf zu stellen!   2415
Fürwahr! Der Ruhm war wohlfeil zu erlangen,
Es kostet nichts, die allgemeine Schönheit
Zu sein, als die gemeine sein für alle!

    Maria. Das ist zu viel!

    Elisabeth (höhnisch lachend). Jetzt zeigt Ihr Euer wahres
Gesicht, bis jetzt war's nur die Larve.   2420

    Maria (von Zorn glühend, doch mit einer edeln Würde).
Ich habe menschlich, jugendlich gefehlt,
Die Macht verführte mich, ich hab' es nicht
Verheimlicht und verborgen, falschen Schein
Hab' ich verschmäht mit königlichem Freimut.
Das Ärgste weiß die Welt von mir, und ich   2425

Kann sagen, ich bin besser, als mein Ruf
Weh Euch, wenn sie von Euren Thaten einst
Den Ehrenmantel zieht, womit Ihr gleißend
Die wilde Glut verstohlner Lüste deckt.
Nicht Ehrbarkeit habt Ihr von Eurer Mutter　　2430
Geerbt; man weiß, um welcher Tugend willen
Anna von Boulen das Schafott bestiegen.

    Shrewsbury (tritt zwischen beide Königinnen).　O Gott des
        Himmels!　Muß es dahin kommen!
Ist das die Mäßigung, die Unterwerfung,
Lady Maria?

    Maria.　Mäßigung!　Ich habe　　2435
Ertragen, was ein Mensch ertragen kann.
Fahr hin, lammherzige Gelassenheit!
Zum Himmel fliehe, leidende Geduld!
Spreng' endlich deine Bande, tritt hervor
Aus deiner Höhle, langverhaltner Groll!　　2440
Und du, der dem gereizten Basilisk
Den Mordblick gab, leg' auf die Zunge mir
Den gift'gen Pfeil —

    Shrewsbury.　O, sie ist außer sich!
Verzeih der Rasenden, der schwer Gereizten!

    (Elisabeth, vor Zorn sprachlos, schießt wütende Blicke auf Marien.)

    Leicester (in der heftigsten Unruhe, sucht die Elisabeth hinwegzu-
      führen).　　　　　　　　　　　　　　Höre
Die Wütende nicht an!　Hinweg, hinweg　　2445
Von diesem unglücksel'gen Ort!

    Maria.　Der Thron von England ist durch einen
      Bastard
Entweiht, der Britten edelherzig Volk
Durch eine list'ge Gauklerin betrogen.

— Regierte Recht, so läget Ihr vor mir   2450
Im Staube jetzt, denn ich bin Euer König.

(Elisabeth geht schnell ab, die Lords folgen ihr in der höchsten Bestürzung.)

Fünfter Auftritt.

Maria. Kennedy.

Kennedy. O, was habt Ihr gethan! Sie geht in Wut!
Jetzt ist es aus, und alle Hoffnung schwindet.

Maria (noch ganz außer sich). Sie geht in Wut! Sie
trägt den Tod im Herzen!

(Der Kennedy um den Hals fallend.)

O, wie mir wohl ist, Hanna! Endlich, endlich,   2455
Nach Jahren der Erniedrigung, der Leiden,
Ein Augenblick der Rache, des Triumphs!
Wie Bergeslasten fällt's von meinem Herzen,
Das Messer stieß ich in der Feindin Brust.

Kennedy. Unglückliche! Der Wahnsinn reißt Euch hin,
Ihr habt die Unversöhnliche verwundet.   2461
Sie führt den Blitz, sie ist die Königin,
Vor ihrem Buhlen habt Ihr sie verhöhnt!

Maria. Vor Lesters Augen hab' ich sie erniedrigt!
Er sah es, er bezeugte meinen Sieg!   2465
Wie ich sie niederschlug von ihrer Höhe,
Er stand dabei, mich stärkte seine Nähe!

Sechster Auftritt.

Mortimer zu den Vorigen.

Kennedy. O Sir! Welch ein Erfolg —
Mortimer.   Ich hörte alles.

(Giebt der Amme ein Zeichen, sich auf ihren Posten zu begeben, und tritt
näher. Sein ganzes Wesen drückt eine heftige, leidenschaftliche
Stimmung aus.)

Du hast gesiegt! Du tratst sie in den Staub!
Du warst die Königin, sie der Verbrecher.   2470
Ich bin entzückt von deinem Mut, ich bete
Dich an, wie eine Göttin groß und herrlich
Erscheinst du mir in diesem Augenblick.

    Maria. Ihr spracht mit Lestern, überbrachtet ihm
Mein Schreiben, mein Geschenk — O redet, Sir!   2475

      Mortimer (mit glühenden Blicken sie betrachtend). Wie dich
        der edle königliche Zorn
Umglänzte, deine Reize mir verklärte!
Du bist das schönste Weib auf dieser Erde!

    Maria. Ich bitt' Euch, Sir! Stillt meine Ungedulb.
Was spricht Mylord? O sagt, was darf ich hoffen?   2480

      Mortimer. Wer? Er? Das ist ein Feiger, Elender!
Hofft nichts von ihm, verachtet ihn, vergeßt ihn!

    Maria. Was sagt Ihr?

      Mortimer.   Er Euch retten und besitzen!
Er Euch! Er soll es wagen! Er! Mit mir
Muß er auf Tod und Leben darum kämpfen!   2485

    Maria. Ihr habt ihm meinen Brief nicht übergeben?
— O, dann ist's aus!

      Mortimer.   Der Feige liebt das Leben.
Wer dich will retten und die Seine nennen,
Der muß den Tod beherzt umarmen können.

    Maria. Er will nichts für mich thun?

      Mortimer.   Nichts mehr von ihm! 2490
Was kann er thun, und was bedarf man sein?
Ich will dich retten, ich allein!

Maria. Ach, was vermögt Ihr!

Mortimer.   Täuschet Euch nicht mehr,
Als ob es noch wie gestern mit Euch stünde!
So wie die Königin jetzt von Euch ging,   2495
Wie dies Gespräch sich wendete, ist alles
Verloren, jeder Gnadenweg gesperrt.
Der That bedarf's jetzt, Kühnheit muß entscheiden,
Für alles werde alles frisch gewagt,
Frei müßt Ihr sein, noch eh' der Morgen tagt.   2500

Maria. Was sprecht Ihr? Diese Nacht! Wie ist
    das möglich?

Mortimer. Hört, was beschlossen ist. Versammelt
    hab' ich
In heimlicher Kapelle die Gefährten;
Ein Priester hörte unsre Beichte an,
Ablaß ist uns erteilt für alle Schulden,   2505
Die wir begingen, Ablaß im voraus
Für alle, die wir noch begehen werden.
Das letzte Sakrament empfingen wir,
Und fertig sind wir zu der letzten Reise.

Maria. O, welche fürchterliche Vorbereitung! 2510

Mortimer. Dies Schloß ersteigen wir in dieser
    Nacht;
Der Schlüssel bin ich mächtig. Wir ermorden
Die Hüter, reißen dich aus deiner Kammer
Gewaltsam, sterben muß von unsrer Hand,
Daß niemand überbleibe, der den Raub   2515
Verraten könne, jede lebende Seele.

Maria. Und Drury, Paulet, meine Kerkermeister?
O, eher werden sie ihr letztes Blut —

Mortimer. Von meinem Dolche fallen sie zuerst!

Maria. Was? Euer Oheim, Euer zweiter Vater? 2520

Mortimer. Von meinen Händen stirbt er. Ich er-
morb' ihn.

Maria. O blut'ger Frevel!

Mortimer.   Alle Frevel sind
Vergeben im voraus. Ich kann das Ärgste
Begehen, und ich will's.

Maria.   O schrecklich, schrecklich!

Mortimer. Und müßt' ich auch die Königin durchbohren,   2525

Ich hab' es auf die Hostie geschworen.

Maria. Nein, Mortimer! Eh' so viel Blut um mich —

Mortimer. Was ist mir alles Leben gegen dich
Und meine Liebe! Mag der Welten Band
Sich lösen, eine zweite Wasserflut   2530
Herwogend alles Atmende verschlingen!
— Ich achte nichts mehr! Eh' ich dir entsage,
Eh' nahe sich das Ende aller Tage.

Maria (zurücktretend). Gott! Welche Sprache, Sir, und
— welche Blicke!

— Sie schrecken, sie verscheuchen mich.

Mortimer (mit irren Blicken und im Ausdruck des stillen
Wahnsinns).   Das Leben ist 2535
Nur ein Moment, der Tod ist auch nur einer!
— Man schleife mich nach Tyburn, Glied für Glied
Zerreiße man mit glühnder Eisenzange,
(indem er heftig auf sie zugeht, mit ausgebreiteten Armen)
Wenn ich dich, Heißgeliebte, umfange —

Maria (zurücktretend). Unsinniger, zurück! —

Mortimer.   An dieser Brust, 2540
Auf diesem Liebe atmenden Munde —

Maria. Um Gotteswillen, Sir! Laßt mich hineingehn!

Mortimer.   Der ist ein Rasender, der nicht das Glück
Festhält in unauflöslicher Umarmung,
Wenn es ein Gott in seine Hand gegeben.   2545
Ich will dich retten, kost' es tausend Leben,
Ich rette dich, ich will es, doch, so wahr
Gott lebt! ich schwör's, ich will dich auch besitzen.

Maria. O, will kein Gott, kein Engel mich beschützen!
Furchtbares Schicksal! Grimmig schleuderst du   2550
Von einem Schrecknis mich dem andern zu.
Bin ich geboren, nur die Wut zu wecken?
Verschwört sich Haß und Liebe, mich zu schrecken?

Mortimer.   Ja, glühend, wie sie hassen, lieb' ich dich!
Sie wollen dich enthaupten, diesen Hals,   2555
Den blendend weißen, mit dem Beil durchschneiden.
O, weihe du dem Lebensgott der Freuden,
Was du dem Hasse blutig opfern mußt!
Mit diesen Reizen, die nicht dein mehr sind,
Beselige den glücklichen Geliebten!   2560
Die schöne Locke, dieses seidne Haar,
Verfallen schon den finstern Todesmächten,
Gebrauch's, den Sklaven ewig zu umflechten!

Maria. O, welche Sprache muß ich hören! Sir!
Mein Unglück sollt' Euch heilig sein, mein Leiden,   2565
Wenn es mein königliches Haupt nicht ist.

Mortimer.   Die Krone ist von deinem Haupt gefallen,
Du hast nichts mehr von ird'scher Majestät;
Versuch' es, laß dein Herrscherwort erschallen,
Ob dir ein Freund, ein Retter aufersteht.   2570
Nichts blieb dir, als die rührende Gestalt,
Der hohen Schönheit göttliche Gewalt,

Die läßt mich alles wagen und vermögen,
Die treibt dem Beil des Henkers mich entgegen —

    Maria.   O, wer errettet mich von seiner Wut! 2575

    Mortimer.   Verwegner Dienst belohnt sich auch ver-
    wegen!

Warum verspritzt der Tapfere sein Blut?
Ist Leben doch des Lebens höchstes Gut!
Ein Rasender, der es umsonst verschleudert!
Erst will ich ruhn an seiner wärmsten Brust —   2580

        (Er preßt sie heftig an sich.)

    Maria.   O, muß ich Hilfe rufen gegen den Mann,
Der mein Erretter —

    Mortimer.   Du bist nicht gefühllos;
Nicht kalter Strenge klagt die Welt dich an,
Dich kann die heiße Liebesbitte rühren,
Du hast den Sänger Rizzio beglückt,   2585
Und jener Bothwell durfte dich entführen.

    Maria.   Vermessener!

    Mortimer.   Er war nur dein Tyrann!
Du zittertest vor ihm, da du ihn liebtest!
Wenn nur der Schrecken dich gewinnen kann,
Beim Gott der Hölle! —

    Maria.   Laßt mich! Raset Ihr? 2590

    Mortimer.   Erzittern sollst du auch vor mir!

    Kennedy (hereinstürzend).   Man naht. Man kommt.
    Bewaffnet Volk erfüllt
Den ganzen Garten.

    Mortimer (auffahrend und zum Degen greifend).   Ich be-
    schütze dich!

    Maria.   O Hanna! Rette mich aus seinen Händen!
Wo find' ich Ärmste einen Zufluchtsort?   2595

Zu welchem Heiligen soll ich mich wenden?
Hier ist Gewalt, und drinnen ist der Mord.
(Sie flieht dem Hause zu, Kennedy folgt.)

Siebenter Auftritt.

Mortimer. Paulet und Drury, welche außer sich hereinstürzen.
Gefolge eilt über die Szene.

Paulet. Verschließt die Pforten. Zieht die Brücken auf!
Mortimer. Oheim, was ist's?
Paulet.   Wo ist die Mörderin?
Hinab mit ihr ins finsterste Gefängnis!   2600
Mortimer. Was giebt's? Was ist geschehn?
Paulet.   Die Königin!
Verfluchte Hände! Teuflisches Erkühnen!
Mortimer. Die Königin! Welche Königin?
Paulet.   Von England!
Sie ist ermordet auf der Londner Straßen! (Eilt ins Haus.)

Achter Auftritt.

Mortimer, gleich darauf Okelly.

Mortimer. Bin ich im Wahnwitz? Kam nicht eben
    jemand   2605
Vorbei und rief: die Königin sei ermordet?
Nein, nein, mir träumte nur. Ein Fieberwahn
Bringt mir als wahr und wirklich vor den Sinn,
Was die Gedanken gräßlich mir erfüllt.
Wer kommt? Es ist Okell'. So schreckenvoll!   2610

Okelly (hereinstürzend). Flieht, Mortimer! Flieht! Alles
   ist verloren.

Mortimer. Was ist verloren?

Okelly.							Fragt nicht lange. Denkt
Auf schnelle Flucht!

Mortimer.	Was giebt's denn?

Okelly.						Sauvage führte
Den Streich, der Rasende.

Mortimer.			So ist es wahr?

Okelly. Wahr, wahr! O, rettet Euch!

Mortimer.				Sie ist ermordet,	2615
Und auf den Thron von England steigt Maria!

Okelly. Ermordet! Wer sagt das?

Mortimer.					Ihr selbst!

Okelly.							Sie lebt!
Und ich und Ihr, wir alle sind des Todes.

Mortimer.	Sie lebt!

Okelly.	Der Stoß ging fehl, der Mantel fing ihn auf,
Und Shrewsbury entwaffnete den Mörder.		2620

Mortimer.	Sie lebt!

Okelly.				Lebt, um uns alle zu verderben!
Kommt, man umzingelt schon den Park.

Mortimer.					Wer hat
Das Rasende gethan?

Okelly.			Der Barnabit'
Aus Toulon war's, den Ihr in der Kapelle
Tiefsinnig sitzen saht, als uns der Mönch		2625
Das Anathem ausdeutete, worin
Der Papst die Königin mit dem Fluch belegt.
Das Nächste, Kürzeste wollt' er ergreifen,
Mit einem kecken Streich die Kirche Gottes

Befrein, die Martyrkrone sich erwerben;   2630
Dem Priester nur vertraut' er seine That,
Und auf dem Londner Weg ward sie vollbracht.

    Mortimer (nach einem langen Stillschweigen). O dich ver-
        folgt ein grimmig wütend Schicksal,
Unglückliche! Jetzt — ja, jetzt mußt du sterben,
Dein Engel selbst bereitet deinen Fall.   2635

    Okelly. Sagt! Wohin wendet Ihr die Flucht? Ich
        gehe,
Mich in des Nordens Wäldern zu verbergen.

    Mortimer. Flieht hin und Gott geleite Eure Flucht!
Ich bleibe. Noch versuch' ich's, sie zu retten,
Wo nicht, auf ihrem Sarge mir zu betten.   2640

        (Gehen ab zu verschiedenen Seiten.)

Vierter Aufzug.

Vorzimmer.

Erster Auftritt.

Graf Aubespine, Kent und Leicester.

Aubespine. Wie steht's um Ihro Majestät? Mylords,
Ihr seht mich noch ganz außer mir vor Schrecken.
Wie ging das zu? Wie konnte das in Mitte
Des allertreusten Volks geschehen?

Leicester.   Es geschah
Durch keinen aus dem Volke. Der es that,   2645
War Eures Königs Unterthan, ein Franke.

Aubespine. Ein Rasender gewißlich!

Kent.   Ein Papist,
Graf Aubespine!

Zweiter Auftritt.

Vorige. Burleigh im Gespräch mit Davison.

Burleigh. Sogleich muß der Befehl
Zur Hinrichtung verfaßt und mit dem Siegel

Versehen werden — Wenn er ausgefertigt,   2650
Wird er der Königin zur Unterschrift
Gebracht. Geht! Keine Zeit ist zu verlieren.

    Davison. Es soll geschehen. (Geht ab.)

    Aubespine (Burleigh entgegen). Mylord, mein treues Herz
Teilt die gerechte Freude dieser Insel.
Lob sei dem Himmel, der den Mörderstreich   2655
Gewehrt von diesem königlichen Haupt!

    Burleigh. Er sei gelobt, der unsrer Feinde Bosheit
Zu schanden machte!

    Aubespine.   Mög' ihn Gott verdammen,
Den Thäter dieser fluchenswerten That!

    Burleigh. Den Thäter und den schändlichen Erfinder.

    Aubespine (zu Kent). Gefällt es Eurer Herrlichkeit,
    Lordmarschall,   2661
Bei Ihro Majestät mich einzuführen,
Daß ich den Glückwunsch meines Herrn und Königs
Zu ihren Füßen schuldigst niederlege —

    Burleigh. Bemüht Euch nicht, Graf Aubespine.

    Aubespine (offiziös).   Ich weiß,   2665
Lord Burleigh, was mir obliegt.

    Burleigh.   Euch liegt ob,
Die Insel auf das schleunigste zu räumen.

    Aubespine (tritt erstaunt zurück). Was! Wie ist das?

    Burleigh.   Der heilige Charakter
Beschützt Euch heute noch, und morgen nicht mehr.

    Aubespine. Und was ist mein Verbrechen?

    Burleigh.   Wenn ich es   2670
Genannt, so ist es nicht mehr zu vergeben.

    Aubespine. Ich hoffe, Lord, das Recht der Abgesand-
    ten —

Burleigh.	Schützt — Reichsverräter nicht.

Leicester und Kent.		Ha! Was ist das!

Aubespine.				Mylord!
Bedenkt Ihr wohl —

Burleigh.		Ein Paß, von Eurer Hand
Geschrieben, fand sich in des Mörders Tasche.		2675

Kent. Ist's möglich?

Aubespine.		Viele Pässe teil' ich aus,
Ich kann der Menschen Innres nicht erforschen.

Burleigh.	In Eurem Hause beichtete der Mörder.

Aubespine.	Mein Haus ist offen.

Burleigh.			Jedem Feinde Englands.

Aubespine.	Ich fordre Untersuchung.

Burleigh.				Fürchtet sie! 2680

Aubespine.	In meinem Haupt ist mein Monarch
	verletzt,
Zerreißen wird er das geschloßne Bündnis.

Burleigh.	Zerrissen schon hat es die Königin,
England wird sich mit Frankreich nicht vermählen.
Mylord von Kent! Ihr übernehmet es,		2685
Den Grafen sicher an das Meer zu bringen.
Das aufgebrachte Volk hat sein Hotel
Gestürmt, wo sich ein ganzes Arsenal
Von Waffen fand; es droht, ihn zu zerreißen,
Wie er sich zeigt; verberget ihn, bis sich		2690
Die Wut gelegt — Ihr haftet für sein Leben!

Aubespine.	Ich gehe, ich verlasse dieses Land,
Wo man der Völker Recht mit Füßen tritt
Und mit Verträgen spielt — doch mein Monarch
Wird blut'ge Rechenschaft —

Burleigh.			Er hole sie!		2695

(Kent und Aubespine gehen ab.)

Dritter Auftritt.

Leicester und Burleigh.

Leicester.   So löst Ihr selbst das Bündnis wieder auf,
Das Ihr geschäftig unberufen knüpftet.
Ihr habt um England wenig Dank verdient,
Mylord, die Mühe konntet Ihr Euch sparen.

Burleigh.   Mein Zweck war gut. Gott leitete es
                 anders.   2700
Wohl dem, der sich nichts Schlimmeres bewußt ist!

Leicester.   Man kennt Cecils geheimnisreiche Miene,
Wenn er die Jagd auf Staatsverbrechen macht.
— Jetzt, Lord, ist eine gute Zeit für Euch.
Ein ungeheurer Frevel ist geschehn,   2705
Und noch umhüllt Geheimnis seine Thäter.
Jetzt wird ein Inquisitionsgericht
Eröffnet. Wort und Blicke werden abgewogen,
Gedanken selber vor Gericht gestellt.
Da seid Ihr der allwicht'ge Mann, der Atlas   2710
Des Staats, ganz England liegt auf Euren Schultern.

Burleigh.   In Euch, Mylord, erkenn' ich meinen
                 Meister;
Denn solchen Sieg, als Eure Rednerkunst
Erfocht, hat meine nie davon getragen.

Leicester.   Was meint Ihr damit, Lord?   2715

Burleigh.   Ihr wart es doch, der hinter meinem Rücken
Die Königin nach Fotheringhayschloß
Zu locken wußte?

Leicester.   Hinter Eurem Rücken!
Wann scheuten meine Thaten Eure Stirn?

Burleigh. Die Königin hättet Ihr nach Fotheringhay
Geführt? Nicht doch! Ihr habt die Königin   2721
Nicht hingeführt! — Die Königin war es,
Die so gefällig war, Euch hinzuführen.

    Leicester. Was wollt Ihr damit sagen, Lord?

    Burleigh.   Die edle
Person, die Ihr die Königin dort spielen ließt!   2725
Der herrliche Triumph, den Ihr der arglos
Vertrauenden bereitet — Güt'ge Fürstin!
So schamlos frech verspottete man dich,
So schonungslos wardst du dahingegeben;
— Das also ist die Großmut und die Milde,   2730
Die Euch im Staatsrat plötzlich angewandelt!
Darum ist diese Stuart ein so schwacher,
Verachtungswerter Feind, daß es der Müh'
Nicht lohnt, mit ihrem Blut sich zu beflecken!
Ein feiner Plan! Fein zugespitzt! Nur schade,   2735
Zu fein geschärfet, daß die Spitze brach!

    Leicester. Nichtswürdiger! Gleich folgt mir! An dem
        Throne
Der Königin sollt Ihr mir Rede stehn.

    Burleigh. Dort trefft Ihr mich — Und sehet zu,
        Mylord,
Daß Euch dort die Beredsamkeit nicht fehle! (Geht ab.)

Vierter Auftritt.

Leicester allein, darauf Mortimer.

    Leicester. Ich bin entdeckt, ich bin durchschaut — Wie
        kam
                                      2741
Der Unglückselige auf meine Spuren!

Weh mir, wenn er Beweise hat! Erfährt
Die Königin, daß zwischen mir und der Maria
Verständnisse gewesen — Gott! Wie schuldig   2745
Steh' ich vor ihr! Wie hinterlistig treulos
Erscheint mein Rat, mein unglückseliges
Bemühn, nach Fotheringhay sie zu führen!
Grausam verspottet sieht sie sich von mir,
An die verhaßte Feindin sich verraten!   2750
O, nimmer, nimmer kann sie das verzeihn!
Vorherbedacht wird alles nun erscheinen,
Auch diese bittere Wendung des Gesprächs,
Der Gegnerin Triumph und Hohngelächter,
Ja, selbst die Mörderhand, die blutig, schrecklich,   2755
Ein unerwartet ungeheures Schicksal,
Dazwischen kam, werd' ich bewaffnet haben!
Nicht Rettung seh' ich, nirgends! Ha! Wer kommt?

     Mortimer (kommt in der heftigsten Unruhe und blickt scheu
         umher). Graf Lester! Seid Ihr's? Sind wir ohne
         Zeugen?

     Leicester. Unglücklicher, hinweg! Was sucht Ihr
         hier?   2760

     Mortimer. Man ist auf unsrer Spur, auf Eurer auch;
Nehmt Euch in acht!

     Leicester.   Hinweg, hinweg!

     Mortimer.   Man weiß,
Daß bei dem Grafen Aubespine geheime
Versammlung war —

     Leicester. Was kümmert's mich!

     Mortimer.   Daß sich der Mörder   2765
Dabei befunden —

     Leicester.   Das ist Eure Sache!

Verwegener! Was unterfangt Ihr Euch,
In Euren blut'gen Frevel mich zu flechten?
Verteidigt Eure bösen Händel selbst!

    Mortimer. So hört mich doch nur an.

    Leicester (in heftigem Zorn). Geht in die Hölle! 2770
Was hängt Ihr Euch, gleich einem bösen Geist,
An meine Fersen! Fort! Ich kenn' Euch nicht,
Ich habe nichts gemein mit Meuchelmördern.

    Mortimer. Ihr wollt nicht hören. Euch zu warnen
      komm' ich,
Auch Eure Schritte sind verraten —

    Leicester.   Ha! 2775

    Mortimer. Der Großschatzmeister war zu Fotheringhay
Sogleich, nachdem die Unglücksthat geschehn war,
Der Königin Zimmer wurden streng durchsucht,
Da fand sich —

    Leicester. Was?

    Mortimer.   Ein angefangner Brief
Der Königin an Euch —

    Leicester.   Die Unglückfel'ge! 2780

    Mortimer. Worin sie Euch auffordert, Wort zu
      halten,
Euch das Versprechen ihrer Hand erneuert,
Des Bildnisses gedenkt —

    Leicester.   Tod und Verdammnis!

    Mortimer. Lord Burleigh hat den Brief.

    Leicester.   Ich bin verloren!

(Er geht während der folgenden Rede Mortimers verzweiflungsvoll auf und
nieder.)

    Mortimer. Ergreift den Augenblick! Kommt ihm
      zuvor! 2785

Errettet Euch, errettet sie — Schwört Euch
Heraus, ersinnt Entschuldigungen, wendet
Das Ärgste ab! Ich selbst kann nichts mehr thun.
Zerstreut sind die Gefährten, auseinander
Gesprengt ist unser ganzer Bund   Ich eile   2790
Nach Schottland, neue Freunde dort zu sammeln.
An Euch ist's jetzt, versucht, was Euer Ansehn,
Was eine kecke Stirn vermag!

     Leicester (steht still, plötzlich besonnen). Das will ich.
        (Er geht nach der Thüre, öffnet sie und ruft.)

He da! Trabanten! (Zu dem Offizier, der mit Bewaffneten
    hereintritt.) Diesen Staatsverräter
Nehmt in Verwahrung und bewacht ihn wohl!   2795
Die schändlichste Verschwörung ist entdeckt,
Ich bringe selbst der Königin die Botschaft. (Er geht ab.)

     Mortimer (steht anfangs starr vor Erstaunen, faßt sich aber
    bald und sieht Leicestern mit einem Blick der tiefsten Verachtung
    nach). Ha, Schändlicher! — Doch ich verdiene das!
Wer hieß mich auch dem Elenden vertrauen?
Weg über meinen Nacken schreitet er,   2800
Mein Fall muß ihm die Rettungsbrücke bauen.
— So rette dich! Verschlossen bleibt mein Mund,
Ich will dich nicht in mein Verderben flechten.
Auch nicht im Tode mag ich deinen Bund,
Das Leben ist das einz'ge Gut des Schlechten   2805
(Zu dem Offizier der Wache, der hervortritt, um ihn gefangen zu nehmen.)
Was willst du, feiler Sklav der Tyrannei?
Ich spotte deiner, ich bin frei! (Einen Dolch ziehend.)

     Offizier. Er ist bewehrt—Entreißt ihm seinen Dolch!
        (Sie dringen auf ihn ein, er erwehrt sich ihrer.)

     Mortimer. Und frei im letzten Augenblicke soll

Mein Herz sich öffnen, meine Zunge lösen!   2810
Fluch und Verderben euch, die ihren Gott
Und ihre wahre Königin verraten!
Die von der irdischen Maria sich
Treulos, wie von der himmlischen, gewendet,
Sich dieser Bastardkönigin verkauft —   2815

    Offizier. Hört ihr die Lästrung! Auf! Ergreifet ihn!

    Mortimer. Geliebte! Nicht erretten konnt' ich dich,
So will ich dir ein männlich Beispiel geben.
Maria, heil'ge, bitt' für mich
Und nimm mich zu dir in dein himmlisch Leben!   2820
(Er durchsticht sich mit dem Dolch und fällt der Wache in die Arme.)

Zimmer der Königin.

Fünfter Auftritt.

Elisabeth, einen Brief in der Hand. Burleigh.

    Elisabeth. Mich hinzuführen! Solchen Spott mit
    mir
Zu treiben! Der Verräter! Im Triumph
Vor seiner Buhlerin mich aufzuführen!
O, so ward noch kein Weib betrogen, Burleigh!

    Burleigh. Ich kann es noch nicht fassen, wie es
    ihm,   2825
Durch welche Macht, durch welche Zauberkünste
Gelang, die Klugheit meiner Königin
So sehr zu überraschen.

    Elisabeth.   O, ich sterbe
Vor Scham! Wie mußt' er meiner Schwäche spotten!
Sie glaubt' ich zu erniedrigen und war,   2830

Ich selber, ihres Spottes Ziel!

 Burleigh. Du siehst nun ein, wie treu ich dir
  geraten!

 Elisabeth. O, ich bin schwer dafür gestraft, daß ich
Von Eurem weisen Rate mich entfernt!
Und sollt' ich ihm nicht glauben? In den Schwüren
Der treusten Liebe einen Fallstrick fürchten?   2836
Wem darf ich trau'n, wenn er mich hinterging?
Er, den ich groß gemacht vor allen Großen,
Der mir der Nächste stets am Herzen war,
Dem ich verstattete, an diesem Hof   2840
Sich wie der Herr, der König zu betragen!

 Burleigh. Und zu derselben Zeit verriet er dich
An diese falsche Königin von Schottland!

 Elisabeth. O, sie bezahle mir's mit ihrem Blut!
— Sagt! Ist das Urteil abgefaßt?

 Burleigh.   Es liegt   2845
Bereit, wie du befohlen.

 Elisabeth.   Sterben soll sie!
Er soll sie fallen sehn und nach ihr fallen.
Verstoßen hab' ich ihn aus meinem Herzen,
Fort ist die Liebe, Rache füllt es ganz.
So hoch er stand, so tief und schmählich sei   2850
Sein Sturz! Er sei ein Denkmal meiner Strenge,
Wie er ein Beispiel meiner Schwäche war.
Man führ' ihn nach dem Tower; ich werde Peers
Ernennen, die ihn richten. Hingegeben
Sei er der ganzen Strenge des Gesetzes.   2855

 Burleigh. Er wird sich zu dir drängen, sich rechtfert'gen —

 Elisabeth. Wie kann er sich rechtfert'gen? Überführt

Ihn nicht der Brief? O, sein Verbrechen ist
Klar, wie der Tag!

Burleigh. Doch du bist mild und gnädig,
Sein Anblick, seine mächt'ge Gegenwart — 2860

Elisabeth. Ich will ihn nicht sehn. Niemals, niemals
wieder!
Habt Ihr Befehl gegeben, daß man ihn
Zurück weist, wenn er kommt?

Burleigh. So ist's befohlen!

Page (tritt ein). Mylord von Lester!

Königin. Der Abscheuliche!
Ich will ihn nicht sehn. Sagt ihm, daß ich ihn 2865
Nicht sehen will.

Page. Das wag' ich nicht dem Lord
Zu sagen, und er würde mir's nicht glauben.

Königin. So hab' ich ihn erhöht, daß meine Diener
Vor seinem Ansehn mehr als meinem zittern!

Burleigh (zum Pagen). Die Königin verbiet' ihm, sich
zu nahn! 2870

(Page geht zögernd ab.)

Königin (nach einer Pause). Wenn's dennoch möglich
wäre — Wenn er sich
Rechtfert'gen könnte! — Sagt mir, könnt' es nicht
Ein Fallstrick sein, den mir Maria legte,
Mich mit dem treusten Freunde zu entzwein?
O, sie ist eine abgefeimte Bübin! 2875
Wenn sie den Brief nur schrieb, mir gift'gen Argwohn
Ins Herz zu streun, ihn, den sie haßt, ins Unglück
Zu stürzen —

Burleigh. Aber, Königin, erwäge —

Sechster Auftritt.

Vorige. Leicester.

Leicester (reißt die Thüre mit Gewalt auf und tritt mit gebie-
terischem Wesen herein). Den Unverschämten will ich sehn,
der mir

Das Zimmer meiner Königin verbietet. 2880

Elisabeth. Ha, der Verwegene!

Leicester. Mich abzuweisen!

Wenn sie für einen Burleigh sichtbar ist,
So ist sie's auch für mich!

Burleigh. Ihr seid sehr kühn, Mylord,

Hier wider die Erlaubnis einzustürmen.

Leicester. Ihr seid sehr frech, Lord, hier das Wort

zu nehmen. 2885

Erlaubnis! Was! Es ist an diesem Hofe
Niemand, durch dessen Mund Graf Lester sich
Erlauben und verbieten lassen kann!

(Indem er sich der Elisabeth demütig nähert.)

Aus meiner Königin eignem Mund will ich—

Elisabeth (ohne ihn anzusehen). Aus meinem Angesicht,

Nichtswürdiger! 2890

Leicester. Nicht meine gütige Elisabeth,

Den Lord vernehm' ich, meinen Feind, in diesen
Unholden Worten—Ich berufe mich auf meine
Elisabeth—du liehest ihm dein Ohr,
Das Gleiche fordr' ich.

Elisabeth. Redet, Schändlicher! 2895

Vergrößert Euren Frevel! Leugnet ihn!

Leicester. Laßt diesen Überlästigen sich erst

Entfernen — Tretet ab, Mylord — Was ich
Mit meiner Königin zu verhandeln habe,
Braucht keinen Zeugen.   Geht.

    Elisabeth (zu Burleigh). Bleibt. Ich befehl' es! 2900

    Leicester. Was soll der dritte zwischen dir und mir!
Mit meiner angebeteten Monarchin
Hab' ich's zu thun — Die Rechte meines Platzes
Behaupt' ich — Es sind heil'ge Rechte!
Und ich bestehe drauf, daß sich der Lord   2905
Entferne!

    Elisabeth.   Euch geziemt die stolze Sprache!

    Leicester. Wohl ziemt sie mir, denn ich bin der Beglückte,
Dem deine Gunst den hohen Vorzug gab,
Das hebt mich über ihn und über alle!
Dein Herz verlieh mir diesen stolzen Rang,   2910
Und was die Liebe gab, werd' ich, bei Gott!
Mit meinem Leben zu behaupten wissen.
Er geh' — und zweier Augenblicke nur
Bedarf's, mich mit dir zu verständigen.

    Elisabeth.   Ihr hofft umsonst, mich listig zu be-
        schwatzen.   2915

    Leicester. Beschwatzen konnte dich der Plauderer,
Ich aber will zu deinem Herzen reden,
Und was ich im Vertraun auf deine Gunst
Gewagt, will ich auch nur vor deinem Herzen
Rechtfertigen — Kein anderes Gericht   2920
Erkenn' ich über mir, als deine Neigung!

    Elisabeth.   Schamloser! Eben diese ist's, die Euch
        zuerst
Verdammt — Zeigt ihm den Brief, Mylord!

    Burleigh.   Hier ist er!

Leicester (durchläuft den Brief, ohne die Fassung zu verlieren).
    Das ist der Stuart Hand!

    Elisabeth.   Lest und verstummt!

    Leicester (nachdem er gelesen, ruhig).   Der Schein ist gegen
    mich; doch darf ich hoffen,   2925
Daß ich nicht nach dem Schein gerichtet werde!

    Elisabeth.   Könnt Ihr es leugnen, daß Ihr mit der
    Stuart
In heimlichem Verständnis wart, ihr Bildnis
Empfingt, ihr zur Befreiung Hoffnung machtet?

    Leicester.   Leicht wäre mir's, wenn ich mich schuldig
    fühlte,   2930
Das Zeugnis einer Feindin zu verwerfen!
Doch frei ist mein Gewissen; ich bekenne,
Daß sie die Wahrheit schreibt!

    Elisabeth.   Nun denn,
Unglücklicher!

    Burleigh.   Sein eigner Mund verdammt ihn.

    Elisabeth.   Aus meinen Augen! In den Tower —
    Verräter!   2935

    Leicester.   Der bin ich nicht. Ich hab' gefehlt, daß ich
Aus diesem Schritt dir ein Geheimnis machte;
Doch redlich war die Absicht, es geschah,
Die Feindin zu erforschen, zu verderben.

    Elisabeth.   Elende Ausflucht!—

    Burleigh.   Wie, Mylord? Ihr glaubt —   2940

    Leicester.   Ich habe ein gewagtes Spiel gespielt,
Ich weiß, und nur Graf Lester durfte sich
An diesem Hofe solcher That erkühnen.
Wie ich die Stuart hasse, weiß die Welt.
Der Rang, den ich bekleide, das Vertrauen,   2945

Wodurch die Königin mich ehrt, muß jeden Zweifel
In meine treue Meinung niederschlagen.
Wohl darf der Mann, den deine Gunst vor allen
Auszeichnet, einen eignen kühnen Weg
Einschlagen, seine Pflicht zu thun.

    Burleigh.   Warum,   2950
Wenn's eine gute Sache war, verschwiegt Ihr?

    Leicester. Mylord! Ihr pflegt zu schwatzen, eh' Ihr
        handelt,
Und seid die Glocke Eurer Thaten. Das
Ist Eure Weise, Lord. Die meine ist,
Erst handeln und dann reden!   2955

    Burleigh. Ihr redet jetzo, weil Ihr müßt.

    Leicester (ihn stolz und höhnisch mit den Augen messend). Und Ihr
Berühmt Euch, eine wundergroße That
Ins Werk gerichtet, Eure Königin
Gerettet, die Verräterei entlarvt
Zu haben — Alles wißt Ihr, Eurem Scharfblick   2960
Kann nichts entgehen, meint Ihr — Armer Prahler!
Trotz Eurer Spürkunst war Maria Stuart
Noch heute frei, wenn ich es nicht verhindert.

    Burleigh. Ihr hättet —

    Leicester.   Ich, Mylord. Die Königin
Vertraute sich dem Mortimer, sie schloß   2965
Ihr Innerstes ihm auf, sie ging so weit,
Ihm einen blut'gen Auftrag gegen die Maria
Zu geben, da der Oheim sich mit Abscheu
Von einem gleichen Antrag abgewendet —
Sagt! Ist es nicht so?

        (Königin und Burleigh sehen einander betroffen an.)

    Burleigh.   Wie gelangtet Ihr   2970

Dazu? —

    Leicester. Ist's nicht so? — Nun, Mylord! Wo hattet
Ihr Eure tausend Augen, nicht zu sehn,
Daß dieser Mortimer Euch hinterging?
Daß er ein wütender Papist, ein Werkzeug
Der Guisen, ein Geschöpf der Stuart war,   2975
Ein keck entschloßner Schwärmer, der gekommen,
Die Stuart zu befrein, die Königin
Zu morden —

    Elisabeth (mit dem äußersten Erstaunen). Dieser Mortimer!

    Leicester.   Er war's, durch den
Maria Unterhandlung mit mir pflog,
Den ich auf diesem Wege kennen lernte.   2980
Noch heute sollte sie aus ihrem Kerker
Gerissen werden, diesen Augenblick
Entdeckte mir's sein eigner Mund; ich ließ ihn
Gefangen nehmen, und in der Verzweiflung,
Sein Werk vereitelt, sich entlarvt zu sehn,   2985
Gab er sich selbst den Tod!

    Elisabeth.   O, ich bin unerhört
Betrogen — dieser Mortimer!

    Burleigh.   Und jetzt
Geschah das? Jetzt, nachdem ich Euch verlassen?

    Leicester. Ich muß um meinetwillen sehr beklagen,
Daß es dies Ende mit ihm nahm. Sein Zeugnis,   2990
Wenn er noch lebte, würde mich vollkommen
Gereinigt, aller Schuld entledigt haben.
Drum übergab ich ihn des Richters Hand.
Die strengste Rechtsform sollte meine Unschuld
Vor aller Welt bewähren und besiegeln.   2995

    Burleigh. Er tötete sich, sagt Ihr. Er sich selber? Oder

Ihr ihn?

    Leicester. Unwürdiger Verdacht! Man höre
Die Wache ab, der ich ihn übergab!

    (Er geht an die Thür und ruft hinaus. Der Offizier der Leibwache tritt
herein.)

Erstattet Ihrer Majestät Bericht,
Wie dieser Mortimer umkam!

    Offizier.   Ich hielt die Wache   3000
Im Vorsaal, als Mylord die Thüre schnell
Eröffnete und mir befahl, den Ritter
Als einen Staatsverräter zu verhaften.
Wir sahen ihn hierauf in Wut geraten,
Den Dolch ziehn unter heftiger Verwünschung   3005
Der Königin und, eh' wir's hindern konnten,
Ihn in die Brust sich stoßen, daß er tot
Zu Boden stürzte —

    Leicester.   Es ist gut. Ihr könnt
Abtreten, Sir! Die Königin weiß genug! (Offizier geht ab.)

    Elisabeth. O, welcher Abgrund von Abscheulich-
        keiten!   3010

    Leicester. Wer war's nun, der dich rettete? War es
Mylord von Burleigh? Wußt' er die Gefahr,
Die dich umgab? War er's, der sie von dir
Gewandt? — Dein treuer Lester war dein Engel!

    Burleigh. Graf! Dieser Mortimer starb Euch sehr
        gelegen.   3015

    Elisabeth. Ich weiß nicht, was ich sagen soll. Ich
        glaub' Euch
Und glaub' Euch nicht. Ich denke, Ihr seid schuldig
Und seid es nicht! O, die Verhaßte, **die**
Mir all dies Weh bereitet!

Leicester.   Sie muß sterben.

Jetzt stimm' ich selbst für ihren Tod. Ich riet   3020
Dir an, das Urteil unvollstreckt zu lassen,
Bis sich aufs neu ein Arm für sie erhübe.
Dies ist geschehn — und ich bestehe drauf,
Daß man das Urteil ungesäumt vollstrecke.

Burleigh. Ihr rietet dazu! Ihr!

Leicester.   So sehr es mich   3025
Empört, zu einem Äußersten zu greifen,
Ich sehe nun und glaube, daß die Wohlfahrt
Der Königin dies blut'ge Opfer heischt;
Drum trag' ich darauf an, daß der Befehl
Zur Hinrichtung gleich ausgefertigt werde!   3030

Burleigh (zur Königin). Da es Mylord so treu und
        ernstlich meint,
So trag ich darauf an, daß die Vollstreckung
Des Richterspruchs ihm übertragen werde.

Leicester. Mir!

Burleigh. Euch. Nicht besser könnt Ihr den Verdacht,
Der jetzt noch auf Euch lastet, widerlegen,   3035
Als wenn Ihr sie, die Ihr geliebt zu haben
Beschuldigt werdet, selbst enthaupten lasset.

Elisabeth (Leicestern mit den Augen fixierend). Mylord rät
        gut. So sei's, und dabei bleib' es.

Leicester. Mich sollte billig meines Ranges Höh'
Von einem Auftrag dieses traur'gen Inhalts   3040
Befrein, der sich in jedem Sinne besser
Für einen Burleigh ziemen mag als mich.
Wer seiner Königin so nahe steht,
Der sollte nichts Unglückliches vollbringen.
Jedoch, um meinen Eifer zu bewähren,   3045

Um meiner Königin genugzuthun,
Begeb' ich mich des Vorrechts meiner Würde
Und übernehme die verhaßte Pflicht.

    Elisabeth. Lord Burleigh teile sie mit Euch! (Zu
      diesem.) Tragt Sorge,
Daß der Befehl gleich ausgefertigt werde.   3050
        (Burleigh geht. Man hört draußen ein Getümmel.)

Siebenter Auftritt.

Graf von Kent zu den Vorigen.

    Elisabeth. Was giebt's, Mylord von Kent? Was
      für ein Auflauf
Erregt die Stadt — Was ist es?

    Kent.   Königin,
Es ist das Volk, das den Palast umlagert;
Es fordert heftig dringend, dich zu sehn.

    Elisabeth. Was will mein Volk?

    Kent.   Der Schrecken geht durch London,   3055
Dein Leben sei bedroht, es gehen Mörder
Umher, vom Papste wider dich gesendet.
Verschworen seien die Katholischen,
Die Stuart aus dem Kerker mit Gewalt
Zu reißen und zur Königin auszurufen.   3060
Der Pöbel glaubt's und wütet. Nur das Haupt
Der Stuart, das noch heute fällt, kann ihn
Beruhigen.

    Elisabeth. Wie? Soll mir Zwang geschehn?

    Kent. Sie sind entschlossen, eher nicht zu weichen,
Bis du das Urteil unterzeichnet hast.   3065

Achter Auftritt.

Burleigh und Davison mit einer Schrift. Die Vorigen

Elisabeth. Was bringt Ihr, Davison?

Davison (nähert sich, ernsthaft). Du haft befohlen,

O Königin —

Elisabeth. Was ist's?

(Indem sie die Schrift ergreifen will, schauert sie zusammen und fährt
zurück.)

O Gott!

Burleigh. Gehorche

Der Stimme des Volks, sie ist die Stimme Gottes

Elisabeth (unentschlossen mit sich selbst kämpfend). O meine
Lords! Wer sagt mir, ob ich wirklich

Die Stimme meines ganzen Volks, die Stimme   3070
Der Welt vernehme! Ach, wie sehr befürcht' ich,
Wenn ich dem Wunsch der Menge nun gehorcht,
Daß eine ganz verschiedne Stimme sich
Wird hören lassen — ja, daß eben die,
Die jetzt gewaltsam zu der That mich treiben   3075
Mich, wenn's vollbracht ist, strenge tadeln werden!

Neunter Auftritt.

Graf Shrewsbury, zu den Vorigen.

Shrewsbury (kommt in großer Bewegung). Man will
dich übereilen, Königin!

O halte fest, sei standhaft!

(Indem er Davison mit der Schrift gewahr wird.)

Oder ist es

Geschehen? Ist es wirklich? Ich erblicke

Ein unglückselig Blatt in dieser Hand.　　　3080
Das komme meiner Königin jetzt nicht
Vor Augen.

　　　Elisabeth. Edler Shrewsbury! Man zwingt mich.

　　　Shrewsbury. Wer kann dich zwingen? Du bist
　　　　Herrscherin,
Hier gilt es, deine Majestät zu zeigen!
Gebiete Schweigen jenen rohen Stimmen,　　　3085
Die sich erdreisten, deinem Königswillen
Zwang anzuthun, dein Urteil zu regieren.
Die Furcht, ein blinder Wahn bewegt das Volk,
Du selbst bist außer dir, bist schwer gereizt,
Du bist ein Mensch, und jetzt kannst du nicht richten.

　　　Burleigh. Gerichtet ist schon längst. Hier ist kein
　　　　Urteil　　　3091
Zu fällen, zu vollziehen ist's.

　　　Kent (der sich bei Shrewsburys Eintritt entfernt hat, kommt zurück).
　　　　Der Auflauf wächst, das Volk ist länger nicht
Zu bändigen.

　　　Elisabeth (zu Shrewsbury). Ihr seht, wie sie mich
　　　　drängen!

　　　Shrewsbury. Nur Aufschub fordr' ich. Dieser
　　　　Federzug　　　3095
Entscheidet deines Lebens Glück und Frieden.
Du hast es jahrelang bedacht, soll dich
Der Augenblick im Sturme mit sich führen?
Nur kurzen Aufschub. Sammle dein Gemüt,
Erwarte eine ruhigere Stunde.　　　3100

　　　Burleigh (heftig). Erwarte, zögre, säume, bis das Reich
In Flammen steht, bis es der Feindin endlich
Gelingt, den Mordstreich wirklich zu vollführen.

Dreimal hat ihn ein Gott von dir entfernt;
Heut hat er nahe dich berührt, noch einmal   3105
Ein Wunder hoffen, hieße Gott versuchen
     Shrewsbury. Der Gott, der dich durch seine Wunderhand
Viermal erhielt, der heut dem schwachen Arm
Des Greisen Kraft gab, einen Wütenden
Zu überwält'gen — er verdient Vertrauen!   3110
Ich will die Stimme der Gerechtigkeit
Jetzt nicht erheben, jetzt ist nicht die Zeit,
Du kannst in diesem Sturme sie nicht hören.
Dies eine nur vernimm! Du zitterst jetzt
Vor dieser lebenden Maria. Nicht   3115
Die Lebende hast du zu fürchten. Zittre vor
Der Toten, der Enthaupteten. Sie wird
Vom Grab erstehen, eine Zwietrachtsgöttin,
Ein Rachegeist in deinem Reich herumgehn
Und deines Volkes Herzen von dir wenden.   3120
Jetzt haßt der Britte die Gefürchtete,
Er wird sie rächen, wenn sie nicht mehr ist.
Nicht mehr die Feindin seines Glaubens, nur
Die Enkeltochter seiner Könige,
Des Hasses Opfer und der Eifersucht   3125
Wird er in der Bejammerten erblicken!
Schnell wirst du die Veränderung erfahren.
Durchziehe London, wenn die blut'ge That
Geschehen, zeige dich dem Volk, das sonst
Sich jubelnd um dich her ergoß, du wirst   3130
Ein andres England sehn, ein andres Volk,
Denn dich umgiebt nicht mehr die herrliche
Gerechtigkeit, die alle Herzen dir
Besiegte! Furcht, die schreckliche Begleitung

Der Tyrannei, wird schaudernd vor dir herziehn   3135
Und jede Straße, wo du gehst, veröden.
Du hast das Letzte, Äußerste gethan,
Welch Haupt steht fest, wenn dieses heil'ge fiel!
    Elisabeth.   Ach, Shrewsbury! Ihr habt mir heut das
      Leben
Gerettet, habt des Mörders Dolch von mir   3140
Gewendet — Warum ließet Ihr ihm nicht
Den Lauf? So wäre jeder Streit geendigt,
Und alles Zweifels ledig, rein von Schuld,
Läg' ich in meiner stillen Gruft! Fürwahr,
Ich bin des Lebens und des Herrschens müd!   3145
Muß eine von uns Königinnen fallen,
Damit die andre lebe — und es ist
Nicht anders, das erkenn' ich — kann denn ich
Nicht die sein, welche weicht? Mein Volk mag wählen,
Ich geb' ihm seine Majestät zurück.   3150
Gott ist mein Zeuge, daß ich nicht für mich,
Nur für das Beste meines Volks gelebt.
Hofft es von dieser schmeichlerischen Stuart,
Der jüngern Königin, glücklichere Tage,
So steig' ich gern von diesem Thron und kehre   3155
In Woodstocks stille Einsamkeit zurück,
Wo meine anspruchlose Jugend lebte,
Wo ich, vom Tand der Erdengröße fern,
Die Hoheit in mir selber fand — Bin ich
Zur Herrscherin doch nicht gemacht! Der Herrscher   3160
Muß hart sein können, und mein Herz ist weich.
Ich habe diese Insel lange glücklich
Regiert, weil ich nur brauchte zu beglücken.
Es kommt die erste schwere Königspflicht,

Und ich empfinde meine Ohnmacht —

    Burleigh.　　　　　　　　　Nun, bei Gott!　3165
Wenn ich so ganz unkönigliche Worte
Aus meiner Königin Mund vernehmen muß,
So wär's Verrat an meiner Pflicht, Verrat
Am Vaterlande, länger still zu schweigen.
— Du sagst, du liebst dein Volk, mehr als dich selbst,　3170
Das zeige jetzt! Erwähle nicht den Frieden
Für dich und überlaß das Reich den Stürmen.
— Denk' an die Kirche! Soll mit dieser Stuart
Der alte Aberglaube wiederkehren?
Der Mönch aufs neu' hier herrschen, der Legat　3175
Aus Rom gezogen kommen, unsre Kirchen
Verschließen, unsre Könige entthronen?
— Die Seelen aller deiner Unterthanen,
Ich fordre sie von dir — Wie du jetzt handelst,
Sind sie gerettet oder sind verloren.　　　　　3180
Hier ist nicht Zeit zu weichlichem Erbarmen,
Des Volkes Wohlfahrt ist die höchste Pflicht;
Hat Shrewsbury das Leben dir gerettet,
So will ich England retten — das ist mehr!

    Elisabeth.　Man überlasse mich mir selbst! Bei
        Menschen ist　　　　　　　　　　　3185
Nicht Rat noch Trost in dieser großen Sache.
Ich trage sie dem höhern Richter vor.
Was der mich lehrt, das will ich thun — Entfernt euch,
Mylords! (Zu Davison.) Ihr, Sir, könnt in der Nähe
      bleiben!

(Die Lords gehen ab. Shrewsbury allein bleibt noch einige Augenblicke vor der Königin stehen mit bedeutungsvollem Blick, dann entfernt
er sich langsam mit einem Ausdruck des tiefsten Schmerzes.)

Zehnter Auftritt.

Elisabeth allein.

O Sklaverei des Volksdiensts! Schmähliche   3190
Knechtschaft — Wie bin ich's müde, diesem Götzen
Zu schmeicheln, den mein Innerstes verachtet!
Wann soll ich frei auf diesem Throne stehn!
Die Meinung muß ich ehren, um das Lob
Der Menge buhlen, einem Pöbel muß ich's   3195
Recht machen, dem der Gaukler nur gefällt.
O, der ist noch nicht König, der der Welt
Gefallen muß! Nur der ist's, der bei seinem Thun
Nach keines Menschen Beifall braucht zu fragen.

   Warum hab' ich Gerechtigkeit geübt,   3200
Willkür gehaßt mein Leben lang, daß ich
Für diese erste unvermeidliche
Gewaltthat selbst die Hände mir gefesselt!
Das Muster, das ich selber gab, verdammt mich!
War ich tyrannisch, wie die spanische   3205
Maria war, mein Vorfahr auf dem Thron, ich könnte
Jetzt ohne Tadel Königsblut verspritzen!
Doch war's denn meine eigne freie Wahl,
Gerecht zu sein? Die allgewaltige
Notwendigkeit, die auch das freie Wollen   3210
Der Könige zwingt, gebot mir diese Tugend.

   Umgeben rings von Feinden, hält mich nur
Die Volksgunst auf dem angefochtnen Thron.
Mich zu vernichten, streben alle Mächte
Des festen Landes. Unversöhnlich schleudert   3215
Der röm'sche Papst den Bannfluch auf mein Haupt,

Mit falschem Bruderkuß verrät mich Frankreich,
Und offnen, wütenden Vertilgungskrieg
Bereitet mir der Spanier auf den Meeren.
So steh' ich kämpfend gegen eine Welt,   3220
Ein wehrlos Weib! Mit hohen Tugenden
Muß ich die Blöße meines Rechts bedecken,
Den Flecken meiner fürstlichen Geburt,
Wodurch der eigne Vater mich geschändet,
Umsonst bedeck' ich ihn — Der Gegner Haß 3225
Hat ihn entblößt und stellt mir diese Stuart,
Ein ewig drohendes Gespenst, entgegen.

  Nein, diese Furcht soll endigen!
Ihr Haupt soll fallen. Ich will Frieden haben!
— Sie ist die Furie meines Lebens! Mir 3230
Ein Plagegeist vom Schicksal angeheftet.
Wo ich mir eine Freude, eine Hoffnung
Gepflanzt, da liegt die Höllenschlange mir
Im Wege. Sie entreißt mir den Geliebten,
Den Bräut'gam raubt sie mir! Maria Stuart 3235
Heißt jedes Unglück, das mich niederschlägt!
Ist sie aus den Lebendigen vertilgt,
Frei bin ich, wie die Luft auf den Gebirgen. (Stillschweigen.)
Mit welchem Hohn sie auf mich niedersah,
Als sollte mich der Blick zu Boden blitzen! 3240
Ohnmächtige! Ich führe beßre Waffen,
Sie treffen tödlich, und du bist nicht mehr!
 (Mit raschem Schritt nach dem Tische gehend und die Feder ergreifend.)
Ein Bastard bin ich dir? — Unglückliche!
Ich bin es nur, so lang du lebst und atmest.
Der Zweifel meiner fürstlichen Geburt, 3245
Er ist getilgt, so bald ich dich vertilge.

Sobald dem Britten keine Wahl mehr bleibt,
Bin ich im echten Ehebett geboren!
(Sie unterschreibt mit einem raschen, festen Federzug, läßt dann die Feder
fallen und tritt mit einem Ausdruck des Schreckens zurück. Nach einer
Pause klingelt sie.)

Elfter Auftritt.

Elisabeth. Davison.

Elisabeth.   Wo sind die andern Lords?
      Davison.   Sie sind gegangen,
Das aufgebrachte Volk zur Ruh' zu bringen.   3250
Das Toben war auch augenblicks gestillt,
Sobald der Graf von Shrewsbury sich zeigte.
„Der ist's! Das ist er!" riefen hundert Stimmen,
„Der rettete die Königin! Hört ihn,
Den bravsten Mann in England!" Nun begann   3255
Der edle Talbot und verwies dem Volk
In sanften Worten sein gewaltsames
Beginnen, sprach so kraftvoll überzeugend,
Daß alles sich besänftigte und still
Vom Platze schlich.
      Elisabeth.   Die wankelmüt'ge Menge,   3260
Die jeder Wind herumtreibt! Wehe dem,
Der auf dies Rohr sich lehnt! — Es ist gut,
Sir Davison. Ihr könnt nun wieder gehn.
        (Wie sich jener nach der Thüre gewendet.)
Und dieses Blatt — Nehmt es zurück — Ich leg's
In Eure Hände.

Davison (wirft einen Blick in das Papier und erschrickt)
Königin! Dein Name!   3265
Du hast entschieden?

Elisabeth.   —Unterschreiben sollt' ich.
Ich hab's gethan. Ein Blatt Papier entscheidet
Noch nicht, ein Name tötet nicht.

Davison. Dein Name, Königin, unter dieser Schrift
Entscheidet alles, tötet, ist ein Strahl   3270
Des Donners, der geflügelt trifft — Dies Blatt
Befiehlt den Kommissarien, dem Sheriff,
Nach Fotheringhayschloß sich stehnden Fußes
Zur Königin von Schottland zu verfügen,
Den Tod ihr anzukündigen und schnell,   3275
Sobald der Morgen tagt, ihn zu vollziehn.
Hier ist kein Aufschub: jene hat gelebt,
Wenn ich dies Blatt aus meinen Händen gebe.

Elisabeth. Ja, Sir! Gott legt ein wichtig, groß Geschick
In Eure schwachen Hände. Fleht ihn an,   3280
Daß er mit seiner Weisheit Euch erleuchte.
Ich geh' und überlaß' Euch Eurer Pflicht. (Sie will gehen.)

Davison (tritt ihr in den Weg). Nein, meine Königin!
Verlaß mich nicht,
Eh' du mir deinen Willen kund gethan.
Bedarf es hier noch einer andern Weisheit,   3285
Als dein Gebot buchstäblich zu befolgen?
— Du legst dies Blatt in meine Hand, daß ich
Zu schleuniger Vollziehung es beförðre?

Elisabeth. Das werdet Ihr nach Eurer Klugheit —

Davison (schnell und erschrocken einfallend). Nicht
Nach meiner! Das verhüte Gott! Gehorsam   3290
Ist meine ganze Klugheit. Deinem Diener

Darf hier nichts zu entscheiden übrig bleiben.
Ein klein Versehn wär' hier ein Königsmord,
Ein unabsehbar, ungeheures Unglück.
Vergönne mir, in dieser großen Sache   3295
Dein blindes Werkzeug willenlos zu sein.
In klare Worte fasse deine Meinung,
Was soll mit diesem Blutbefehl geschehn?

    Elisabeth. — Sein Name spricht es aus.

    Davison. So willst du, daß er gleich vollzogen
      werde?   3300

    Elisabeth (zögernd). Das sag' ich nicht und zittre, es
      zu denken.

    Davison. Du willst, daß ich ihn länger noch bewahre?

    Elisabeth (schnell). Auf Eure Gefahr! Ihr haftet für
      die Folgen.

    Davison. Ich? Heil'ger Gott! — Sprich, Königin!
      Was willst du?

    Elisabeth (ungeduldig). Ich will, daß dieser unglück=
      sel'gen Sache   3305
Nicht mehr gedacht soll werden, daß ich endlich
Will Ruhe davor haben und auf ewig.

    Davison. Es kostet dir ein einzig Wort. O sage,
Bestimme, was mit dieser Schrift soll werden!

    Elisabeth. Ich hab's gesagt, und quält mich nun
      nicht weiter.   3310

    Davison. Du hättest es gesagt? Du hast mir nichts
Gesagt — O, es gefalle meiner Königin,
Sich zu erinnern.

    Elisabeth (stampft auf den Boden). Unerträglich!

    Davison.   Habe Nachsicht
Mit mir! Ich kam seit wenig Monden erst

In dieses Amt! Ich kenne nicht die Sprache   3315
Der Höfe und der Könige — in schlicht
Einfacher Sitte bin ich aufgewachsen.
Drum habe du Geduld mit deinem Knecht!
Laß dich das Wort nicht reun, das mich belehrt,
Mich klar macht über meine Pflicht —   3320
(Er nähert sich ihr in flehender Stellung, sie kehrt ihm den Rücken zu,
   er steht in Verzweiflung, dann spricht er mit entschloßnem Ton.)
Nimm dies Papier zurück! Nimm es zurück!
Es wird mir glühend Feuer in den Händen.
Nicht mich erwähle, dir in diesem furchtbaren
Geschäft zu dienen.

      Elisabeth.   Thut, was Eures Amtes ist! (Sie geht ab.)

Zwölfter Auftritt.

Davison, gleich darauf Burleigh.

    Davison.   Sie geht! Sie läßt mich ratlos, zweifelnd
        stehn
                                      3325
Mit diesem fürchterlichen Blatt — Was thu' ich?
Soll ich's bewahren? Soll ich's übergeben?
           (Zu Burleigh, der hereintritt.)
O gut, gut, daß Ihr kommt, Mylord! Ihr seid's,
Der mich in dieses Staatsamt eingeführt.
Befreiet mich davon! Ich übernahm es,   3330
Unkundig seiner Rechenschaft. Laßt mich
Zurückgehn in die Dunkelheit, wo Ihr
Mich fandet, ich gehöre nicht auf diesen Platz —

      Burleigh.   Was ist Euch, Sir? Faßt Euch. Wo
    ist das Urteil?

Die Königin ließ Euch rufen.

    Davison.   Sie verließ mich   3335

In heft'gem Zorn. O ratet mir! Helft mir!

Reißt mich aus dieser Höllenangst des Zweifels!

Hier ist das Urteil — es ist unterschrieben.

    Burleigh (hastig). Ist es? O gebt! Gebt her!

    Davison.   Ich darf nicht.

    Burleigh.   Was?

    Davison. Sie hat mir ihren Willen noch nicht

    deutlich —   3340

    Burleigh. Nicht deutlich! Sie hat unterschrieben.

    Gebt!

    Davison. Ich soll's vollziehen lassen — soll es nicht

Vollziehen lassen — Gott! Weiß ich, was ich soll?

    Burleigh (heftiger dringend). Gleich, augenblicks sollt

    Ihr's vollziehen lassen.

Gebt her! Ihr seid verloren, wenn Ihr säumt.   3345

    Davison. Ich bin verloren, wenn ich's übereile.

    Burleigh. Ihr seid ein Thor, Ihr seid von Sinnen!

    Gebt!

        (Er entreißt ihm die Schrift und eilt damit ab.)

    Davison (ihm nacheilend). Was macht Ihr? Bleibt!

    Ihr stürzt mich ins Verderben!

Fünfter Aufzug.

Die Szene ist das Zimmer des ersten Aufzugs.

Erster Auftritt.

Hanna Kennedy, in tiefe Trauer gekleidet, mit verweinten Augen und einem großen, aber stillen Schmerz, ist beschäftigt, Pakete und Briefe zu versiegeln. Oft unterbricht sie der Jammer in ihrem Geschäft, und man sieht sie dazwischen still beten. Paulet und Drury, gleichfalls in schwarzen Kleidern, treten ein; ihnen folgen viele Bediente, welche goldene und silberne Gefäße, Spiegel, Gemälde und andre Kostbarkeiten tragen und den Hintergrund des Zimmers damit anfüllen. Paulet überliefert der Amme ein Schmuckkästchen nebst einem Papier und bedeutet ihr durch Zeichen, daß es ein Verzeichnis der gebrachten Dinge enthalte. Beim Anblick dieser Reichtümer erneuert sich der Schmerz der Amme; sie versinkt in ein tiefes Trauern, indem jene sich still wieder entfernen. Melvil tritt ein.

Kennedy (schreit auf, sobald sie ihn gewahr wird). Melvil!
Ihr seid es! Euch erblick' ich wieder!

Melvil. Ja, treue Kennedy, wir sehn uns wieder!

Kennedy. Nach langer, langer, schmerzenvoller Tren-
nung!

Melvil. Ein unglückselig schmerzvoll Wiedersehn!

Kennedy. O Gott! Ihr kommt —

Melvil.   Den letzten, ewigen

Abschied von meiner Königin zu nehmen.

      Kennedy. Jetzt endlich, jetzt, am Morgen ihres Todes,
Wird ihr die langentbehrte Gegenwart   3356
Der Ihrigen vergönnt — O teurer Sir,
Ich will nicht fragen, wie es Euch erging,
Euch nicht die Leiden nennen, die wir litten,
Seitdem man Euch von unsrer Seite riß.   3360
Ach, dazu wird wohl einst die Stunde kommen!
O Melvil! Melvil! Mußten wir's erleben,
Den Anbruch dieses Tags zu sehn!

      Melvil.   Laßt uns
Einander nicht erweichen! Weinen will ich,
So lang noch Leben in mir ist; nie soll   3365
Ein Lächeln diese Wangen mehr erheitern,
Nie will ich dieses nächtliche Gewand
Mehr von mir legen! Ewig will ich trauern;
Doch heute will ich standhaft sein — Versprecht
Auch Ihr mir, Euren Schmerz zu mäßigen —   3370
Und wenn die andern alle der Verzweiflung
Sich trostlos überlassen, lasset uns
Mit männlich edler Fassung ihr vorangehn
Und ihr ein Stab sein auf dem Todesweg!

      Kennedy. Melvil! Ihr seid im Irrtum, wenn Ihr
         glaubt,   3375
Die Königin bedürfe unsers Beistands,
Um standhaft in den Tod zu gehn! Sie selber ist's,
Die uns das Beispiel edler Fassung giebt.
Seid ohne Furcht! Maria Stuart wird
Als eine Königin und Heldin sterben.   3380

      Melvil. Nahm sie die Todespost mit Fassung auf?
Man sagt, daß sie nicht vorbereitet war.

Kennedy. Das war sie nicht. Ganz andre Schrecken
waren's,
Die meine Lady ängstigten. Nicht vor dem Tod,
Vor dem Befreier zitterte Maria. 3385
— Freiheit war uns verheißen. Diese Nacht
Versprach uns Mortimer von hier wegzuführen,
Und zwischen Furcht und Hoffnung, zweifelhaft,
Ob sie dem kecken Jüngling ihre Ehre
Und fürstliche Person vertrauen dürfe, 3390
Erwartete die Königin den Morgen.
— Da wird ein Auflauf in dem Schloß, ein Pochen
Schreckt unser Ohr und vieler Hämmer Schlag.
Wir glauben, die Befreier zu vernehmen,
Die Hoffnung winkt, der süße Trieb des Lebens 3395
Wacht unwillkürlich, allgewaltig auf —
Da öffnet sich die Thür — Sir Paulet ist's,
Der uns verkündigt — daß — die Zimmerer
Zu unsern Füßen das Gerüst aufschlagen!
(Sie wendet sich ab, von heftigem Schmerz ergriffen.)

Melvil. Gerechter Gott! O, sagt mir, wie ertrug
Maria diesen fürchterlichen Wechsel? 3401

Kennedy (nach einer Pause, worin sie sich wieder etwas gefaßt hat).
Man löst sich nicht allmählich von dem Leben!
Mit einem Mal, schnell, augenblicklich muß
Der Tausch geschehen zwischen Zeitlichem
Und Ewigem, und Gott gewährte meiner Lady 3405
In diesem Augenblick, der Erde Hoffnung
Zurück zu stoßen mit entschloßner Seele
Und glaubenvoll den Himmel zu ergreifen.
Kein Merkmal bleicher Furcht, kein Wort der Klage
Entehrte meine Königin — Dann erst, 3410

Als sie Lord Lesters schändlichen Verrat
Vernahm, das unglückselige Geschick
Des werten Jünglings, der sich ihr geopfert,
Des alten Ritters tiefen Jammer sah,
Dem seine letzte Hoffnung starb durch sie,   3415
Da flossen ihre Thränen; nicht das eigne Schicksal,
Der fremde Jammer preßte sie ihr ab.

  Melvil. Wo ist sie jetzt? Könnt Ihr mich zu ihr
   bringen?

  Kennedy. Den Rest der Nacht durchwachte sie mit
   Beten,
Nahm von den teuern Freunden schriftlich Abschied 3420
Und schrieb ihr Testament mit eigner Hand.
Jetzt pflegt sie einen Augenblick der Ruh,
Der letzte Schlaf erquickt sie.

  Melvil.   Wer ist bei ihr?

  Kennedy. Ihr Leibarzt Burgoyn und ihre Frauen.

Zweiter Auftritt.

Margareta Kurl zu den Vorigen.

  Kennedy. Was bringt Ihr, Mistreß? Ist die Lady
   wach?   3425
  Kurl (ihre Thränen trocknend). Schon angekleidet — Sie
   verlangt nach Euch.

  Kennedy. Ich komme. (Zu Melvil, der sie begleiten will.)
   Folgt mir nicht, bis ich die Lady
Auf Euren Anblick vorbereitet. (Geht hinein.)

  Kurl.   Melvil!
Der alte Haushofmeister!

Melvil.   Ja, der bin ich!

Kurl. O, dieses Haus braucht keines Meisters mehr!
— Melvil! Ihr kommt von London, wißt Ihr mir 3431
Von meinem Manne nichts zu sagen?

Melvil. Er wird auf freien Fuß gesetzt, sagt man,
Sobald —

Kurl. Sobald die Königin nicht mehr ist!
O der nichtswürdig schändliche Verräter!   3435
Er ist der Mörder dieser teuren Lady;
Sein Zeugnis, sagt man, habe sie verurteilt.

Melvil. So ist's.

Kurl.   O, seine Seele sei verflucht
Bis in die Hölle! Er hat falsch gezeugt —

Melvil. Mylady Kurl! Bedenket Eure Reden! 3440

Kurl. Beschwören will ich's vor Gerichtes Schranken,
Ich will es ihm ins Antlitz wiederholen,
Die ganze Welt will ich damit erfüllen.
Sie stirbt unschuldig —

Melvil.   O, das gebe Gott!

Dritter Auftritt.

Burgoyn zu den Vorigen. Hernach Hanna Kennedy.

Burgoyn (erblickt Melvil). O Melvil!

Melvil (ihn umarmend).   Burgoyn!

Burgoyn (zur Margareta Kurl). Besorget einen Becher
Mit Wein für unsre Lady! Machet hurtig! (Kurl geht ab.)

Melvil. Wie? Ist der Königin nicht wohl? 3447

Burgoyn. Sie fühlt sich stark, sie täuscht ihr Heldenmut,
Und keiner Speise glaubt sie zu bedürfen;

Doch ihrer wartet noch ein schwerer Kampf, 3450
Und ihre Feinde sollen sich nicht rühmen,
Daß Furcht des Todes ihre Wangen bleichte,
Wenn die Natur aus Schwachheit unterliegt.

 Melvil (zur Amme, die hereintritt). Will sie mich sehn?
 Kennedy.   Gleich wird sie selbst hier sein.
— Ihr scheint Euch mit Verwundrung umzusehn, 3455
Und Eure Blicke fragen mich: Was soll
Das Prachtgerät in diesem Ort des Todes?
— O Sir! Wir litten Mangel, da wir lebten,
Erst mit dem Tode kommt der Überfluß zurück.

Vierter Auftritt.

Vorige. Zwei andre Kammerfrauen der Maria, gleichfalls in Trauerkleidern. Sie brechen bei Melvils Anblick in laute Thränen aus.

 Melvil. Was für ein Anblick! Welch ein Wiedersehn!
Gertrude, Rosamund!
 Zweite Kammerfrau. Sie hat uns von sich 3461
Geschickt! Sie will zum letztenmal allein
Mit Gott sich unterhalten!
(Es kommen noch zwei weibliche Bediente, wie die Vorigen in Trauer, die mit stummen Gebärden ihren Jammer ausdrücken.)

Fünfter Auftritt.

Margareta Kurl zu den Vorigen. Sie trägt einen goldnen Becher, mit Wein und setzt ihn auf den Tisch, indem sie sich bleich und zitternd an einem Stuhl hält.

 Melvil. Was ist Euch, Mistreß? Was entsetzt Euch so?
 Kurl. O Gott!

Burgoyn.   Was habt Ihr?

Kurl.   Was mußt' ich erblicken! 3465

Melvil. Kommt zu Euch! Sagt uns, was es ist!

Kurl.   Als ich
Mit diesem Becher Wein die große Treppe
Herauffstieg, die zur untern Halle führt,
Da that die Thür sich auf — ich sah hinein —
Ich sah — o Gott! —

Melvil.   Was saht Ihr? Fasset Euch! 3470

Kurl. Schwarz überzogen waren alle Wände,
Ein groß Gerüst, mit schwarzem Tuch beschlagen,
Erhob sich von dem Boden, mitten drauf
Ein schwarzer Block, ein Kissen und daneben
Ein blankgeschliffnes Beil — Voll Menschen war 3475
Der Saal, die um das Mordgerüst sich drängten
Und, heiße Blutgier in dem Blick, das Opfer
Erwarteten.

Die Kammerfrauen. O Gott, sei unsrer Lady gnädig!

Melvil. Faßt euch! Sie kommt!

Sechster Auftritt.

Die Vorigen. Maria. Sie ist weiß und festlich gekleidet, am Halse
trägt sie an einer Kette von kleinen Kugeln ein Agnus Dei, ein Rosenkranz
hängt am Gürtel herab, sie hat ein Kruzifix in der Hand und ein Diadem
in den Haaren, ihr großer schwarzer Schleier ist zurückgeschlagen. Bei ihrem
Eintritt weichen die Anwesenden zu beiden Seiten zurück und drücken den
heftigsten Schmerz aus. Melvil ist mit einer unwillkürlichen Bewegung
auf die Kniee gesunken.

Maria (mit ruhiger Hoheit im ganzen Kreise herumsehend). Was
klagt ihr? Warum weint ihr? Freuen solltet

Ihr euch mit mir, daß meiner Leiden Ziel   3481
Nun endlich naht, daß meine Bande fallen,
Mein Kerker aufgeht und die frohe Seele sich
Auf Engelsflügeln schwingt zur ew'gen Freiheit.
Da, als ich in die Macht der stolzen Feindin 3485
Gegeben war, Unwürdiges erduldend,
Was einer freien, großen Königin
Nicht ziemt, da war es Zeit, um mich zu weinen!
— Wohlthätig, heilend nahet mir der Tod,
Der ernste Freund! Mit seinen schwarzen Flügeln 3490
Bedeckt er meine Schmach — Den Menschen adelt,
Den tiefgesunkenen, das letzte Schicksal.
Die Krone fühl' ich wieder auf dem Haupt,
Den würd'gen Stolz in meiner edlen Seele!

   (Indem sie einige Schritte weiter vortritt.)

Wie? Melvil hier? — Nicht also, edler Sir! 3495
Steht auf! Ihr seid zu Eurer Königin
Triumph, zu ihrem Tode nicht gekommen.
Mir wird ein Glück zu teil, wie ich es nimmer
Gehoffet, daß mein Nachruhm doch nicht ganz
In meiner Feinde Händen ist, daß doch 3500
Ein Freund mir, ein Bekenner meines Glaubens,
Als Zeuge dasteht in der Todesstunde.
— Sagt, edler Ritter, wie erging es Euch
In diesem feindlichen, unholden Lande,
Seitdem man Euch von meiner Seite riß? 3505
Die Sorg' um Euch hat oft mein Herz bekümmert.

   Melvil. Mich drückte sonst kein Mangel, als der Schmerz
Um dich und meine Ohnmacht, dir zu dienen.

   Maria. Wie steht's um Didier, meinen alten Kämmrer?
Doch der Getreue schläft wohl lange schon 3510

Den ew'gen Schlaf, denn er war hoch an Jahren.

    Melvil. Gott hat ihm diese Gnade nicht erzeigt,
Er lebt, um deine Jugend zu begraben.

    Maria. Daß mir vor meinem Tode noch das Glück
Geworden wäre, ein geliebtes Haupt   3515
Der teuren Blutsverwandten zu umfassen!
Doch ich soll sterben unter Fremdlingen,
Nur eure Thränen soll ich fließen sehn!
— Melvil, die letzten Wünsche für die Meinen
Leg' ich in Eure treue Brust — Ich segne   3520
Den allerchristlichsten König, meinen Schwager,
Und Frankreichs ganzes königliches Haus —
Ich segne meinen Öhm, den Kardinal,
Und Heinrich Guise, meinen edlen Vetter.
Ich segne auch den Papst, den heiligen   3525
Statthalter Christi, der mich wieder segnet,
Und den kathol'schen König, der sich edelmütig
Zu meinem Retter, meinem Rächer anbot —
Sie alle stehn in meinem Testament,
Sie werden die Geschenke meiner Liebe,   3530
Wie arm sie sind, darum gering nicht achten.

        (Sich zu ihren Dienern wendend.)

Euch hab' ich meinem königlichen Bruder
Von Frankreich anempfohlen, er wird sorgen
Für euch, ein neues Vaterland euch geben.
Und ist euch meine letzte Bitte wert,   3535
Bleibt nicht in England, daß der Britte nicht
Sein stolzes Herz an eurem Unglück weide,
Nicht die im Staube seh', die mir gedient.
Bei diesem Bildnis des Gekreuzigten
Gelobet mir, dies unglücksel'ge Land   3540

Alsbald, wenn ich dahin bin, zu verlassen!

    Melvil (berührt das Kruzifix). Ich schwöre dir's im
       Namen dieser aller.

    Maria.　Was ich, die Arme, die Beraubte, noch besaß,
Worüber mir vergönnt ist frei zu schalten,
Das hab' ich unter euch verteilt; man wird,　　　3545
Ich hoff' es, meinen letzten Willen ehren.
Auch was ich auf dem Todeswege trage,
Gehöret euch — Vergönnet mir noch einmal
Der Erde Glanz auf meinem Weg zum Himmel!
           (Zu den Fräulein.)
Dir, meine Alix, Gertrud, Rosamund,　　　3550
Bestimm' ich meine Perlen, meine Kleider,
Denn eure Jugend freut sich noch des Putzes.
Du, Margareta, hast das nächste Recht
An meine Großmut, denn ich lasse dich
Zurück als die Unglücklichste von allen.　　　3555
Daß ich des Gatten Schuld an dir nicht räche,
Wird mein Vermächtnis offenbaren — Dich,
O meine treue Hanna, reizet nicht
Der Wert des Goldes, nicht der Steine Pracht,
Dir ist das höchste Kleinod mein Gedächtnis.　　　3560
Nimm dieses Tuch! Ich hab's mit eigner Hand
Für dich gestickt in meines Kummers Stunden
Und meine heißen Thränen eingewoben.
Mit diesem Tuch wirst du die Augen mir verbinden,
Wenn es so weit ist — diesen letzten Dienst　　　3565
Wünsch' ich von meiner Hanna zu empfangen.

    Kennedy.　O Melvil! Ich ertrag' es nicht!

    Maria.　　　　　　　　　　　　　Kommt alle!
Kommt und empfangt mein letztes Lebewohl!

(Sie reicht ihre Hände hin, eins nach dem andern fällt ihr zu Füßen und
          küßt die dargebotene Hand unter heftigem Weinen.)

Leb wohl, Margreta — Alix, lebe wohl —

Dank, Bourgoyn, für Eure treuen Dienste —   3570

Dein Mund brennt heiß, Gertrude — Ich bin viel

Gehaffet worden, doch auch viel geliebt!

Ein edler Mann beglücke meine Gertrud,

Denn Liebe fordert dieses glühnde Herz —

Bertha! Du hast das beßre Teil erwählt,   3575

Die keusche Braut des Himmels willst du werden.

O, eile, dein Gelübde zu vollziehn!

Betrüglich sind die Güter dieser Erden,

Das lern' an deiner Königin — Nichts weiter!

Lebt wohl! Lebt wohl! Lebt ewig wohl!   3580

(Sie wendet sich schnell von ihnen; alle bis auf Melvil entfernen sich.)

Siebenter Auftritt.

Maria. Melvil.

Maria. Ich habe alles Zeitliche berichtigt

Und hoffe, keines Menschen Schuldnerin

Aus dieser Welt zu scheiden — Eins nur ist's,

Melvil, was der beklemmten Seele noch

Verwehrt, sich frei und freudig zu erheben.   3585

Melvil. Entdecke mir's. Erleichtre deine Brust,

Dem treuen Freund vertraue deine Sorgen.

Maria. Ich stehe an dem Rand der Ewigkeit;

Bald soll ich treten vor den höchsten Richter,

Und noch hab' ich den Heil'gen nicht versöhnt.   3590

Versagt ist mir der Priester meiner Kirche.

Des Sakramentes heil'ge Himmelspeise

Verschmäh' ich aus den Händen falscher Priester.
Im Glauben meiner Kirche will ich sterben,
Denn der allein ist's, welcher selig macht.   3595

     Melvil. Beruhige dein Herz. Dem Himmel gilt
Der feurig fromme Wunsch statt des Vollbringens.
Tyrannenmacht kann nur die Hände fesseln,
Des Herzens Andacht hebt sich frei zu Gott;
Das Wort ist tot, der Glaube macht lebendig.   3600

     Maria. Ach, Melvil! Nicht allein genug ist sich
Das Herz, ein irdisch Pfand bedarf der Glaube,
Das hohe Himmlische sich zuzueignen.
Drum ward der Gott zum Menschen und verschloß
Die unsichtbaren himmlischen Geschenke   3605
Geheimnisvoll in einem sichtbarn Leib.
— Die Kirche ist's, die heilige, die hohe,
Die zu dem Himmel uns die Leiter baut;
Die allgemeine, die kathol'sche heißt sie,
Denn nur der Glaube aller stärkt den Glauben.   3610
Wo Tausende anbeten und verehren,
Da wird die Glut zur Flamme, und beflügelt
Schwingt sich der Geist in alle Himmel auf.
— Ach, die Beglückten, die das froh geteilte
Gebet versammelt in dem Haus des Herrn!   3615
Geschmückt ist der Altar, die Kerzen leuchten,
Die Glocke tönt, der Weihrauch ist gestreut,
Der Bischof steht im reinen Meßgewand,
Er faßt den Kelch, er segnet ihn, er kündet
Das hohe Wunder der Verwandlung an,   3620
Und niederstürzt dem gegenwärt'gen Gotte
Das gläubig überzeugte Volk — Ach! Ich
Allein bin ausgeschlossen, nicht zu mir

In meinen Kerker bringt der Himmelssegen.

  Melvil Er bringt zu dir! Er ist dir nah! Vertraue
Dem Allvermögenden — der dürre Stab   3626
Kann Zweige treiben in des Glaubens Hand!
Und der die Quelle aus dem Felsen schlug,
Kann dir im Kerker den Altar bereiten,
Kann diesen Kelch, die irdische Erquickung,   3630
Dir schnell in eine himmlische verwandeln.

(Er ergreift den Kelch, der auf dem Tische steht.)

  Maria. Melvil! Versteh' ich Euch? Ja! Ich versteh'
   Euch!
Hier ist kein Priester, keine Kirche, kein
Hochwürdiges — Doch der Erlöser spricht:
Wo Zwei versammelt sind in meinem Namen, 3635
Da bin ich gegenwärtig unter ihnen.
Was weiht den Priester ein zum Mund des Herrn?
Das reine Herz, der unbefleckte Wandel.
— So seid Ihr mir, auch ungeweiht, ein Priester,
Ein Bote Gottes, der mir Frieden bringt.   3640
Euch will ich meine letzte Beichte thun,
Und Euer Mund soll mir das Heil verkünden.

  Melvil. Wenn dich das Herz so mächtig dazu treibt,
So wisse, Königin, daß dir zum Troste
Gott auch ein Wunder wohl verrichten kann. 3645
Hier sei kein Priester, sagst du, keine Kirche,
Kein Leib des Herrn? — Du irrest dich. Hier ist
Ein Priester, und ein Gott ist hier zugegen.

(Er entblößt bei diesen Worten das Haupt; zugleich zeigt er ihr eine Hostie
in einer goldenen Schale.)

— Ich bin ein Priester; deine letzte Beichte
Zu hören, dir auf deinem Todesweg   3650

Den Frieden zu verkündigen, hab' ich
Die sieben Weihn auf meinem Haupt empfangen,
Und diese Hostie überbring' ich dir
Vom heil'gen Vater, die er selbst geweihet.

     Maria.   O, so muß an der Schwelle selbst des Todes
Mir noch ein himmlisch Glück bereitet sein!   3656
Wie ein Unsterblicher auf goldnen Wolken
Herniederfährt, wie den Apostel einst
Der Engel führte aus des Kerkers Banden,
Ihn hält kein Riegel, keines Hüters Schwert,   3660
Er schreitet mächtig durch verschloßne Pforten,
Und im Gefängnis steht er glänzend da,
So überrascht mich hier der Himmelsbote,
Da jeder ird'sche Retter mich getäuscht!
— Und Ihr, mein Diener einst, seid jetzt der Diener   3665
Des höchsten Gottes und sein heil'ger Mund!
Wie Eure Kniee sonst vor mir sich beugten,
So lieg' ich jetzt im Staub vor Euch.

(Sie sinkt vor ihm nieder.)

     Melvil (indem er das Zeichen des Kreuzes über sie macht).   Im
    Namen
Des Vaters und des Sohnes und des Geistes!
Maria, Königin!   Hast du dein Herz   3670
Erforschet, schwörst du und gelobest du,
Wahrheit zu beichten vor dem Gott der Wahrheit?

     Maria.   Mein Herz liegt offen dar vor dir und ihm.

     Melvil.   Sprich, welcher Sünde zeiht **dich dein** Ge-
    wissen,
Seitdem du Gott zum letztenmal versöhnt?   3675

     Maria.   Von neid'schem Hasse war **mein Herz** erfüllt,
Und Rachgedanken tobten in dem Busen.

Vergebung hofft' ich Sünderin von Gott
Und konnte nicht der Gegnerin vergeben.

      Melvil. Bereuest du die Schuld, und ist's dein ernster
Entschluß, versöhnt aus dieser Welt zu scheiden?   3681

      Maria. So wahr ich hoffe, daß mir Gott vergebe.

      Melvil. Welch andrer Sünde klagt das Herz dich
      an?

      Maria. Ach, nicht durch Haß allein, durch sünd'ge
      Liebe

Noch mehr hab' ich das höchste Gut beleidigt.   3685
Das eitle Herz ward zu dem Mann gezogen,
Der treulos mich verlassen und betrogen!

      Melvil. Bereuest du die Schuld, und hat dein Herz
Vom eiteln Abgott sich zu Gott gewendet?

      Maria. Es war der schwerste Kampf, den ich bestand,
Zerrissen ist das letzte irb'sche Band.   3691

      Melvil. Welch andrer Schuld verklagt dich dein Ge-
      wissen?

      Maria. Ach, eine frühe Blutschuld, längst gebeichtet,
Sie kehrt zurück mit neuer Schreckenskraft
Im Augenblick der letzten Rechenschaft   3695
Und wälzt sich schwarz mir vor des Himmels Pforten.
Den König, meinen Gatten, ließ ich morden,
Und dem Verführer schenkt' ich Herz und Hand!
Streng büßt' ich's ab mit allen Kirchenstrafen,
Doch in der Seele will der Wurm nicht schlafen.   3700

      Melvil. Verklagt das Herz dich keiner andern Sünde,
Die du noch nicht gebeichtet und gebüßt?

      Maria. Jetzt weißt du alles, was mein Herz belastet.

      Melvil. Denk' an die Nähe des Allwissenden!
Der Strafen denke, die die heil'ge Kirche   3705

Der mangelhaften Beichte droht! Das ist
Die Sünde zu dem ew'gen Tod, denn das
Ist wider seinen heil'gen Geist gefrevelt.

    Maria.　So schenke mir die ew'ge Gnade Sieg
Im letzten Kampf, als ich dir wissend nichts verschwieg. 3710

    Melvil. Wie? Deinem Gott verhehlst du das Ver-
      brechen,
Um dessentwillen dich die Menschen strafen?
Du sagst mir nichts von deinem blut'gen Anteil
An Babingtons und Parrys Hochverrat?
Den zeitlichen Tod stirbst du für diese That,　　　3715
Willst du auch noch den ew'gen dafür sterben?

    Maria. Ich bin bereit, zur Ewigkeit zu gehn:
Noch eh' sich der Minutenzeiger wendet,
Werd' ich vor meines Richters Throne stehn;
Doch wiederhol' ich's: Meine Beichte ist vollendet. 3720

    Melvil. Erwäg' es wohl. Das Herz ist ein Be-
      trüger.
Du hast vielleicht mit list'gem Doppelsinn
Das Wort vermieden, das dich schuldig macht,
Obgleich der Wille das Verbrechen teilte.
Doch wisse, keine Gaukelkunst berückt　　　　3725
Das Flammenauge, das ins Innre blickt!

    Maria. Ich habe alle Fürsten aufgeboten,
Mich aus unwürd'gen Banden zu befrein,
Doch nie hab' ich durch Vorsatz oder That
Das Leben meiner Feindin angetastet!　　　　3730

    Melvil. So hätten deine Schreiber falsch gezeugt?

    Maria. Wie ich gesagt, so ist's. Was jene zeugten,
Das richte Gott!

    Melvil.　　　So steigst du, überzeugt

Von deiner Unschuld, auf das Blutgerüste?

    Maria. Gott würdigt mich, durch diesen unverdienten
        Tod   3735
Die frühe schwere Blutschuld abzubüßen.

    Melvil (macht den Segen über sie). So gehe hin und
        sterbend büße sie!

Sink, ein ergebnes Opfer, am Altare!

Blut kann versöhnen, was das Blut verbrach,

Du fehltest nur aus weiblichem Gebrechen,   3740

Dem sel'gen Geiste folgen nicht die Schwächen

Der Sterblichkeit in die Verklärung nach.

Ich aber künde dir, kraft der Gewalt,

Die mir verliehen ist, zu lösen und zu binden,

Erlassung an von allen deinen Sünden!   3745

Wie du geglaubet, so geschehe dir! (Er reicht ihr die Hostie.)

Nimm hin den Leib, er ist für dich geopfert.

(Er ergreift den Kelch, der auf dem Tische steht, konsekriert ihn mit
stillem Gebet, dann reicht er ihr denselben. Sie zögert, ihn anzunehmen,
und weist ihn mit der Hand zurück.)

Nimm hin das Blut, es ist für dich vergossen!

Nimm hin! Der Papst erzeigt dir diese Gunst!

Im Tode noch sollst du das höchste Recht   3750

Der Könige, das priesterliche, üben! (Sie empfängt den Kelch.)

Und wie du jetzt dich in dem ird'schen Leib

Geheimnisvoll mit deinem Gott verbunden,

So wirst du dort in seinem Freudenreich,

Wo keine Schuld mehr sein wird und kein Weinen, 3755

Ein schön verklärter Engel, dich

Auf ewig mit dem Göttlichen vereinen.

(Er setzt den Kelch nieder. Auf ein Geräusch, das gehört wird, bedeckt
er sich das Haupt und geht an die Thüre; Maria bleibt in stiller
Andacht auf den Knieen liegen.)

Melvil (zurückkommend). Dir bleibt ein harter Kampf
  noch zu bestehn.
Fühlst du dich stark genug, um jede Regung
Der Bitterkeit, des Hasses zu besiegen?   3760

  Maria. Ich fürchte keinen Rückfall. Meinen Haß
Und meine Liebe hab' ich Gott geopfert.

  Melvil. Nun, so bereite dich, die Lords von Lester
Und Burleigh zu empfangen. Sie sind da.

Achter Auftritt.

Die Vorigen. Burleigh. Leicester und Paulet. Leicester bleibt
ganz in der Entfernung stehen, ohne die Augen aufzuschlagen. Burleigh,
der seine Fassung beobachtet, tritt zwischen ihn und die Königin.

  Burleigh. Ich komme, Lady Stuart, Eure letzten
Befehle zu empfangen.

  Maria.   Dank, Mylord!   3766

  Burleigh. Es ist der Wille meiner Königin,
Daß Euch nichts Billiges verweigert werde.

  Maria. Mein Testament nennt meine letzten Wünsche.
Ich hab's in Ritter Paulets Hand gelegt   3770
Und bitte, daß es treu vollzogen werde.

  Paulet. Verlaßt Euch drauf.

  Maria. Ich bitte, meine Diener ungekränkt
Nach Schottland zu entlassen oder Frankreich,
Wohin sie selber wünschen und begehren.   3775

  Burleigh. Es sei, wie Ihr es wünscht.

  Maria.   Und weil mein Leichnam
Nicht in geweihter Erde ruhen soll,
So dulde man, daß dieser treue Diener

Mein Herz nach Frankreich bringe zu den Meinen.
— Ach! Es war immer dort!

    Burleigh.   Es soll geschehn!   3780
Habt Ihr noch sonst —

    Maria.   Der Königin von England
Bringt meinen schwesterlichen Gruß — Sagt ihr,
Daß ich ihr meinen Tod von ganzem Herzen
Vergebe, meine Heftigkeit von gestern
Ihr reuevoll abbitte — Gott erhalte sie   3785
Und schenk' ihr eine glückliche Regierung!

    Burleigh.   Sprecht! Habt Ihr noch nicht bessern Rat
        erwählt?
Verschmäht Ihr noch den Beistand des Dechanten?

    Maria. Ich bin mit meinem Gott versöhnt — Sir
        Paulet!
Ich hab' Euch schuldlos vieles Weh bereitet,   3790
Des Alters Stütze Euch geraubt — O, laßt
Mich hoffen, daß Ihr meiner nicht mit Haß
Gedenket —

    Paulet (giebt ihr die Hand).   Gott sei mit Euch! Gehet
        hin im Frieden!

Neunter Auftritt.

Die Vorigen. Hanna Kennedy und die andern Frauen der Königin
dringen herein mit Zeichen des Entsetzens; ihnen folgt der Sheriff, einen
weißen Stab in der Hand, hinter demselben sieht man durch die offen bleibende
Thüre gewaffnete Männer.

    Maria. Was ist dir, Hanna? — Ja, nun ist es Zeit!
Hier kommt der Sheriff, uns zum Tod zu führen.   3795
Es muß geschieden sein! Lebt wohl! Lebt wohl!
(Ihre Frauen hängen sich an sie mit heftigem Schmerz; zu Melvil.)

Ihr, werter Sir, und meine treue Hanna
Sollt mich auf diesem letzten Gang begleiten.
Mylord, versagt mir diese Wohlthat nicht.

  Burleigh. Ich habe dazu keine Vollmacht.
  Maria.   Wie? 3800
Die kleine Bitte könntet Ihr mir weigern?
Habt Achtung gegen mein Geschlecht! Wer soll
Den letzten Dienst mir leisten! Nimmermehr
Kann es der Wille meiner Schwester sein,
Daß mein Geschlecht in mir beleidigt werde, 3805
Der Männer rohe Hände mich berühren!

  Burleigh. Es darf kein Weib die Stufen des Gerüstes
Mit Euch besteigen — Ihr Geschrei und Jammern —
  Maria. Sie soll nicht jammern! Ich verbürge mich
Für die gefaßte Seele meiner Hanna! 3810
Seid gütig, Lord. O, trennt mich nicht im Sterben
Von meiner treuen Pflegerin und Amme!
Sie trug auf ihren Armen mich ins Leben,
Sie leite mich mit sanfter Hand zum Tod.

  Paulet (zu Burleigh). Laßt es geschehn!
  Burleigh.   Es sei.
  Maria.   Nun hab' ich nichts mehr 3815
Auf dieser Welt — (Sie nimmt das Kruzifix und küßt es.) Mein
   Heiland! Mein Erlöser!
Wie du am Kreuz die Arme ausgespannt,
So breite sie jetzt aus, mich zu empfangen.

(Sie wendet sich, zu gehen. In diesem Augenblick begegnet ihr Auge dem
Grafen Leicester, der bei ihrem Aufbruch unwillkürlich aufgefahren und nach
ihr hingesehen. — Bei diesem Anblick zittert Maria, die Kniee versagen ihr,
sie ist im Begriff, hinzusinken; da ergreift sie Graf Leicester und empfängt
sie in seinen Armen. Sie sieht ihn eine Zeitlang ernst und schweigend an,
  er kann ihren Blick nicht aushalten, endlich spricht sie.)

Ihr haltet Wort, Graf Lester — Ihr verspracht
Mir Euren Arm, aus diesem Kerker mich   3820
Zu führen, und Ihr leihet mir ihn jetzt!
(Er steht wie vernichtet. Sie fährt mit sanfter Stimme fort.)
Ja, Lester, und nicht bloß
Die Freiheit wollt' ich Eurer Hand verdanken.
Ihr solltet mir die Freiheit teuer machen,
An Eurer Hand, beglückt durch Eure Liebe,   3825
Wollt' ich des neuen Lebens mich erfreun.
Jetzt, da ich auf dem Weg bin, von der Welt
Zu scheiden und ein sel'ger Geist zu werden,
Den keine ird'sche Neigung mehr versucht,
Jetzt, Lester, darf ich ohne Schamerröten   3830
Euch die besiegte Schwachheit eingestehn —
Lebt wohl, und wenn Ihr könnt, so lebt beglückt!
Ihr durftet werben um zwei Königinnen;
Ein zärtlich liebend Herz habt Ihr verschmäht,
Verraten, um ein stolzes zu gewinnen.   3835
Kniet zu den Füßen der Elisabeth!
Mög' Euer Lohn nicht Eure Strafe werden!
Lebt wohl! — Jetzt hab' ich nichts mehr auf der Erden!
(Sie geht ab, der Sheriff voraus, Melvil und die Amme ihr zur Seite.
Burleigh und Paulet folgen, die übrigen sehen ihr jammernd nach, bis sie
verschwunden ist; dann entfernen sie sich durch die zwei andern Thüren.)

Zehnter Auftritt.

Leicester, allein zurückbleibend.

Ich lebe noch! Ich trag' es, noch zu leben!
Stürzt dieses Dach nicht sein Gewicht auf mich!   3840
Thut sich kein Schlund auf, das elendeste

Der Wesen zu verschlingen! Was hab' ich
Verloren! Welche Perle warf ich hin!
Welch Glück der Himmel hab' ich weggeschleudert!
— Sie geht dahin, ein schon verklärter Geist,   3845
Und mir bleibt die Verzweiflung der Verdammten.
— Wo ist mein Vorsatz hin, mit dem ich kam,
Des Herzens Stimme fühllos zu ersticken?
Ihr fallend Haupt zu sehn mit unbewegten Blicken?
Weckt mir ihr Anblick die erstorbne Scham?   3850
Muß sie im Tod mit Liebesbanden mich umstricken?
— Verworfener, dir steht es nicht mehr an,
In zartem Mitleid weibisch hinzuschmelzen,
Der Liebe Glück liegt nicht auf deiner Bahn,
Mit einem ehrnen Harnisch angethan   3855
Sei deine Brust, die Stirne sei ein Felsen!
Willst du den Preis der Schandthat nicht verlieren,
Dreist mußt du sie behaupten und vollführen!
Verstumme, Mitleid! Augen, werdet Stein!
Ich seh' sie fallen, ich will Zeuge sein.   3860
(Er geht mit entschloßnem Schritt der Thüre zu, durch welche Maria ge-
gangen, bleibt aber auf der Mitte des Weges stehen.)

Umsonst! Umsonst! Mich faßt der Hölle Grauen,
Ich kann, ich kann das Schreckliche nicht schauen,
Kann sie nicht sterben sehen — Horch! Was war das?
Sie sind schon unten — Unter meinen Füßen
Bereitet sich das fürchterliche Werk.   3865
Ich höre Stimmen — Fort! Hinweg! Hinweg
Aus diesem Haus des Schreckens und des Todes!
(Er will durch eine andre Thür entfliehen, findet sie aber verschlossen und
fährt zurück.)

Wie? Fesselt mich ein Gott an diesen Boden?
Muß ich anhören, was mir anzuschauen graut?

Die Stimme des Dechanten — Er ermahnet sie —　3870
— Sie unterbricht ihn — Horch! — Laut betet sie —
Mit fester Stimme — Es wird still — Ganz still!
Nur schluchzen hör' ich und die Weiber weinen —
Sie wird entkleidet — Horch! Der Schemel wird　3874
Gerückt — Sie kniet aufs Kissen — legt das Haupt —

(Nachdem er die letzten Worte mit steigender Angst gesprochen und eine Weile
inne gehalten, sieht man ihn plötzlich mit einer zuckenden Bewegung zusam=
menfahren und ohnmächtig niedersinken; zugleich erschallt von unten herauf
ein dumpfes Getöse von Stimmen, welches lange forthallt.)

Das zweite Zimmer des vierten Aufzugs.

Elfter Auftritt.

Elisabeth tritt aus einer Seitenthüre, ihr Gang und ihre Gebärden drücken
die heftigste Unruhe aus.

Noch niemand hier — Noch keine Botschaft — Will es
Nicht Abend werden? Steht die Sonne fest
In ihrem himmlischen Lauf? — Ich soll noch länger
Auf dieser Folter der Erwartung liegen.
— Ist es geschehen? Ist es nicht? — Mir graut　3880
Vor beidem, und ich wage nicht, zu fragen!
Graf Lester zeigt sich nicht, auch Burleigh nicht,
Die ich ernannt, das Urteil zu vollstrecken.
Sind sie von London abgereist — dann ist's
Geschehn; der Pfeil ist abgedrückt, er fliegt,　　　3885
Er trifft, er hat getroffen, gält's mein Reich,
Ich kann ihn nicht mehr halten — Wer ist da?

Zwölfter Auftritt.

Elisabeth. Ein Page.

Elisabeth. Du kommst allein zurück — Wo sind die
Lords?

Page. Mylord von Lester und der Großschatzmeister —

Elisabeth (in der höchsten Spannung). Wo sind sie?

Page. Sie sind nicht in London.

Elisabeth. Nicht? 3890
Wo sind sie denn?

Page. Das wußte niemand mir zu sagen.
Vor Tagesanbruch hätten beide Lords
Eilfertig und geheimnisvoll die Stadt
Verlassen.

Elisabeth (lebhaft ausbrechend). Ich bin Königin von
England!

(Auf- und niedergehend in der höchsten Bewegung.)

Geh! Rufe mir — nein, bleibe — Sie ist tot! 3895
Jetzt endlich hab' ich Raum auf dieser Erde.
— Was zittr' ich? Was ergreift mich diese Angst?
Das Grab deckt meine Furcht, und wer darf sagen,
Ich hab's gethan! Es soll an Thränen mir
Nicht fehlen, die Gefallne zu beweinen! (Zum Pagen.) 3900
Stehst du noch hier? — Mein Schreiber Davison
Soll augenblicklich sich hierher verfügen.
Schickt nach dem Grafen Shrewsbury — Da ist
Er selbst! (Page geht ab.)

Dreizehnter Auftritt.

Elisabeth. Graf Shrewsbury.

Elisabeth. Willkommen, edler Lord! Was bringt Ihr?

Nichts Kleines kann es sein, was Euren Schritt   3905
So spät hierher führt.

       Shrewsbury.   Große Königin,
Mein sorgenvolles Herz, um deinen Ruhm
Bekümmert, trieb mich heute nach dem Tower,
Wo Kurl und Nau, die Schreiber der Maria,
Gefangen sitzen; denn noch einmal wollt' ich   3910
Die Wahrheit ihres Zeugnisses erproben.
Bestürzt, verlegen weigert sich der Leutnant
Des Turms, mir die Gefangenen zu zeigen;
Durch Drohung nur verschafft' ich mir den Eintritt.
— Gott, welcher Anblick zeigte mir sich da!   3915
Das Haar verwildert, mit des Wahnsinns Blicken,
Wie ein von Furien Gequälter, lag
Der Schotte Kurl auf seinem Lager — Kaum
Erkennt mich der Unglückliche, so stürzt er
Zu meinen Füßen — schreiend, meine Knie   3920
Umklammernd, mit Verzweiflung, wie ein Wurm
Vor mir gekrümmt — fleht er mich an, beschwört mich,
Ihm seiner Königin Schicksal zu verkünden;
Denn ein Gerücht, daß sie zum Tod verurteilt sei,
War in des Towers Klüfte eingedrungen.   3925
Als ich ihm das bejahet nach der Wahrheit,
Hinzu gefügt, daß es sein Zeugnis sei,
Wodurch sie sterbe, sprang er wütend **auf,**
Fiel seinen Mitgefangnen an, riß ihn
Zu Boden mit des Wahnsinns Riesenkraft,   3930
Ihn zu erwürgen strebend. Kaum entrissen **wir**
Den Unglückfel'gen seines Grimmes Händen.
Nun kehrt' er gegen sich die Wut, zerschlug
Mit grimm'gen Fäusten sich die Brust, verfluchte sich

Und den Gefährten allen Höllengeistern.   3935
Er habe falsch gezeugt, die Unglücksbriefe
An Babington, die er als echt beschworen,
Sie seien falsch, er habe andre Worte
Geschrieben, als die Königin diktiert,
Der Bösewicht Nau hab' ihn dazu verleitet.   3940
Drauf rannt' er an das Fenster, riß es auf
Mit wütender Gewalt, schrie in die Gassen
Hinab, daß alles Volk zusammen lief,
Er sei der Schreiber der Maria, sei
Der Bösewicht, der sie fälschlich angeklagt;   3945
Er sei verflucht, er sei ein falscher Zeuge!

    Elisabeth. Ihr sagtet selbst, daß er von Sinnen
    war.
Die Worte eines Rasenden, Verrückten
Beweisen nichts.

    Shrewsbury. Doch dieser Wahnsinn selbst
Beweiset desto mehr! O Königin,   3950
Laß dich beschwören, übereile nichts,
Befiehl, daß man von neuem untersuche!

    Elisabeth. Ich will es thun — weil Ihr es wünschet,
    Graf,
Nicht, weil ich glauben kann, daß meine Peers
In dieser Sache übereilt gerichtet.   3955
Euch zur Beruhigung erneure man
Die Untersuchung — Gut, daß es noch Zeit ist!
An unsrer königlichen Ehre soll
Auch nicht der Schatten eines Zweifels haften.

Vierzehnter Auftritt.

Davison zu den Vorigen.

Elisabeth. Das Urteil, Sir, das ich in Eure Hand
Gelegt — wo ist's?

Davison (im höchsten Erstaunen). Das Urteil?

Elisabeth.   Das ich gestern
Euch in Verwahrung gab —

Davison.   Mir in Verwahrung!

Elisabeth. Das Volk bestürmte mich, zu unterzeichnen,
Ich mußt' ihm seinen Willen thun, ich that's,
Gezwungen that ich's, und in Eure Hände   3965
Legt' ich die Schrift, ich wollte Zeit gewinnen.
Ihr wißt, was ich Euch sagte — Nun! Gebt her!

Shrewsbury. Gebt, werter Sir! Die Sachen liegen
    anders,
Die Untersuchung muß erneuert werden.

Davison. Erneuert? — Ewige Barmherzigkeit! 3970

Elisabeth. Bedenkt Euch nicht so lang. Wo ist die
    Schrift?

Davison (in Verzweiflung). Ich bin gestürzt, ich bin ein
    Mann des Todes!

Elisabeth (hastig einfallend). Ich will nicht hoffen,
    Sir —

Davison. Ich bin verloren!
Ich hab' sie nicht mehr.

Elisabeth.   Wie? Was?

Shrewsbury.   Gott im Himmel!

Davison. Sie ist in Burleighs Händen — schon seit
    gestern.   3975

Elisabeth. Unglücklicher! So habt Ihr mir gehorcht?
Befahl ich Euch nicht streng, sie zu verwahren?

Davison. Das hast du nicht befohlen, Königin.

Elisabeth. Willst du mich Lügen strafen, Elender?
Wann hieß ich dir die Schrift an Burleigh geben? 3980

Davison. Nicht in bestimmten, klaren Worten — aber —

Elisabeth. Nichtswürdiger! Du wagst es, meine Worte
Zu deuten? deinen eignen blut'gen Sinn
Hinein zu legen? — Wehe dir, wenn Unglück
Aus dieser eigenmächt'gen That erfolgt,   3985
Mit deinem Leben sollst du mir's bezahlen.
— Graf Shrewsbury, Ihr sehet, wie mein Name
Gemißbraucht wird.

Shrewsbury. Ich sehe — o mein Gott!

Elisabeth. Was sagt Ihr?

Shrewsbury.   Wenn der Squire sich dieser That
Vermessen hat auf eigene Gefahr   3990
Und ohne deine Wissenschaft gehandelt,
So muß er vor den Richterstuhl der Peers
Gefordert werden, weil er deinen Namen
Dem Abscheu aller Zeiten preisgegeben.

Letzter Auftritt.

Die Vorigen. Burleigh, zuletzt Kent.

Burleigh (beugt ein Knie vor der Königin). Lange lebe
meine königliche Frau,   3995
Und mögen alle Feinde dieser Insel
Wie diese Stuart enden!

(Shrewsbury verhüllt sein Gesicht, Davison ringt verzweiflungsvoll die
Hände.)

Elisabeth.   Redet, Lord!
Habt Ihr den tödlichen Befehl von mir
Empfangen?

    Burleigh. Nein, Gebieterin! Ich empfing ihn
Von Davison.

    Elisabeth.   Hat Davison ihn Euch   4000
In meinem Namen übergeben?

    Burleigh.   Nein!
Das hat er nicht —

    Elisabeth.   Und Ihr vollstrecktet ihn,
Rasch, ohne meinen Willen erst zu wissen?
Das Urteil war gerecht, die Welt kann uns
Nicht tadeln; aber Euch gebührte nicht,   4005
Der Milde unsers Herzens vorzugreifen —
Drum seid verbannt von unserm Angesicht!
           (Zu Davison.)
Ein strengeres Gericht erwartet Euch,
Der seine Vollmacht frevelnd überschritten,
Ein heilig anvertrautes Pfand veruntreut.   4010
Man führ' ihn nach dem Tower! Es ist mein Wille,
Daß man auf Leib und Leben ihn verklage.
— Mein edler Talbot! Euch allein hab' ich
Gerecht erfunden unter meinen Räten,
Ihr sollt fortan mein Führer sein, mein Freund —   4015

    Shrewsbury.   Verbanne deine treusten Freunde nicht,
Wirf sie nicht ins Gefängnis, die für dich
Gehandelt haben, die jetzt für dich schweigen!
— Mir aber, große Königin, erlaube,
Daß ich das Siegel, das du mir zwölf Jahre   4020
Vertraut, zurück in deine Hände gebe.

    Elisabeth (betroffen). Nein, Shrewsbury! Ihr werdet
       mich jetzt nicht

Verlassen, jetzt —

Shrewsbury. Verzeih, ich bin zu alt,
Und diese grade Hand, sie ist zu starr,
Um deine neuen Thaten zu versiegeln.	4025

Elisabeth. Verlassen wollte mich der Mann, der mir
Das Leben rettete?

Shrewsbury. Ich habe wenig
Gethan — Ich habe deinen edlern Teil
Nicht retten können. Lebe, herrsche glücklich!
Die Gegnerin ist tot. Du hast von nun an	4030
Nichts mehr zu fürchten, brauchst nichts mehr zu achten.
	(Geht ab.)

Elisabeth (zum Grafen Kent, der hereintritt). Graf Lester
	komme her!

Kent.	Der Lord läßt sich
Entschuldigen, er ist zu Schiff nach Frankreich.
(Sie bezwingt sich und steht mit ruhiger Fassung da. Der Vorhang fällt.)

NOTES.

NOTES.

ACT I, SCENE 1.

𝕬ufȝug, m. is derived fr. aufȝieben 'to draw up,' 'to raise.' **When
the curtain is lifted up in the theatre an act begins, hence** 𝕬ufȝug **comes
to mean** 'act.' Another meaning is 'parade,' 'procession.' The word
often denotes a somewhat comical appearance. The term 𝕬ct (or 𝕬kt),
m. (fr. the French *acte*, Lat. *actus*) is also much used in German.

𝕬uftritt, m. fr. auftreten 'to step forth,' hence 'to appear on the
stage.' As a new scene generally begins with the appearance of a new
person on the stage, 𝕬uftritt comes to mean 'scene.' The word Scene
(pronounce S-ȝene), f. is likewise used; it is derived fr. Fr. *scène*, fr. Lat.
scena, fr. Gk. σκηνή, 'a booth,' 'a stage.'

Schrank, m. 'cabinet' is nearly related to Schranke, f. 'bar,' 'bar-
rier.' Cf. l. 95 and 218.

Brecheisen, n. 'scrap iron,' 'chisel,' 'crowbar.'

3. ward is the older form instead of which wurde is now used in
ordinary prose. ward occurs chiefly in poetry and in higher prose
diction. wurde was derived from the plural wurden, where the u is
historically right. There existed in the older state of the Germ. as well
as of the English language a difference in the radical vowel of the sing.
and of the plur. of the preterite of most strong verbs. This old
Germanic distinction was subsequently given up, but cf. the Engl.
'was' and 'were'; and comp. 'began' and 'begun,' 'drank' and
'drunk,' etc. (also the Germ. half, hülfe, starb, stürbe, verdarb and ver-
dürbe, etc. in which the forms in *a* were originally peculiar to the sing.,
those in u or modified u to the plural and subjunctive).

4. Kennedy does not repudiate this accusation, so we may assume
that the gardener was to be bribed; he was probably intended to

take Mary's letter to Lord Leicester which she afterwards confides to Mortimer (ll. 674 sqq.).

6. Trok, 'in spite of,' which takes either the genit. or the dative case, is really the M.H.G. interjection *trotz*, 'defiance (be offered to you!).' In the sense of 'in rivalry with,' 'as well as' it takes only the dat., e.g. Er läuft trok einem Schnellläufer. The verb trokzen, 'to defy,' l. 975, takes the dat. only. Comp. wegen, l. 844 n. and kraft, l. 3743.

scharfen, here 'strict,' 'careful.'

After l. 7. Sich über...machend, usually sich über...her machend, 'falling on,' hence 'busying himself over,' 'setting to work on.'

12. traur'ge Weile, 'dreary leisure.' Instead of Weile in this sense one usually says Langeweile, f. 'tediousness': the opposite is Kurzweil (for Kurzweile), f. lit. 'short while,' i.e. 'shortening of the time,' hence 'pastime' (=pass time). That Weile is here equivalent to Langeweile is shewn by the verb verkürzen. Cf. in Bürger's ballad Der Kaiser und der Abt, l. 21: Doch däucht mir daneben, euch plage viel Weile. In the next line Weile simply means 'time.'

13. schafft, 'operates,' 'is busy.' The verb schaffen is usually a strong verb, and means 'to create' (Gott hat die Welt geschaffen), but in South German it often occurs as a weak verb and means 'to do' (e.g. ich habe heute viel geschafft).

15. Die (accus.) with a strong stress 'that.' Die is here demonstrative which is the primary signification of the definite article. Cf. ll. 46, 201, 1113.

Konzepte, n. pl. 'rough copies.' The word Entwürfe might have been used here. Mary has really finished her letter to Elizabeth (l. 161).

17. überliefr' ich=werde ich überliefern. The present stands here, as often in German, for the future. Cf. l. 29.

Ressort (fr. *le ressort* fr. *ressortir*) is really 'a spring' (Feder, f.), then a 'drawer' which is opened by touching a spring. The usual German word for drawer is Fach, n.

18. Stein is often equivalent to Edelstein 'precious stone.'

19. Durchzo'gen, 'interspersed,' 'interwoven.'

Lilien (3 syllables) 'fleur-de-lis.' The pronunciation 'ie or je' is the usual one in names of animals, plants, and trees, e.g. Amphi'bie, f. 'amphibious animal'; Petersi'lie, f. 'parsley'; Fu'chsie, f. 'fuchsia'; Pi'nie, f. 'sweet pine-tree.' Also in Christian names, e.g. Emi'lie, 'Emily'; Ama'lie, 'Amelia'; Euge'nie, 'Eugenia,' etc., except Marie', 'Mary' and Sophie', 'Sophia.' For other words of foreign origin ending in ie it is impossible to make a general rule of pronunciation. In many abstract nouns, especially in names of sciences, the ending ie takes the accent. The lilies of France are the old royal arms, and are supposed to represent an old Frankish weapon, a sort of javelin.

22. lang for lange (l. 1799) for the sake of the metre. Cf. ll. 40, 596, 610, 1467.

besitzt is here used absolutely 'has treasures,' the usual phrase would be etwas besitzt, 'aught belongs to her.'

23. Gewehr, n. stands here poetically instead of the ordinary word Waffe, f. Gewehr means almost exclusively 'musket.' wird Gewehr for wird zur Waffe, wird zu einer Waffe.

25. Die Jammervolle is of course the accusative.

29. zu seiner Zeit, 'at its own time,' hence 'at the proper time.' (Cf. l. 3455 and foll.) This phrase is not unusual in German, cf. Rückert's poem Barbarossa (l. 9—12): Er hat hinabgenommen | des Reiches Herrlichkeit, | Und wird einst wiederkommen | mit ihr, zu seiner Zeit.

30. Wer sieht es...an, 'who perceives...in,' say 'who can see by...?' es refers to l. 31.

32. Himmeldecke, f. (not to be spelt Himmelsdecke) 'canopy,' is formed like Himmelbett, n. 'four-post bed.' The word Decke in Himmeldecke is really redundant, as the 'canopy' is often called Himmel alone. In our case Der Himmel über ihrem Sitz would be quite intelligible. Instead of Himmeldecke the word Thronhimmel, or the foreign Baldachin, m. might have been used. Himmeldecke, Himmelbett (= ein Bett mit einem Himmel) are real compounds. In a real compound noun two nouns in the nominative case are simply compounded, and the hearer or reader has to find out in what connection the one stands to the other. But compounds such as Himmelsbraut (said of 'a nun,' cf. l. 3576), in which the former noun stands in the genitive case, are not real compounds, but merely two words written in one, of which the former is syntactically dependent on the other. Cf. Himmelspeise, l. 3592, n.

After the sentence of death had been pronounced over Maria, Paulet removed all emblems of her royal dignity out of the room, and among them the canopy with the royal arms of Scotland. Mary had a cross hung up in its place on the following day.

33. den, 'her.' The Germ. definite article must often be rendered in Engl. by a possessive pronoun. Cf. ll. 506, 1191, 2334, 2384, etc.

zärtlich has here not the usual modern sense of 'tender,' 'fond' (e.g. eine zärtliche Mutter), but is equivalent to zart, 'delicate,' from which it is derived. zärtlich is here not an adverb, but an adjective without inflexion. This use of two adjectives, the former of which remains un-

inflected and is not joined by unb to the latter, is characteristic of
Schiller's poetic diction. Cf. ll. 952; 1045; 1367; 1519; 1664; 1869;
2327; 3435. The two words form almost a compound, and the inflection of the latter adjective serves also for the former. Cf. Erdmann's
Syntax, 1. § 57 (and § 119). Translate: 'her delicate foot used to
softest treading.' Cf. ll. 132 n. and 210 n.

35. ſchlechteſte has here not the moral sense of 'worst,' 'most
wicked,' but the older sense of geringſte, 'meanest.' The orig. sense of
ſchlecht, 'straight,' 'straight-forward,' 'simple,' is preserved in the old
phrase ſchlecht unb recht, 'simple and just,' and in phrases like Nimm
vorlieb unter meinem ſchlechten Dach, etc. This meaning of ſchlecht has
been preserved in the doublet ſchlicht, which corresponds etymologically
to the English 'slight.'

37. ſpeiſte ſie, lit. 'she fed,' hence 'she served,' 'she treated.'
Sterlyn is the French form of 'Stirling,' older 'Sterling,' a famous
castle of the Scottish kings, situated on the Forth. Schiller found the
name Sterlyn in his French authority Rapin. The latter followed in
his account the Scotch historian Buchanan, who was very unfavourable
to Mary. Gatten refers of course to Darnley.

38. Da (or während), 'while.'
Buhlen, from (ber) Buhle, 'paramour,' 'lover.' The fem. is (bie) Buhle.
Originally the word was only masculine, and denoted a 'near relation,'
hence it became a general term of endearment, 'a beloved person.'
The word is now mostly used (as here) in a bad sense, and only
occasionally in poetry it preserves its older sense of 'beloved.'
From Buhle is derived the verb buhlen (um eine Perſon, l. 1987, or eine
Sache) 'to court.' It is mostly contemptuous (l. 3195) and differs in
this from werben (um eine Sache or eine Perſon, l. 3833). The past partic.
of verbuhlen, a compound of buhlen (ll. 1987, 2032), occurs in l. 45;
verbuhlt is used as an adj., and means 'amorous,' 'wanton.' Paulet
seems to refer in this case to Mary's lover, the Earl of Bothwell.
Others suppose the allusion to refer to Mary's favourite, the Italian
singer Rizzio. Cf. l. 318 sqq. From buhlen are derived Buhler (Neben-
buhler, Buhlerin, l. 2823; Buhlernetz, l. 2376).

39. Notdurft, f. 'exigency,' 'necessity.' Notdurft really is nötiger
Bedarf, 'what one needs must have,' and was originally used of the neces-
saries of life.

42. fehlt's = es fehlt, 'there is a lack.'
46. bas with a strong stress 'that,' 'this.' Cf. l. 15 note.
Iſt bas ein Schickſal? 'Is that a proper fate?' The indefinite article

has sometimes the sense of 'a fitting,' 'a suitable.' One says colloquially Das ist einmal eine Antwort, 'that is indeed a proper answer.'

weicherzogen, 'gently bred.'

47. in der Wiege Königin; Mary was born on December 7, 1542, and her father, James V., died on December 14 of the same year.

48. der Medicäerin refers to Catherine de Médicis. She was born in 1519 and married Henry II. of France in 1533. She was the mother of the kings Francis II., Charles IX. and Henry III., and exercised paramount influence over the French court. Mary Stuart came over to France when she was six years old as the fiancée of Francis II. and was brought up at Paris with the children of Catherine. The court of Paris was then famous for its brilliancy and gaiety, which was encouraged by Catherine as Regent after her husband's death in the hope of gaining favour with the French aristocracy. Cf. l. 1120.

49. Freuden is the rare weak genit. sing. of Freude. The usual inflexion of Freude in the singular is and always has been the strong one. The plural of Freude is now weak. Cf. 1387 sqq.

52. lernt. This reading of the stage editions has been adopted instead of lehrt of the oldest printed editions, as it forms a more natural contrast to the following phrase.

53. sich...finden (in etwas) 'to accommodate oneself (to something).'

57. büßt sich. The German reflective verb must often, like the French, be translated by the English passive. büßt sich...allein (58), 'is only atoned for.' Cf. l. 3865 n.

60. Mag sie's...abthun, 'may she settle it,' 'let her settle it.' abthun is really 'to put off,' 'to do away with'; the es refers to the preceding sentence, i.e. 'that which was done amiss by her, and which is now weighing heavily on her conscience.'

61. Mary is an alien and owes no allegiance to the English crown. Cf. ll. 726—7.

64. wußte sie, 'she knew how to....' hence 'she contrived.'

68. Meuchelrotten, f. pl. 'assassin bands.' Meuchelrotte is a word coined by Schiller after the analogy of Meuchelmord, m. 'assassination,' and Meuchelmörder, m. 'assassin.' meucheln means 'to assassinate.' Meuchel- as the first part of compounds is the M. H. G. miuchel, 'secret.'

69. aus diesen Mauern is not quite correct. Mary did not come to Fotheringhay till 1586, after Babington's conspiracy had been discovered.

70. Böswicht, 'villain' (cf. l. 3940), usually Bösewicht. The compound der Bösewicht arose from der böse Wicht, 'the wicked man' (Wicht, Engl. 'wight,' is an old word for 'thing,' 'person'). A similar forma-

tion is Edelmann=der edel Mann, 'the noble man' (edel remained uninflected, cf. l. 210 note).   The noun Bosheit, f. occurs in l. 2657.

Parry.   Dr William P. was a Welshman and for some time a spy of Lord Burleigh.   He was subsequently accused of high treason and murderous plans against the life of Elizabeth and executed in 1585.

Babington.   Anthony Babington had conspired with Tichburn and Savage to free Mary and to kill Elizabeth.   The plot was discovered and Babington was cruelly executed in 1586.   Mary herself was removed from Lord Shrewsbury's care and kept in strict confinement at Fotheringhay.   Tichburn is mentioned in l. 644.

73. Norfolk.   This refers to an older conspiracy.   Thomas Howard, fourth Duke of Norfolk, one of the greatest peers of England, wished to free Mary, and by marrying her to become king of Scotland.   He was convicted of treason and beheaded in 1572.   Lady Milford in Schiller's tragedy Kabale und Liebe (II. 3, written in 1784) says: „ich bin fürstlichen Geblüts — aus des unglücklichen Thomas Norfolks Geschlechte, der für die schottische Maria ein Opfer ward," which is a proof of Schiller's early study of Mary's history.   Cf. the Introd. p. xvii.   In Mellish's translation there occurs after l. 75 the following additional line:

"The noble house of Howard fell with him."

75. Henkerbeil, n. from Henker, m. 'hangman' and Beil, n. 'axe.' Henker is derived fr. henken which is the causative of hangen, 'to hang,' and means 'to cause to hang,' 'to hang up.'   In modern German both verbs are replaced in the infinitive by hängen which is really a mixture of the two.   hängen as a causative verb is weak in the preterite: hängte, gehängt stand for older henkte, gehenkt.

77. wetteifernd, 'contending with each other,' must be read with level stress.   Instead of wetteifernd one might say um die Wette, 'in emulation.'

78. um ihretwillen, 'for her sake.'   In this common phrase as well as in many similar ones (meinetwegen, deinethalben) the t is inorganic while an original n has been suppressed.   The original phrase was um ihren willen, 'for her sake,' subsequently um ihrentwillen (current in the sixteenth century and still occurring in the oldest editions of our play), lastly um ihretwillen.   Cf. dessentwillen, l. 2387 and Brandt's *Grammar*, § 87.

79. Blutgerüst, n. (ll. 614, 3734) is the German equivalent of the foreign term Schafo'tt, n. (fr. the French *échafaut*, now *échafaud*), l. 621. In l. 3476 we find Mortgerüst, n.   In his *History of the Thirty Years' War*, Book III., p. 24, 11 Pitt Press ed.) Schiller employs the unusual Henkerbühne, f. instead of Blutgerüst.   Cf. also the term Henkerblock, l. 601.

81. nimmer, 'never,' is really nie mehr, 'no more'(M. H. G. *nie mêr*), but is now only slightly more emphatic, and less frequently used, than nie. Still more emphatic is nimmermehr, in which a second mehr has been added. Cf. ll. 1101, 2194. A similar compound is nunmehr which is somewhat more emphatic than nun 'now,' l. 530.

82. darauf = auf ihm (sc. dem Blutgerüste).

84. diese Helena. This classical allusion to the beautiful daughter of Leda, the wife of Menelaos of Sparta, the cause of the Trojan war and of the death of many brave and noble youths, seems a little forced in the mouth of the plain soldier.

85. Gastfreundlich. Note the ironical repetition.

hätte, subjunctive as part of an indirect speech. 'Do you mean to say, that England received her hospitably?' Cf. ll. 3310 n., 3731 n.

86. The construction of ll. 86—97 is somewhat free, and the abrupt sentences well indicate a state of indignant excitement on the part of dame Kennedy. The chief difficulty lies in ll. 87, 88 which are not well connected with the rest. The grammatical order would be: die seit dem Tage, an welchem sie in dieses Land, wohin sie als eine Hilfeflehende... Schutz zu suchen kam, den Fuß gesetzt hat, sich... gefangen sieht (91), ...vertrauern muß (92), Die jetzt...vor des Gerichtes Schranken gefordert...und auf Leib und Leben schimpflich angeklagt wird. The easiest way of getting over the difficulty seems, however, to be to supply Da sie in l. 88.

88. Hilfeflehende = um Hilfe flehende. Hilfe, f. is historically more correct than the usual Hülfe. The same is the case with giltig and gültig. On the other hand wirken is used instead of the more correct würken and Kissen, n. 'cushion,' instead of Küssen. In the dialects this interchange of i and ü is still more frequent.

89. der Verwandten, i.e. Elizabeth. Mary's grandmother (Margaret Tudor) was the sister of Henry VIII. Compare the genealogical table at the end of this book and cf. l. 174 and l. 836 n.

96. angeklagt auf Leib und Leben, 'accused (on pain of forfeiting) body and life,' 'accused on a capital charge,' cf. l. 4012. The alliterative combination Leib und Leben is a common tautological phrase in which Leib has still the old meaning of 'life.' It survives also in the phrases Leib und Gut, Leib und Blut, beileibe nicht ('not for my life'), etc.

100. geschändet, sc. hatte. Auxiliaries, especially haben, are frequently suppressed in dependent clauses, especially in poetry. For haben cf. l. 150 (hatten), 170 (habe), 218 sqq.; for sein cf. ll. 538, 2650.

101. Verschworen is placed at the head of the sentence for the sake of emphasis.

12—2

102. ſpaniſchen. Queen Mary is so called because she was the daughter of Catherine of Aragon and wife of Philip II. of Spain. Cf. l. 3205.

103. Engelland is written here and elsewhere (e.g. l. 820) for the
sake of the metre (cf. note to l. 275) which required three syllables, the
usual form England occurs in l. 107 and in many other places. Engelland
is the older form (Engel being a genit. plur.) and really means 'the land
of the Angli' (cf. Old Engl. *Engla lond*, Fr. *Angleterre*). The shortened form England came first into use in the 18th century, probably in
conformity with English usage.

104. Franzmann or simply Franze is now only used contemptuously
and not in ordinary prose. Franz in this and other compounds (Franz-
brot, Franzband, etc.) is taken from the Dutch *frans, fransch,* 'French.'
The modern term Franzoſe, older der Franzos, is taken with a slight modification fr. the older French *le François.* Cf. Franke, l. 2646, n.

105. Edinburger Vertrag. The terms of the treaty of E. were arranged in July, 1560, between England, Scotland and France, but
Mary refused to sign it as one of its stipulations required her and her
husband, Francis II., 'in all times to abstain from using and bearing the
title and arms of the kingdom of England.' Mary thought that the ratifi-
cation of the treaty might one day exclude her from the English throne.

114. unheilſpinnend, 'weaving toils of mischief.' Cf. l. 132 unheilbrütend. Cf. ſpinnen, l. 1472; ränkeſpinnend, l. 1476.

117. hegte is the subj. pret. in the indignant question. Sollte ſie...
hegen, 'do you think that she does cherish such dreams?'

122. Kerkermeiſter, m. 'gaoler.' Many compounds with Meiſter are
formed in a similar way, e.g. Schulmeiſter, Stallmeiſter, Kellermeiſter, in
all of which Meiſter means 'superintendent of.' Kerker is an early loan-
word fr. the Lat. *carcer.* Cf. Kerkerhaft, l. 91; Kerkerelend, l. 192.

124. Anverwandten (more usually Verwandten, l. 2053). This refers
to Paulet's nephew, Mortimer, whose real aims Mary and Kennedy
do not yet know.

128. Nicht is placed emphatically at the beginning of the sentence,
it goes with hohl, l. 129.

131. mir geworden for mir zu teil geworden, 'has fallen to my share.'
Cf. l. 235 Recht ſoll Euch werden (=gegeben, gewährt werden) and l. 2131 n.

132. Die unheilbrütend Liſtige, 'this mischief-hatching cunning woman,'
stands really for die Unheil brütende, liſtige (Frau), but Schiller is very fond
of using two adjectives without a copula (und), and one must not mistake
the former uninflected adj. for an adverb as has often been done. For
other instances see ll. 33 n., 210, and cf. also l. 1017 n.

133. ich gehe...um, 'I roam about.' One often says es geht ein Gespenst im Hause um, 'the house is haunted by a spectre.' In the phrase mit einem Menschen u'mgehen the verb means 'to associate with a person.'

134. Nachts (M.H.G. *nahtes*) is an old adverbial gen. sing. of die Nacht. The phrase des Nachts (with addit. of the def. art.) was formed after the analogy of des Tages as if nachts was, like tags, a masc. gen.

135. Treu for Treue by means of apocope of the final e for the sake of the metre. Similar cases occur very frequently in this and other plays in verse. Cf. ll. 282, 1715, 1675, 3022, and l. 275, n.

137. wahr machen, 'justify,' 'confirm.' Cf. bewähren, ll. 2995 n., 3045 n.

140. Wachstehend for Wache stehend, 'standing as a guard.'

142. den Christus, i.e. ein Kruzifix (stage-direction of the second scene), say 'Christ's image.'

143. Hoffart, f. (with short o), 'haughtiness,' stands for Hochfahrt (with long o). One says, however, hochfährtiges as well as hoffährtiges Wesen, 'arrogant behaviour,' and also Hochmut, m. 'arrogance.'

Weltlust, f. is 'pleasure in the (things of this) world,' 'worldliness,' 'worldly wishes.'

ACT I, SCENE 2.

145. wird kein Ziel is rather an unusual phrase. The past partic. gesetzt might be supplied, say 'no limit is being placed.'

147. dein. Here and in the following lines: Sieh her! Dein Pult..., the old nurse in her excitement makes use of the familiar du in addressing her queen, while in all the other scenes of the play she addresses her by the formal Ihr, Euer. Similar instances occur in other plays of Schiller, viz. in Don Carlos, IV, 17, and in Wallensteins Tod, III, 17.

154. machen...aus, 'make.'

155. niedrig behandeln, 'treat basely,' erniedrigen, 'debase.'

157. lernen instead of gelernt after another infinitive (gewöhnen) is a well-known German idiom. It arose from analogy to apparent infinitives which originally were past participles of strong verbs, e.g. sehen (now gesehen) in Ich habe das Haus brennen sehen; or können in Er hat es nicht mit ansehn können. The old past participles sehen, können, etc. have been replaced by new formations and appear now to be infinitives, and after the analogy of them phrases like Ich habe den Kaiser reden hören and others were formed. Cf. l. 1144 n.

158. Euch...zugeeignet, 'taken to yourself,' 'appropriated,' 'taken possession of.'

160. willens war, 'intended.' willens is a predicative genitive with the force of an adjective. Cf. the similar phrases: ich bin der Ansicht,

ber Meinung, 'to be of opinion,' in which however the article can never
be omitted.

165. Burleigh. William Cecil, Lord Burleigh, was Secretary of
State and Lord High Treasurer under Elizabeth. He was born in 1520
and died in 1598. In Schiller's play he is throughout represented as
the most irreconcilable enemy of Mary Stuart. Cf. the Introd. p. xxiii.

169. This is contrary to history. Mary never wished for a meeting
with Elizabeth except immediately after she had taken refuge in England.

170. mit Augen...gefehen is a common pleonastic phrase which is
used for the sake of emphasis. Cf. l. 2693 n. mit Füßen treten.

172. meinesgleichen, 'my equals,' 'my peers,' l. 705. In older Germ.
one would say *mîn gelîche* 'the equal of me'; the somewhat curious form
meines (beines, feines etc., the *es* being erroneously added to mein, bein,
fein) represents an old genit. Cf. the Engl. 'the like of him,' 'his like.'

erkennen, 'recognize'; cf. l. 1418; the usual term is anerkennen, 'ac-
knowledge.'

182. entbehr' ich, 'I have been without.' The German present indicates the continuance of the state of privation. Cf. l. 206 note.

184. bie instead of bie, welche 'she who' is a Latinism. Cf. l. 1608 n.

187. ber Dechant bes Ortes was the Dean of Peterborough, Dr Fletcher,
a staunch Protestant. His help is again offered and refused, 3787 sqq.

188. Priester is the usual term for a Roman Catholic priest, while a
Protestant clergyman is as a rule called Paftor or Prediger. These
terms are, like nearly all the Church terms, of foreign origin. Priefter
is derived fr. *presbyter*; Prediger from predigen, Lat. *praedicare*.

189. forbre ich. In this case as in some others (e.g. l. 338 hatte Euch)
the hiatus (collision of final e with initial vowel) has not been avoided.
Schiller as a rule does not admit it. Cf. l. 182: entbehr' ich; 184: Kron'
unb; 227: fuch' umfonft; 233: hoff' auf; 280: Buß' unb. Cf. l. 275 n.

190. Notarien, 'notaries,' is the old-fashioned plural of Notarius.
The modern form is ber Nota'r, bie Nota're. The same may be said with
regard to Kommiffarien (now Kommiffare) l. 217.

Before l. 190 there occur in Mellish's English translation 9 lines
which correspond to German lines subsequently suppressed by Schiller.
With regard to omissions and alterations made by the poet in his final
version, which cannot all be noticed here, compare Düntzer's valuable
Erläuterungen, and the critical edition of the play. Cf. Appendix II.
and the Introduction, pages xix—xx.

191. aufzuseßen, 'to put on (paper),' 'to write down.' Hence ber
Auffaß, 'that which has been put on paper,' 'the essay.' Cf. l. 199.

192. **das lange Kerkerelend.** Mary had been in prison for no less than 19 years. **Elend,** n. 'misery' stands for older **El-lend,** 'foreign country.' The enforced stay in a foreign country was looked upon as being a state of 'wretchedness.' The Engl. *wretch* itself means originally 'exiled.'

194. **ich achte mich** (or **erachte mich**), 'I hold myself,' 'I consider myself,' but **ich achte ihn,** 'I esteem him.'

199. **Testame'nt,** n. The Germ. term is **letzter Wille.** Cf. ll. 191, 3546. Mary's will was eventually written by her own hand. Comp. l. 3421.

201. **Die Freiheit,** 'this liberty.' Cf. line 15 note.

202. **Eurem Raube,** 'what could be taken from you.' This turn is a Latinism, the usual meaning of **Euer Raub** being 'what you have taken,' 'your plunder.'

206. **entraten** is less usual than **entbehren. entraten** takes only the genitive, **entbehren** used to take the genitive too, but now the accusative is more usual (l. 54, 183). In l. 207 **entbehren** is used absolutely in the sense 'to be exposed to want.'

210. **mein geängstigt fürchtend Herz,** 'my anxious fearful heart.' **geängstigt,** the past partic. of **ängstigen,** 'to frighten,' is here used as an adjective, and so is **fürchtend,** the present partic. of **fürchten,** 'to fear.' Both adjectives are uninflected in accordance with Schiller's usual practice before a (neuter) noun. Adjectives could be placed without inflection before any noun in older German, e. g. **ein bieder Mann, ein jung Gesell, der jung Herr, die jung Frau, das edel Fräulein,** but now such adjectives only survive as the first part of compounds (**Biedermann** l. 912, **Junggesell, Junker, Jungfrau, Edelfräulein** l. 1127) and the old liberty is now admissible only in poetry and before neuter nouns. Cf. **altenglisch Herz** (260), **willig Ohr** (265), **prangend Los** (304), and many others.

211. **entladen,** 'to unburden,' governs in this instance the gen., more frequently it takes **von** with the dat., e. g. in Goethe's **Faust** I, ll. 396—7: **Laß mich…von allem Wissensqualm entladen in deinem Tau gesund mich baden.** If the verb is used reflectively it takes the genit. Cf. l. 967 **sich der verhaßten Feindin zu entladen,** and similarly ll. 1757, 1778, 2052.

213. **Kunde,** f. (fr. **kennen**) 'intelligence,' 'news.' **Kunde** is more poetic and high-flown than the ordinary **Nachricht.** Cf. **Wissenschaft,** f. ll. 869, 3991.

216. **peinlich** is here an adverb 'painfully.'

ist vorüber, 'has passed' (cf. **dahin,** l. 3541). A verb of motion, like **gegangen,** must be supplied. Verbs of motion are frequently suppressed where they are easily understood, e. g. **Wo willst du hin? Ich muß zur Sitzung.** Cf. l. 590.

217. vierzig. The actual number of the members of the high court was forty-six, viz. forty noblemen of high rank and six judges. Of these only thirty-six came to Fotheringhay. In l. 577 zweiundvierzig Richter are mentioned, referring to the high court at Westminster.

219. unanständig was used in the time of Schiller and Goethe to denote something das nicht wohl ansteht, 'unbecoming,' 'unseemly.' The opposite was wohlanständig (ll. 337, 2053) or simply anständig, 'suitable,' 'fit,' 'proper.' In the language of to-day anständig means nearly always 'decent,' and unanständig always 'indecent.' The old meaning of 'unsuitable' is now expressed by unpassend or ungeeignet. Anstand, m. occurs l. 1082, and es steht dir an, l. 3852.

220. Anwalts, in prose eines would have to be put before Anwalts.

223. flugs, 'quickly,' 'off-hand,' is the adverbial gen. sing. of Flug, m. meaning 'in flight.' Similar formations are rings, l. 3212, 'in a ring,' hence 'around,' 'about'; augenblicks l. 3251, 'in a moment'; anfangs, 'in the beginning.'

224. mich (haben)...Rede stehen lassen, '(have) caused me to defend myself.' The phrase jemandem Rede stehen equals jemandem zur Rede stehen, lit. 'to stand before somebody for a speech,' hence 'to be prepared to answer a person.' Instead of jemanden Rede stehen lassen, one usually says jemanden zur Rede stellen (or setzen), 'to call someone to account.'

229. Ob. Instead of this second ob one would say in prose oder ob. gesiegt, sc. hat. Cf. l. 100 note.

232. Cf. the very similar line in Wilhelm Tell, IV, 3, l. 2566:

Mach Deine Rechnung mit dem Himmel, Vogt.

244. Hattons. Sir Christopher Hatton, vice-chamberlain and favourite of Elizabeth, had persuaded Mary to answer the accusations flung against her on the ground that she ought not to seem diffident of her good cause. After some hesitation she followed his advice, which l. 709 she calls arge List. Originally Walsingham—the other bitter adversary of Mary—must have been mentioned in the place of Hatton, for in Mellish's translation we read: 'Inspired by Walsingham's and Burleigh's hatred.' Cf. the note to l. 190.

245. urteln (instead of the usual urteilen) is derived from Urtel, n., the shortened and at present archaic form of the usual Urteil, n. 'judgment,' l. 576. The -teil is shortened in the same way as in Drittel for dritt Teil. Cf. Urtelspruch, l. 978.

sich erdreiste (subj.), 'may dare.' Cf. l. 3086 n.

doch, 'surely,' indicates that a statement is well known and firmly established. Cf. l. 2153 and in many other places.

246. thun forms a contrast with urteln, and apparently refers to murderous designs which were executed with Elizabeth's approval.

ACT I, SCENE 3.

251. Oheim, m. (contracted into Ohm, l. 776, the form Öhm occurs l. 3523) 'uncle.' The word is in general, and especially in the North of Germany, only used in higher style, Onkel (from Fr. *oncle*, Lat. *avunculus*) being used instead in ordinary conversation.

eben die Weise, 'just the same way,' 'the very same way.' Cf. l. 3074.

mit Unwillen, 'with indignation.' The adj. unwillig has the double meaning of 'unwilling' and 'indignant.' Unwille is contrasted with (guter) Wille, 'good will.' The prefix un- often implies not a simple negation of what follows, but a bad sort of that which is designated by the simple word, e.g. Mut, 'mood,' 'disposition' (usually 'a brave disposition'), but Unmut, 'displeasure.' The noun expressing 'want of will' is Willenlosigkeit, f. Widerwille, m. is 'aversion.'

der...folgen will, 'who is about to follow.'

252. was is the shortened form for etwas. It occurs again in l. 1481.

254. trag' ich, in ordinary prose the compound ertrage ich (ll. 254, 2436) or ich kann...ertragen would be used.

256. widrig (or widerwärtig, l. 309), 'repulsive.'

wert, 'dear'; with the genit. wert means 'worthy' (l. 358), and with the acc. 'worth.' Er ist aller Ehren wert; das Buch ist keinen Heller wert.

258. schmelzt is the causative verb 'causes to melt,' 'who are melted by.' One must carefully distinguish between the strong intransitive and the weak transitive verb schmelzen: e.g. Der Schnee schmilzt, Die Köchin schmelzt die Butter or Die schmelzenden Lieder der Nachtigall. The latter and similar phrases are, however, of rare occurrence.

259. Er ist gereist, 'he has travelled.' We say of a great traveller Er ist ein weit gereister Mann, but er hat Frankreich bereist, l. 1470.

Reims, in Mellish's original translation it was Rome. Rheims or Reims is an old town of the Champagne with a famous Gothic cathedral in which the kings of France were crowned by the archbishop. The coronation of Charles VII. at Reims is an important part of Schiller's play Die Jungfrau von Orleans. About Mortimer's stay at Reims we hear his two accounts l. 493 sqq. and 1471 sqq.

260. treu might be understood here as an adverb, but it seems better to take it as an uninflected adjective: sein treues altenglisches Herz. Cf. l. 210 n.

261. **an tem,** 'on him.' Paulet considers Mary to be a sort of Armida (l. 2374), who bewitched young men to love and to help her.

Act I, Scene 4.

265. **Dem Schmeichler,** 'to flatterers.' The sing. stands here, as it often does in German, to represent a *group* or *class* of persons. Cf. ll. 104, 559, 1384, 3175.

269. **boch sonst,** 'and yet formerly.' Cf. l. 3129.

270. **Flattersinn,** m. 'light-mindedness,' is a compound of flattern, 'to flutter,' 'to be unsteady (fickle),' and Sinn, m. 'mind,' hence 'an unsteady mind.' Here 'light-mindedness' is contrasted with Schwermut, f. lit. 'heavy mood,' 'melancholy,' 'gloomy disposition.'

271. **ihn** is used proleptically, referring to Schatten of the next line.

273. **Gruftgewölbe,** n. 'burial vault' is rather an unusual compound. One frequently says Grabgewölbe or Gruft (ll. 290, 3144) alone, the latter being chiefly used in higher style. One speaks of a Fürstengruft.

274. **Friede.** The usual form is the weak accusative Frieden, but Friede occurs in Bürger's, Goethe's, Schiller's and also in Gustav Freytag's writings. Cf. l. 372, but Frieden ll. 610, 3229. About the inflexion of masc. nouns like Friede, Funke, Schade and others, there is at present no fixed rule to be given, but it must be acknowledged that the use of the nomin. sing. in -n introduced from the accusative begins to spread more and more. Comp. K. G. Andresen, *Sprachgebrauch und Sprachrichtigkeit im Deutschen* and Th. Matthias, *Sprachleben und Sprachschäden.*

275. **erfüllet,** in ordinary prose erfüllt. The archaic form has here and elsewhere been preserved for the sake of the metre. Cf. l. 276, vergiffest instead of the ordinary vergißt, zehen ll. 548, 1086, 1781 instead of zehn, neuesten instead of the usual neusten, l. 1485, and the note on Engelland, l. 103. While on the one hand in this and many other cases old uncontracted forms may be preserved to suit the requirements of the metre, on the other hand words may for the same reason be shortened by *elision* (cf. l. 189 n.), *apocope* (l. 135 n.), *syncope* (l. 278 n.) and otherwise.

278. **Jahrstag,** m. for the usual Jahrestag, 'anniversary,' is a case of *syncope*, i.e. the omission of an unaccented vowel, usually e, often i, in the middle of a word, in order to reduce it by one syllable. Syncope occurs very frequently in all modern German poems and plays in verse. Some other instances are: for e, wart (294), feire (fr. feiern, 280); for i, blut'ge (320), unglückfel'gen (327), übermüt'gen (328); other cases, brum (for barum), ll. 292, 796; gnug (for genug), ll. 1831, 1886.

The murder of Darnley took place at Kirk o' Field, near Holyrood, on Feb. 9, 1567. Mary was beheaded according to the older historians on Feb. 8, hence before the anniversary. She was really executed on Feb. 16.

282. jahrelange Reu(e), lit. 'yearlong penitence,' say 'years of penitence.' Cf. l. 135 n. on the apocope of final e.

283. Leidensproben, f. pl. say 'trials and suffering.' Cf. l. 565.

abgebüßt fr. ab-büßen, lit. 'to expiate off,' hence 'to make full atonement for.' Cf. l. 3699.

284. Löseschlüssel, m. 'key of absolution.' Cf. l. 2360.

285. hat vergeben belongs as well to Kirche as to Himmel; the verb stands in the singular because Church and Heaven form, as it were, one idea in the speaker's mind. A similar case is schickt (289); Glocke and Hochwürdiges together represent the exorcising power of the Church symbolized in the Mass.

289. Messediener, m. lit. 'mass-server,' say 'acolyte.'

290. Hochwürdiges, lit. 'the highly venerable,' 'the Host' (die Hostie, l. 3653), the consecrated wafer. Cf. l. 3634 and Wilhelm Tell, III, 3, l. 1748. It was also called der Leib des Herrn (cf. l. 3647, and in der Graf von Habsburg l. 61), or by its Latin name das Venerabile.

292. drum=darum, 'of it.' One says um eine Sache or von einer Sache wissen.

295. zarten Alters is more usual than zartes Alters. The older rule was that an adj. took the strong form if it was not preceded by the art., e.g. gutes Mutes, reines Herzens. Cf. keinesweges, l. 955. This rule is still observed with fem. subst., e.g. froher Hoffnung, and with nouns in the plural, e.g. hoher Gefühle (voll). But in the sing. of the masc. and neuter the usage is fluctuating, and on the whole—as here—the weak form is preferred, e.g. alles and allen Ernstes, gleiches and gleichen Alters. Cf. ll. 2135 and 3273. Schiller's practice in his plays is not uniform.

300. Götterhand, f. refers to Liebe. Cp. Schiller's beautiful poem Das Glück, especially lines 15, 16:

Wie die Geliebte dich liebt, so kommen die himmlischen Gaben;
Oben in Jupiters Reich herrscht, wie in Amors, die Gunst.

303. angestammten, 'ancestral.' angestammt is almost exclusively used as an adjective, meaning vom Stamm her erworben, von Haus aus eigen. angestammte Krone is also used by Schiller in his romantic tragedy Die Jungfrau von Orleans I. 2, 550.

311. des Schändlichen Umarmung, 'the embrace of the shameful man,' say 'his brutal embrace.'

312. gabt ihn…preis, 'gave him over.' preis geben means really 'give up as a booty,' 'abandon,' preis being borrowed from the French *prise*, 'what has been taken,' 'booty.' Cf. l. 1715.

315. zu Euren Füßen is a common Gallicism (*à vos pieds*), cf. ll. 1463, 1967, 2259, 3920, instead of the idiomatic Euch zu Füßen.

316. Der for Er, der or Er, welcher, 'He who.' Cf. l. 184 note.

318. Euch is an instance of the so-called ethic dative which is familiar to readers of Shakspere, e.g. *Tam. of Sh.*, I, 2, 11, 'Knock *me* at this gate,' and which also occurs in Latin.

319. Rizzio. David Rizio (alias Ricci, Riccio) was a Piedmontese musician who came to Edinburgh in the suite of Count Moreta, the ambassador of the Duke of Savoy. Mary took a great fancy to him, although he was by no means so handsome as Schiller describes him, and made him one of her minstrels, and soon promoted him to the post of private secretary and confidant. He had encouraged her to marry Darnley, but by his arrogant behaviour and his great influence with the queen excited the wrath of the king consort and the Scotch nobles, by whom he was murdered at the very door of the queen's apartment.

322. da=während, 'while'; the Da of the foll. line is=als, 'when.'

325. Wahnsinn blinder Liebesglut, 'madness of blind passion.'

329. Zaubertränke, m. pl. 'magic potions,' 'love potions.' It is characteristic that the old nurse fully admits Mary's crimes but endeavours to excuse them by attributing them to supernatural influences. Compare the famous story of Tristan and Isolde, in which the lovers are irresistibly attracted to one another by having drunk (without knowing it) a magic potion. Cf. also the words of Desdemona's father in *Othello* I, 2.

331. keine andre, now usually keine andern. With the great classics of the 18th century the usage is fluctuating. At present the general rule is to use the weak form of the adj. in the nom. and acc. plur. after alle and keine, but the strong form after manche, viele, wenige, einige and others. Hence alle freien Männer, alle Deutschen, but viele gute Bücher, manche Deutsche. Cf. l. 528 and Matthias, *Sprachleben und Sprachschäden*, p. 54—5. Cf. alle Kundige, l. 528; alle schottische, l. 1477.

334. dies Band…wob. This seems to be a reminiscence of the passage in Goethe's Iphigenie, I, 3, l. 330 sqq.:

es schmiedete
Der Gott um ihre Stirn ein ehern Band
Rat, Mäßigung und Weisheit und Gebuld
Verbarg er ihrem scheuen, düstern Blick.

The same expression occurs in a letter of Goethe addressed to Schiller (of August 9, 1797) and in Schiller's answer of Aug. 17.

338.   Scheu der Menschen is a Latinism instead of the idiomatic Scheu vor Menschen. Cf. l. 411.

344.   stelltet...zur Schau, 'exhibited.'

350.   Parlament.   Bothwell was acquitted before the High Court of Justice.

352.   Possenspiel, n. 'farce.'

353.   des Mordes, more usually vom Morde lossprechen.   But one says des Mordes zeihen or anklagen. Cf. l. 3674.

355.   In order to marry Mary, Bothwell had to be divorced from his first wife, a sister of the Earl of Huntly.

359.   ja is used emphatically 'indeed.' Ich bin's 'I am she.' Cf. l. 1077 n.

365.   Sich, dative of interest, 'for themselves.' It need not be translated in this and similar passages. Cf. l. 318 n.

367.   zur Höll' entfliehend. Cf. Orest's words in Goethe's Iphigenie III, 3, 1359—61:

> Die Eumeniden ziehn, ich höre sie,
> Zum Tartarus und schlagen hinter sich
> Die ehrnen Thore fernabdonnernd zu.

373.   habt (for habet) is here the subjunctive.

376.   die.   One would rather expect was referring to es.

377.   Anmaßlichen, 'arrogant,' 'presuming,' now usually anmaßenden.

ACT I, SCENE 5.

382.   Ansehn, n. is here the same as Würde, f. 'dignity.'
du bleibst, 'you (will) stay' is a strong imperative.

384.   Dame Kennedy.   Mortimer shews an excess of politeness in addressing the old nurse so deferentially.

ACT I, SCENE 6.

386.   Duke Charles of Guise, Archbishop of Rheims and Cardinal of Lorraine, really died in 1574, thirteen years before this scene is supposed to take place.   He had always been a great friend of Mary's and a zealous Catholic, and had greatly influenced Mary's early education. Schiller has therefore permitted himself the anachronism, and mentioned him in preference to his nephew and successor Louis, who died in 1588. Cf. the genealogical table at the end of the book.

389.   Mortimern, now Mortimer. Cf. l. 1496. In the language of the

18th century proper names usually took the weak inflexion, but at present this usage has in nearly all cases been given up. Cf. l. 653, Marien (accus.), l. 2798, Lestern (acc.).

390. Blendwerk, n. 'false show,' 'illusion.' Werk, as the second part of some compounds, the first part of which is a verb, denotes a thing which is destined to carry out, or to undergo, the action of the verb. Blendwerk, 'a thing that dazzles' (from blenden, cf. l. 618); Schlagwerk (of a clock), 'a thing that strikes'; Schnitzwerk, 'a thing that is carved,' 'carving'; Backwerk, 'a thing that has been baked,' 'pastry.'

396. mir...gekostet. kosten takes either mir or mich; in older Germ. the acc. was more frequent. Schiller uses both cases and seems to prefer the dat. Cf. ll. 1831, 3308 and Goedeke, Critical edition v, lxv—vi.

402. glaube is subj., 'may believe.'

404. ein verhaßter Mensch refers to Lord Burleigh.

405. Schreckensauftrag, m. 'terrible commission.'

411. Haß des Papsttums is a Latinism for Haß gegen das Papsttum. Cf. l. 338 and l. 3452, Furcht des Todes (timor mortis) = Furcht vor dem Tode. aufgesäugt, 'reared,' 'brought up.'

413. das feste Land, 'the Continent.' Cf. l. 3215. Das Festland usually forms the contrast to das Meer.

414. dumpfe Predigtstuben, lit. 'dull sermon rooms,' say 'gloomy conventicles.' Predigtstube is here obviously used contemptuously and especially contrasted with the Papal splendour described in ll. 449—50.

418. The great festival must be taken in a general sense, as it cannot well be referred to any special celebration at the time of our play. There was a great festival in the jubilee year 1575, when the eleventh Council was being held at Rome under Gregory XIII.

420. Gottesbild, n. 'image of God,' 'crucifix,' or, in a more general sense, 'holy image.'

422. Wallfahrend, 'going on a pilgrimage.' wallen is really 'to walk on slowly,' 'to move on in a great procession.' Hence Wallfahrt, f. 'a pilgrimage,' der Waller (or Wallfahrer), 'the pilgrim.' The verb wallen is akin to Welle, f. 'wave.'

423. glaubenvollen, now usually glaubensvollen. glauben is the old genit. sing. of der Glaube. Cf. l. 3408 and the notes to ll. 2610, 3351.

424. Weichbild, n. 'precincts.' This word is not a compound of weich, 'soft,' and Bild, 'image,' but its first part is connected with O.H.G. wîh, wîch, 'village' (Lat. vicus), the second part Bild is supposed to be derived from a conjectural O.H.G. bilida, 'jurisdiction' (preserved in Unbilde, Unbill). Hence Weichbild would mean 'jurisdiction of the

town,' 'the district over which the jurisdiction of the town is exercised,' hence ' precincts.'

426. Pracht belongs to Säulen (e.g. the one of Trajan) and to Siegesbogen. Siegesbogen stands here as a very suitable rendering of the usual Triumphbogen. It no doubt refers specially to the arches of Titus, Constantine and Septimius Severus. The poet first depicts the old classical Rome, and then proceeds to the description of the great Church festival.

427. Kolosseum. This name Colosseum was given in the eighth century to the huge *Amphitheatrum Flavianum* begun by Vespasian and finished in A.D. 80 by Titus.

428. hoher Bildnergeist, m. 'a sublime spirit of creative art.' Bildner, m. a 'forming' or 'creating artist,' is derived fr. bilden, 'to form,' 'to shape.' One calls an architect, sculptor or painter bildender Künstler.

430. The description of the power of Art is a favourite subject of Schiller. Cp. his poems Die Künstler, Die Macht des Gesanges.

432. kein Abbild, say ' no images.'

434. nun separates the gen. der Kirchen from the noun by which it is governed. This arrangement of the phrase which is impossible in prose occurs frequently in poetry.

435. der Himmel, gen. plural, probably in imitation of the Latin and biblical *caelorum*. Cf. ll. 449, 1650, 3613, 3844.

437. Verschwenderisch...quoll, 'started forth...in lavish profusion.'

440. die Göttlichen, 'those which are divine,' 'those heavenly scenes.'

441. Gruß des Engels, 'greeting of the Angel,' 'Annunciation.'

443. Dreifa'ltigkeit, f. (fr. dreifaltig, 'threefold') or Dreiei'nigkeit, 'Trinity.' Many churches are called Dreifaltigkeitskirche.

die leuchtende Verklärung, 'the glorious Transfiguration.'

445. Hochamt, n. 'High Mass.' On Maundy-Thursday, on Easter Day and on Ascension Day the Pope used to celebrate High Mass at St Peter's and after it to give his blessing 'urbi et orbi' from the gallery overlooking the Piazza.

450. nicht von dieser Welt is a biblical turn.

451. schonet mein is poetic instead of schonet meiner or the usual schont mich, 'spare me.' mein (cf. l. 471) is the regular old gen. of ich which survives in phrases like Gedenke mein, and in the name of the flower Vergißmeinnicht, but has been replaced in ord. conversation by meiner (l. 3792). In older Germ. schonen always took the genit., and it frequently governs this case in the language of the classics of the eighteenth century. Cf. Vernaleken, *Syntax* II, 43.

457. dumpfen Buch (cf. l. 414) is contrasted with frischem Kranz.

461. muntre Landsmannschaften, lit. 'merry gatherings of compatriots,' say 'light-hearted companies' or 'merry societies' of Frenchmen. The term refers, of course, to the French living in Rome. Cf. l. 1238 n.

463. Guise is to be pronounced as a dissyllabic word.

482. Sitzungen, f. pl. 'meetings,' 'councils.' Instead of Sitzungen, Schiller's friend Körner substituted after the poet's death Satzungen, 'institutions,' 'dogmas.' Väter are of course the Fathers of the Church assembled in a General Council.

485. Suada (dissyllabic) means Redegewandtheit, Beredsamkeit, 'eloquence,' 'persuasive power of speech.' Cf. Rednerkunst, l. 2713.

487. Schwur...ab, 'abjured.' ab='off.' Cf. abbüßen, l. 283 n.

488. So, 'then,' 'thus, then.'

490. Prediger des Berges refers to Christ in the Sermon on the Mount.

494. fromm geschäftig, 'with pious zeal.' After 1575 priests were for many years trained at Rheims whose mission it was to wander through England in disguise, and visit those who were secretly Roman Catholics. This seminary was, in the first instance, under the supervision of Dr William Allen, a distinguished Oxford divine. He had previously established a similar institution at Douay. The Jesuits were not directly connected with this institution, but they also sent missionaries over to England. All these Roman Catholic missionaries maintained that Mary was the lawful queen of England.

496. Morgan. Thomas Morgan was a Welshman, not a Scotchman. He was the administrator of Mary's property in France and allowed himself to be drawn into Dr Parry's conspiracy. When Elizabeth claimed his extradition the French refused to give him up to her.

497. Leßley; John Lesley, bishop of Ross, was one of the most faithful adherents of Mary's cause. He was first imprisoned in the Tower, then obliged to flee to France on account of his having taken part in Norfolk's conspiracy. He is also known as a Scotch historian. In 1578 he published his book *de titulo et jure Mariae, Scotorum reginae.* Morgan and he are mentioned again in ll. 1476 sqq. Roße is here used by Schiller (without reason) as a dissyllable.

506. des=meines. Cf. l. 33.

507. Wohl mit Recht, 'Surely with good reason.'

510. jammernswürdigste, now usually bejammernswürdigste.

516. Märtyrtum for Märtyrertum which is the ordinary form.

517. abzuschildern, 'to depict.' Schiller frequently uses abschildern where we should now say schildern.

522. Afterkönigin, f. 'pretended queen.' after‑ as a prefix means

originally 'after,' 'behind,' hence 'inferior,' 'bad,' 'false.' Aftermuse, f. is a 'false Muse,' Afterlehre, 'wrong teaching.' In Schiller's unfinished tragedy Demetrius (II, 1) we find Afterkönig used in the same sense of 'pseudo-king,' 'usurper.' Cf. l. 2447 sqq.

527. Wappenbücher, n. pl. 'heraldic books.'

528. alle Kundige, now alle Kundigen, 'all experts.' Cf. ll. 1477 and 331.

535. Mary is right. Her claims to the English succession were the real offence for which she had to die.

537. George Talbot, Earl of Shrewsbury, had Mary in his custody from 1568 to 1584. She was afterwards guarded by Sir A. Paulet at Tutbury castle and only shortly before her trial removed to Fotheringhay.

538. worden, supply wäret and cf. the note to l. 100.

540. Fügung, f. 'contingency.' Cf. Schickung, l. 2307.

543. stimmen…gibt. Note the use of the historical present which gives to the narrative a greater animation. In the following lines the pres. and pret. are interchanged.

gibt. The spelling giebt is now at least equally common. The form gibt represents the older pronunciation with a short i; the e was added in modern times to mark the change of pronunciation (long i). For the mod. phonetic spelling ging, hing, fing, the older German writers used gieng, hieng, fieng, as ie was originally a diphthong and the pronunciation i-e.

548. vor zehen Tagen, 'ten days ago.' The old form zehen (corresponding to Lat. *decem*) has been preserved here and elsewhere (1086, 1781) for the sake of the metre. Cf. the note to l. 275. 'For ten days' is auf zehn Tage.

551. Götterhalle, f. 'palace of gods,' 'abode of gods.' This is a somewhat strange expression in the mouth of a zealous Catholic. Cf. Götterfeste, l. 1120. Cf. the note on l. 2262.

553. O des Glücklichen, 'O how happy is he.' The gen. in interjections is esp. common in older Germ. One now says O über den Glücklichen, O der Glückliche, welcher, or O, wie glücklich ist der, welcher…. Cf. Brandt, § 188.

556. Auf'stehen. The strong stress which falls on auf (contrary to the usual rhythm of the lines) makes the word all the more emphatic.

559. sähe, the subj. denoting a wish 'were to see,' 'could see.'

574. bringet die Gefahr, 'danger presses.' Cf. l. 1199 and in Wilhelm Tell, l. 149 die Stunde bringt. One would now usually say drängt. Schiller and Goethe use the strong verb bringen in the same sense in which one now employs the (originally factitive) weak verb drängen. In the adj. notgedrungen (for von der Not gedrungen) the old strong past partic. is always used. In l. 1168 aufgedrungen = aufgedrängt.

576. Daß Schreckliche, 'the dreadful news.'

Ist mein Urteil gefällt? 'Has my sentence been passed?' fällen, lit. 'to fell,' is the causative of fallen, 'to fall.'

583. arger Lift, 'arrant cunning.' Schiller is fond of placing the adj. arg, 'wicked,' 'base,' before Lift. Cf. l. 709, and his ballad Die Bürgschaft l. 17: Da lächelt der König mit arger Lift. A common compound of both words is die Arglift in which the adj. arg remains without inflection. We have also the adj. arglistig. Cf. note to l. 210.

590. wo man hinaus will, 'what they are aiming at,' 'what their drift is.' In this phrase a verb of motion (kommen) is understood. 'I know where one wishes to come out,' or 'where one wishes to arrive at.' Similar phrases are Wo soll das hinaus, 'where is this to end?' Er will immer zu hoch hinaus, 'He is always soaring too high.' Cf. l. 216 n. It is strange that here and in the following conversation Mary cannot believe that Elizabeth is bent upon putting her to death. Paulet's language in the previous scene had been plain enough.

592. Rechtsanspruch, m. 'rightful claims.'

593. verscharren is a stronger term than the usual begraben, 'to bury.' Cf. l. 598. It is mostly used with regard to animals.

599. versichert for macht...sicher or sichert, 'makes secure,' or 'can make...secure.' Cf. ll. 1257, 1845. versichern with the acc. means now usually 'to insure,' e.g. Er hat sein Haus versichert. In case of a dependent clause following, it means 'to assure,' e.g. Er versicherte, daß er den Tod nicht fürchte. For other constructions of versichern, see l. 1700 n.

600. könnt'...wagen, 'would ..dare.' Mary doubts it and the subj. expresses this. Mortimer replies Sie wird...

604. After und one would find die in prose, referring to Majestät.

607. Duc von Anjou. This refers to the third son of Catherine de Médicis (the younger brother of King Henri III.) who was formerly called duc d'Alençon. The negotiations really took place in 1582, but their chief object was not so much to bring about a marriage as to cause a rupture between France and Spain.

608. der König Spaniens (trisyllabic) is Philip II. whose Invincible Armada was defeated by the English under Admiral Howard, and utterly destroyed by a storm in 1588.

609. A similar line occurs in Die Jungfrau von Orleans I, 10, l. 1132: Nicht eine Welt in Waffen fürchten wir.

612. in letzten Zeiten, in ordinary prose in den letzten Zeiten. In the sing. in letzter Zeit the def. art. is freq. omitted in both prose and poetry.

613. mehr (als eine) der königlichen Frauen, 'more than one queen,'

i.e. Mary would not be the only royal lady. mehr does not stand for mehrere, the use of the uninflected form with the partitive gen. is rare, but cp. l. 49 of Goethe's Jlmenau: Jch seh' im Busch der kleinen Feuer mehr.

618. blendet, 'blinds.' blenden is a factitive verb connected with the adj. blind, 'to cause to be blind,' 'to blind.' Cf. Blendwerk, l. 390 and blendend, 'dazzling,' l. 2556.

630. Kredenzt, 'presented.' Kredenzen (credenzen), 'to present (fore-tasted meat or drink)' is a word of Italian origin. It was taken in the late M.H.G. time fr. *credenzare* (from *credenza*, 'faith') 'to taste first,' after the fashion of the old cup-bearers, to make sure that the drink was not poisoned. The word now generally means 'to hand over a cup,' 'to pledge.' Compare the term 'credence table' for the table on which the sacramental bread and wine are placed before consecration.

631. Nicht. One would expect weder. But cf. l. 1076, where nichts ...noch likewise stands for weder etwas...noch. Cf. also 661 nicht...nicht for the usual weder...noch.

634. Cf. the similar passage in Shakspere's *Richard II.*, Act v, Sc. 2 in the German translation: „Jhrer Zwölfe haben das Sakrament darauf genommen und einander die Hand darauf gegeben, den König zu Oxford zu ermorden." Cf. ll. 2508—9.

638. der Abgesandte, usually der Gesandte, but Schiller prefers in this play the former less common term. Cf. ll. 1195, 2672, and l. 930 Botschafter.

644. Traitors' heads were frequently stuck up on London Bridge, but as a matter of fact the heads of these conspirators were not so treated. On Babington and Tichburn cf. l. 70 n.

647. Wagstück, n., usually Wagestück (l. 1618), 'daring attempt.'

648. gemacht, sc. haben. This remark is not noticed by Mortimer.

650. der Späher Burleigh. The most active adversary of Mary, the discoverer of several conspiracies, was not Burleigh but Walsingham.

651. Kundschaft, f., more commonly Kunde, f. 'intelligence.'

655 sqq. The emphatic repetition of several lines is quite Homeric and a special characteristic of the epic style. Here they serve to bring out Mortimer's firm resolution in spite of the well-known danger.

668. Graf Lester. The name is twice repeated by the amazed Mortimer. Robert Dudley, Earl of Leicester, was for many years the favourite of the Queen. Schiller has made him one of the chief persons of the play and modelled his character freely according to the requirements of his tragedy.

677. sandte, 'has sent.' Here the pret. stands for the perfect.

Act I, Scene 7.

685. Seine Herrlichkeit, 'His Excellency.'

692. so remains untranslated in English.

700. meines Sohnes refers to James VI. of Scotland who, afterwards, became James I. of England. This is the only passage in the whole play where he is alluded to. His name is not even mentioned by his mother when she takes leave of her faithful servants and gives them messages to her dearest relations.

705. Wer in der Committee, say 'Who in the Commission?' The word Committee has here the English spelling, but the French pronunciation, which is the common one in German. Modern authors write Komitee (or Komite, Comité) and usually employ the word as a neuter after the Fr. *le comité* (which was borrowed itself fr. the Engl. 'committee' fr. 'to commit' fr. Fr. *commettre*). The femin. gender may perhaps be explained as being due to analogy with Assemblee, and the German words Versammlung or Sitzung. The usual German term for Committee is Ausschuß, m., here Untersuchungsausschuß.

706. Peers, 'equals.' Here again Schiller has made use of an English term. Cf. l. 2853. In Wilhelm Tell II, 1, l. 818 a baron is called seiner eignen Knechte Pair. The same expression Pair occurs in the prologue to Die Jungfrau von Orleans l. 1, l. 19. It is, like Peer, borrowed fr. the Fr. *pair*, Latin *par*.

713. Ungrund, m. is much less common than Grundlosigkeit, f. 'baselessness,' hence 'falsehood.'

716. The second ob would be ober in ordinary prose.

719. genießen governs here and in other passages the accusative, but the older construction with the genit. occurs l. 2075.

723. Heißt das, 'is that called,' 'do you call that?' Cf. Wilhelm Tell, l. 357, Heißt das geladen? 'Do you call that a load?' Cf. ll. 1768, 3106.

724. doch, 'surely,' 'and yet.'

729. Freibrief, m. 'Charter.' Freibrief is really a Brief (i.e. eine Urkunde, 'a document'), welcher jemand frei macht, etwas zu thun, a letter granting a special liberty.

731. stünd', now usually stände. The older pret. ich stund (M. H. G. *stuont*, O. H. G. *stuont*, older *stuot* = old Engl. *stôd*, mod. *stood*) being an isolated form was replaced by ich stand, formed after the analogy of band, fand, schwand and the past part. gestanden. Cf. ll. 992, 1039, 1853, etc.

732. Themis (the Greek Θέμις) was the goddess of Justice, the daughter of Coelus and Terra. She is often represented with blind-

folded eyes and her attributes are the scales (die Wage or Wagschale) and a
sword (l. 926). Cf. the lines from Schiller's poem Das Glück, ll. 60—61:

Auf dem geschäftigen Markt, da führe Themis die Wage,
Und es messe der Lohn streng an der Mühe sich ab.

738. Pöbel, m. 'mob,' 'vulgar herd.' The word was borrowed fr.
the South French *pobol*, *poble* fr. Lat. *populum*, and the later form Pöbel
with modification of the o is due to the influence of the North French
peuple. The word Pöbel occurs again in l. 3195.

739. Zungendrescher, m. pl. 'babblers.' mit der Zunge dreschen, lit.
'to thresh with one's tongue,' 'to wrangle.'

740. feil, 'venal,' 'for sale.' feil halten, 'to offer for sale.' Cf.
erkäuflich l. 782, which has the same meaning.

743. gnug for genug on account of the metre. This is a very common
contraction. Cf. the note to l. 278.

749. Argwohn, m. 'suspicion' is a compound of arg 'bad' (cf. l. 709)
and Wahn, m. originally 'expectation,' later on '(false) opinion' which
in this compound takes the form Wohn. The change of older long a into
long o is not uncommon. Hence the verb wähnen, Engl. 'to ween.'

750. der Völkerhirte is a Homeric epithet (ποιμὴν λαῶν), which
Schiller took from Voss's translation of the *Iliad*. It is a frequent epithet
of king Agamemnon the leader of the Greeks (e.g. *Iliad* II. 85) and also
of other princes. Here it refers to the Archbishop of Canterbury, John
Whitgift, so there may be an allusion to the biblical expression der gute
Hirte. Schiller uses the term Hirten der Völker again in Die Jungfrau
von Orleans, III. 4, l. 2793.

751. Canterbury has here the stress on the second and fourth
syllables, which sounds somewhat forced.

752. des Siegels wahret, now usually das Siegel bewahrt. wahren, like
hüten, takes the genitive in the older language. Cf. Luther's transl. of
Luke ii. 8, Hirten...die hüteten des Nachts ihrer Herde. Talbot, Earl of
Shrewsbury, was not really Keeper of the Great Seal, but Earl Marshal
of England. He died in 1590. In the last scene of the last act
(l. 4019 sqq.), Schiller makes him return the Great Seal to Elizabeth.
The Keeper of the Seal was the Lord Chancellor Sir Thomas Bromley.

753. Charles Lord Howard of Effingham was Lord High Admiral.
It was he who commanded the fleet which defeated the Spanish Armada
(in 1588), and who prevailed upon Elizabeth to sign Mary's death-
warrant.

756. zu Richtern, 'as judges.'

758. wär's zu denken, 'were it to be conceived,' 'even if it were conceivable.'

759. bestäche, 'could corrupt,' 'could warp.'

764. ungelehrtes. Mary had really obtained an excellent education, and was in fact a good scholar.

779. prägen, lit. 'coin,' hence 'make.' verrufen is here equivalent to widerru'fen 'recall,' 'abolish,' 'repeal.'

786. viermal ändern, i.e. Catholic, though opposed to the Pope, under Henry VIII.; Protestant under Edward VI.; Catholic again and Popish under Mary, and Protestant once more under Elizabeth. There were, however, many Catholic peers in Elizabeth's time, the Lord High Admiral among the rest.

788. sehr bewandert (or gut bewandert) 'well versed.' Cf. l. 3472 n.

789. das (with a strong stress) 'those.' The neuter sing. is often used to express a masc. or fem. plural, e.g. Eins nach dem andern, p. 150, and Das Lied von der Glocke l. 193: Alles rennet, rettet, flüchtet.

797. daß nicht, 'lest.'

802. sprechen, viz. ihr Urteil, 'pronounce (judgment).'

804. ge'gen den Scho'tten. There are two unaccented syllables between the accented ones instead of the regular change of 'Hebung' and 'Senkung.' Similar cases occur not unfrequently in this and other plays of Schiller and are the less objectionable as in both unaccented syllables we have a weak e sound. The i's in similar cases are usually dropped by Schiller, e.g. feur'gen l. 812, but cf. ll. 9, 17 etc., and words like französische l. 14, Königin l. 3154, Mortimer l. 3387. In ll. 804 and 807 gegen must be pronounced almost like a monosyllabic word, but in l. 808 it is clearly a dissyllabic word.

806. Väter, 'forefathers,' Goethe uses also the term Urväter (in Urväter Hausrat, Faust I. l. 408).

grauer, 'gray,' say 'hoary.' The adj. grau with nouns expressing time means 'distant,' 'remote.' Schiller has in the prologue to his Jungfrau von Orleans (l. 97) alte graue Heidenzeit. Lessing's famous parable of the three rings (in his play Nathan der Weise III, 7) begins: Vor grauen Jahren lebt' ein Mann im Osten.

809. dieses seltsame Gesetz. Schiller found this in the account of the trial of the Bishop of Ross (in his French authority Rapin) who was said to have appealed to this ancient law when he was placed before a tribunal of English judges.

810. wohnt, 'dwells,' 'is hidden,' 'lies.'

811. Mylord has here the stress on the first syllable, but usually on the second. Cf. l. 855, 916.

814. hieß ſie, 'bade them.'

815. Tweebe is used here as a dissyllabic feminine noun like die Themſe, die Elbe etc.

830. Nationen which is usually a trisyllabic word has here four syllables. Cf. Re-li-gi-on in l. 932, 1106.

831. Ölbaums. The olive tree is the symbol of peace, it occurs as such not unfrequently in Schiller's poems and plays, e.g. in Der Spaziergang l. 84, Minerva brings des Ölbaums grünende Reiſer, while Poseidon brings das kriegriſche Roß l. 85. In Die Jungfrau von Orleans IV, 10, ll. 3993—4, King Charles says of his regained crown:

> Mit edelm Bürgerblut iſt ſie benetzt,
> Doch friedlich ſoll der Ölzweig ſie umgrünen.

The symbol of military glory is der Lorbeer. Max Piccolomini says of Wallenstein in Die Piccolomini III. 4, l. 1656: Er wird den Ölzweig in den Lorbeer flechten, i.e. he will distinguish himself in peace as much as in war.

833. Eiferſucht is the accusative.

836. mein Ahnherr Richmond refers here to her great-grandfather, Henry VII., who married Elizabeth of York. Cf. the note to l. 89.

838. This wish of hers was fulfilled by the accession of her son James in 1603.

840. Da seems to be equivalent to als, 'when.' It would also be possible to take it in the sense of weil, 'because.'

843. hätt' ich. The subj. is used as Mary's question is really *oratio obliqua*. 'When, do you say, have I....' Cf. l. 871.

844. wegen, 'on account of.' wegen is really a dative plural of Weg, m. used as a preposition. The older phrase von wegen occurs in phrases such as von Rechts wegen, 'by right,' von Amts wegen, 'by virtue of (my) office.' Similar prepositions are kraft (=in Kraft von), l. 3743; laut (nach Laut von), trotz (zum Trotz) l. 6 n.

846. Es iſt erkannt, 'It has been decided.' A judicial sentence is often called Erkenntnis, n.

gegen zwei. By these two Schiller seems to refer to the Earls of Warwick and of Shrewsbury, who absented themselves from the final sittings of the High Court of Justice on the ground of illness. On the 31st of October, 36 Commissioners pronounced Mary guilty of conspiring against the life of Elizabeth, Lord Zouch alone maintaining that she was innocent.

847. die Akte, 'the enactment,' or der Parlamentsbeſchluß, or die Parlamentsverordnung (l. 849).

848. Gebrochen, viz. habt. Cf. l. 100 n.

dem Gesetz verfallen, 'incurred the penalty of the law.'

850. erhübe is an old form (M.H.G. *erhüebe*) which is now usually replaced by erhöbe as the indic. erhub by erhob. Cf. l. 3022.

858. Sich...wird brauchen lassen, 'will allow itself to be used.'

866. treu gewarnet = obgleich Ihr treulich gewarnt waret. Cf. l. 2317 n.

869. hattet Wissenschaft = hattet Kenntnis (or Kunde) von. Wissenschaft has only acquired the meaning of 'science' in modern usage. Cf. l. 3991.

874. Kopien. The accentuation of the word on the first and third syllable (like Spanien, l. 1489; Furie, l. 2318; Hostie, l. 2526) is quite exceptional, it being always accented on the second syllable only.

von fremder Hand geschrieben. This is an allusion to the documents which were first produced by Walsingham's secretary Phillips.

875. mir is here the dat. of interest, which remains untranslated.

882. fördern, more usually in prose befördern. Say 'to despatch.'

884. Kurl. Curl or Curle was a Scotchman, Nau was a Frenchman. Cf. ll. 3909 seqq.

erhärten, 'declare.' erhärten is really 'to make hard,' hence 'to make valid,' 'to corroborate.'

887. auf (or auf...hin), 'on the strength of.'

888. auf Treu und Glauben is a common idiomatic phrase in German, 'on the faith and credit.'

892. sonst, 'formerly.' Cf. l. 3129. It often means 'otherwise,' 'in different respects.'

894. Tugend is of course the accusative.

909. Reichsschluß = Reichsbeschluß, 'act of Parliament.' Cf.l.847 die Akte.

durchgegangen, viz. ist, 'has been passed.' This had really happened in 1547 under Edward VI. durch refers here to das Parlament.

912. Biedermann, m. 'upright man,' 'man of honour,' is here the accusative. On the composition of this word cf. l. 210 note.

erfunden, lit. 'found out,' 'found.' Cf. l. 4014. The usual meaning of erfinden is now 'to invent.'

913. jetzo, now obsolete, is historically more correct than the modern jetzt (with inorg. t), as it corresponds exactly to the M.H.G. *iezuo*, which became *iezô, ieze*. The stress lay originally on the *i*; when it was transferred to the *e*, the *i* became *j*. It occurs again in ll. 2197, 2956.

auf Gewissen alone is now no more used in ord. prose, but the phrase auf Ehre und Gewissen is still current. One usually says aufs Gewissen or auf Euer Gewissen, 'on your conscience.' Cf. nach Gewissen, l. 1022 n.

915. 'Such is the law with us.' Rechtens is an old genit. sing. of the South German das Rechte = das Recht, 'right,' 'justice,' M.H.G. *daz rehte*, gen. *des rehten*. Rechtens is formed like Felsens, from the M.H.G. *der velse*, now der Fels or Felsen (the n in this and other words being due to the oblique cases). das ist Rechtens seems to be elliptic for something like das ist dem Verfahren Rechtens gemäß. Lauf Rechtens, 'that which is according to the course of justice.' Der Weg Rechtens, ein Schein Rechtens are phrases still used by lawyers, but on the whole this old genit. has been given up.

919.　umgehen. Note the use of the infin. in indignant questions.

920.　Antwortet! The natural and the metrical accentuation of the word do not coincide. The stronger stress must fall on Ant- which makes this word all the more emphatic.

924.　This line is, like several others preceding and following it in the play, a so-called 'alexandrine,' that is a verse consisting of twelve syllables, which is the common verse with most of the French classical writers. In all plays of Schiller there occur a number of alexandrines introduced among the ordinary blank verse. Cf. ll. 960, 976, 983, 1217, etc.

928.　Beugt nicht aus, 'Do not swerve from the point!'

929.　Mendoza. Don Bernardino de Mendoza was in 1584 ambassador of Philip II. at the English court. He was supposed to be a zealous promoter of Mary's cause and a helper of her friends. He had to leave the country, and was sent by King Philip as his ambassador to Paris.

930.　Botschafter must be read with level stress, the second syllable of the word must not get any higher and stronger stress than the first. Cf. 931 Anschläge, where the same holds good.

946.　Zwangsrecht, n. 'right of obligation,' say 'right of self-defence.'

947.　strebe, viz. zu kommen. Verbs of motion are often omitted because they can easily be supplied by the hearer. Cf. l. 216 n.

955.　keinesweges for the sake of the metre, instead of the usual keineswegs. Cf. l. 295 n.

958.　ist...die Rede, 'is...the question.'

963.　das, 'this.' Cf. note to line 15.

967.　sich entladen, for the usual sich...entledigen, lit. 'to unburden herself,' 'to free herself from.' Cf. ll. 1757, 1778.

970.　Gaukelspiel, n. 'jugglery.' Cf. Gaukler, m. l. 3196.

971.　In this and the following lines the poet has made use of rime, after the model of Shakspere, in order to mark forcibly the end of the scene and of a resolute speech. Similar cases occur several times in the play.

Act I, Scene 8.

978.   Urtelſpruch, m. 'sentence,' but Urteil, n. l. 576. Cf. l. 245 note.

980.   rufte occurs sometimes in the classics instead of the usual strong rief, which is the only form admitted in good modern prose. The strong form is the older one of the two, but rufte is found (as *ruofta*) as early as in Old High German.

981.   Zweifelmut, m. 'irresolution,' is a very unusual compound of Zweifel, m. 'doubt' and Mut which is formed after the analogy of those compounds of Mut the first part of which is an adjective, e.g. Großmut, Kleinmut, Hochmut, Wankelmut, Edelmut. A more common expression than Zweifelmut is Unentſchloſſenheit, f.

982.   Furcht, viz. the reluctance to take open measures against Mary.

984.   den stands for the usual ſeinen, 'its.' Cf. l. 33 n.

985.   Unziemlichkeiten must be read with level stress.

999.   Gepräng', n. 'pomp,' for Gepränge (l. 1150). This collective noun is formed fr. the verb prangen, 'to make a show.'

1000. als...nur, 'as nothing but.'

1002. Daß...doch is elliptical for Ich wünſchte, daß...doch, 'O that...'

1005. aufgerieben, scil. hätte, 'had consumed.' Cf. l. 100 n.

1007. auch gleich, 'even if.'

1008. hingerafft, 'snatched...away.' hießen, 'should be called.'

1017. den obſiegend Glücklichen for den, welcher ſiegend glücklich iſt, usually den glücklichen Sieger. The verb obſiegen for ſiegen (ob = über) is not of rare occurrence in older German. Cf. the similar construction of die unheilbrütend Liſtige l. 132, and der Mutvollſtärkſte, l. 1371.

1022. nach Gewiſſen. The omission of the definite article or a possessive pronoun or adj. is no longer admissible in this case in good prose. One would either say nach unſerm Gewiſſen or (frequently) nach beſtem Gewiſſen. The phrase nach Ehre und Gewiſſen is also often used. In older German nouns were frequently placed immediately after prepositions and in some typical phrases the old construction has survived, e.g. über Land und Meer, zu Lande und zu Waſſer, nach Hauſe, zu Thal, zurück (= zu Rücke); in im Himmel und auf Erden we find a curious mixture of constructions. Cf. auf Gewiſſen l. 913; über Meer l. 1117; auf Erben l. 1190. In English similar phrases are of frequent occurrence, e.g. by rail, etc.

1037. The short line marks a pause after Burleigh's speech.

1041. Paulet does not at first understand Burleigh's hints and repeats his words in astonishment. Compare the dialogue between the Tempelherr and the Kloſterbruder in Lessing's Nathan der Weiſe (I, 5).

1054. Schergenamt, n. 'gaoler's office.' Scherge, m. 'beadle,' 'sergeant,' 'constable,' in O.H.G. scerjo 'leader,' is derived fr. skara, mod. Germ. Schar, 'crowd,' 'troop.' Hence Scherge is orig. the leader of a troop. In some mod. poems Scherge means 'servant,' 'soldier,' 'myrmidon,' e.g. in Goethe's Ballade, l. 59: Ergreift ihn, ihr eisernen Schergen! and in Körner's song Lützows wilde Jagd, l. 12: Es fallen die fränkischen Schergen.

1059. schwinde or schwinde dahin, 'is wasting,' 'is ailing.' Cf. the compound Schwindsucht, f. 'consumption' (sucht as the second part of compounds means 'illness' and is connected with siech).

1060. verscheiden, lit. 'to depart' (fr. this world) is often used in elevated diction and in announcements of deaths instead of sterben.

1061. Angedenken is less usual than Andenken, an infin. used as a noun.

1062. This shameful suggestion comes indirectly from Elizabeth herself as is clearly seen from l. 1614 and foll. It even rests on historical foundation. We see here clearly why the interview which Mary had solicited in her letter to Elizabeth was 'a moral impossibility.' The queen who is anxious to have her rival poisoned could not have granted her the favour of a meeting and the possibility of a reconciliation. The interview is therefore officially refused by her, and when Elizabeth afterwards alters her decision it is not for the sake of mercy nor in order to show grace and kindness to Mary.

1064. doch, 'surely,' 'I hope.'

1066. die Götter meines Daches (or die Penaten) is another classical allusion which sounds somewhat strange in the mouth of Paulet. Cf. the note to l. 84. The idea is of course that the household gods give peace and security to the house and its inhabitants.

1069. Brecht den Stab, 'break the staff.' If a culprit was sentenced to death, it used to be the custom to have him brought once more before the judges, when the chief judge read the sentence to him, and then broke his white staff—the symbol of his authority (the staff represented the ancient sceptre)—in three parts and threw them at the feet of the criminal. This meant that the trial was definitely over, upon which the criminal was immediately given over to the executioner. In fig. speech the phrase means 'to condemn a person.' The phrase is of frequent occurrence. Compare Goethe's Faust I. l. 4590: Die Glocke ruft, das Stäbchen bricht. Geibel says of Death in his poem *Cita mors ruit*, ll. 19—21:

> Dem Schöffen blickt er ins Gesicht,
> Der just das weiße Stäbchen bricht,
> Da sinkt's ihm aus den Händen.

Compare also the stage direction to Act V, Sc. 9 on p. 158.

One says: Der Stab wird über einem or über einen gebrochen. For this
and similar phrases compare Wilhelm Borchardt, *Die sprichwörtlichen
Redensarten im deutschen Volksmund nach Sinn und Ursprung erläutert,*
and Hermann Schrader, *Der Bilderschmuck der deutschen Sprache.*

ACT II, SCENE 1.

The action of the whole play is supposed to fill three days. The
events of the first day fill up Act I., those of the second are compressed
into Acts II.—IV., those of the third, the last day of Mary's life, are
described in Act V. While in the first act Mary and her surroundings,
her hopes and fears, her friends and her enemies are depicted and the
somewhat complicated 'exposition' of the whole situation is given, the
second act serves to introduce Elizabeth and her court and to shew the
effect produced there by Mary's two letters. The French wooing and
the handing over of a ring (II. 1 and 2), are historical facts, but they
took place (in 1581) five years before Mary's death.

Der Graf von Kent who appears here as a man of the world and
courtier of high rank was subsequently commissioned with the Earl of
Shrewsbury to execute the sentence of death. Schiller has for poetic
reasons in this case deviated from the facts. Cf. Act IV. Scene 6.

Sir William Davison was Secretary and Member of the Privy
Council. The appearance of the busy man here is intended to introduce
him early, as at the end of the play he is to play a not unimportant
part. The conversation between him and Kent affords a natural introduction to the life, negotiations and intrigues at Elizabeth's court.

1077. Seid Ihr's, 'is that you?' A construction corresponding to
the German idiom occurs in older English, e.g. Isaiah li. 9: 'Art thou
not *it* that hath cut Rahab?' Cf. l. 359 Ich bin's, and l. 3349 Ihr seid es.

Turnierplatz, m. 'place of tournament,' 'lists.'

1080. The following description (1080—96), of the allegorical
tournament seems to have been a free invention of the poet. It is
very characteristic of the spirit and the taste of the time and especially
of Elizabeth, who like her father was fond of great festivals and knightly
entertainments. Allegorical plays in which she was celebrated were
very common. Sir Walter Scott has given (in *Kenilworth*) a vivid description of the way in which she was entertained by the English
nobles in their castles. On the occasion of the presence of the French
ambassadors several feasts were given and tournaments were held, but
we do not know any particulars of them. There exists an old English
moral play in which "The Castle of Perseverance" is unsuccessfully

besieged by allegorical powers, but the similarity is of course quite accidental, Schiller having no means of knowing it.

1085. Berennt, 'assaulted' is now unusual instead of berannt. Both forms are found in older German, M.H.G. *berennet* and *berannt*. Some such double forms (with and without umlaut) have survived in Modern German, e.g. geſchmeckt, 'tasted,' but abgeſchmackt, 'tasteless'; beſtellt, 'ordered,' 'placed,' but wohlbeſtallt, 'well' or 'duly appointed.' In these cases the past participles in e are now used exclusively and those in a occur in compounded forms as adjectives. For the historical explanation of this and similar sound changes, cf. Behaghel-Trechmann's *Short Historical Grammar*, p. 111, and H. C. G. Brandt's *Grammar of the German Language*, § 455. Instead of the old military term berennen we should now say beſtürmen or angreifen (l. 1088).

The Earl Marshal was Shrewsbury; Lord Chief Justice, Sir Christopher Wray; the Seneschal, Leicester. The Lord Chancellor (l. 1091) was Sir Thomas Bromley. The word Marſchall, M.H.G. *mareschalc*, O.H.G. *marahscalc*, is a compound of *marah*, 'horse' (cf. 'mare' and the Germ. Mähre and Marſtall), and *scalc*, 'servant' (preserved in Schalk, 'rogue'), and means originally 'servant who looks after the horses,' hence 'master of the horse,' 'marshal.'

1086. Seneſchall is a Romance loan-word which was itself of German origin. It is equivalent to 'Superintendent of the Royal household,' 'Lord Steward.' The second part of the compound is the same as in Marſchall, the first must ultimately be traced back to a Germanic adj. *sina*, 'old,' cognate to Latin *senex*. The original meaning of the word is 'old' or 'chief servant,' 'major domo.'

1089. Herold, 'herald,' was borrowed from the old French *héralt* (mod. Fr. *héraut*), which must itself be traced back to a supposed old German *heri-walto*, older *hari-waldo*, 'army official.' It appears in Old Norse as the proper name Haraldr and the English Harold.

1090. Aufforderte, viz. ſich zu ergeben.

Madrigal, n. (the second a is long and accented) is a kind of short song or ditty of about 4—16 lines. Madrigals were introduced from Italy into Germany about the end of the 16th century. The word *madrigale* stands for *mandrigale* (fr. Lat. *mandra* 'stable') and means originally a 'pastoral song.' Cf. Marlowe's 'Melodious birds sing madrigals.'

1092. ſpielte, in a military sense 'played,' 'was brought to bear.'

das Geſchütz, 'the artillery,' is used here collectively, the usual term is the plural die Geſchütze, 'the cannons.' An older term for Kanone is Feldſtück, n. (l. 1094) or simply Stück. Cf. Schiller's *Thirty Years' War*, Book III. 15, 8 n. (Pitt Press edition).

1098. Brautwerbung, f. must be read with level stress.

1099. Nun, nun. Note that the same word is used in the same line in the stress-syllable and in an unaccented syllable. Cf. noch, l. 7, macht, l. 256 and ll. 2041, 2168, 3112 etc. Occasional instances of the same liberty occur in classical poetry. Compare Vergil's repetition *Hÿlā Hÿlă* (*Ecl.* VI. 44), and the Ἄρες Ἄρες in Homer (*Il.* v. 31) and Martial (IX. 11, 15).

1103. Berichtigt, 'rectified,' 'settled.'

1104. Monsieur was in former days the official title of the oldest brother of the King of France. Elizabeth really required the Duke of Anjou to become a Protestant before marrying her.

1108. Zeitung, f. 'tidings,' 'news,' means now generally 'newspaper.' Another old-fashioned word for 'news' is Post (with short o). It was originally 'news conveyed by post,' hence 'intelligence.' It occurs in our play in the compound Freudenpost (l. 1137) 'joyful tidings'; Todespost l. 3381; and is still in common use in the compound Hiobspost, 'Job's post,'='bad news.'

1111. Papstes, usually des Papstes. Papst is here used as a proper name without the def. art.

1113. Der is strongly emphasized 'of that.' Cf. l. 15 note.

1115. Königin takes usually a second stress on the last syllable (e.g. ll. 1028, 1036, 1039), but here it has only the chief stress on the root-syllable and the two last syllables must be pronounced quickly, almost like Kön'gin. Cf. ll. 3154, 3923.

ACT II, SCENE 2.

The real name of the French ambassador was L'Aubespine, he was a Comte de Châteauneuf; the emissary extraordinary who appears as the speaker of the French legation was the president de Bellièvre who was really sent by the King in Nov. 1585 (the Duke of Anjou had died in 1584) to protest against Mary's execution. This protest, however, was not a strong or serious one. Bellièvre was not a member of the embassy of 1581.

1117. über Meer, now übers Meer, but still über See and über Land und Meer. Cf. l. 1022 n.

1119. St Germain en Laye which lies north-west of Paris at a short distance from the capital is a quiet and beautiful little town; it was from the twelfth century onwards a favourite summer residence of the French kings. James II. of England died here in 1701.

1120. Götterfeste, n. pl. 'revels of the gods.' Cf. ll. 48 sqq. and 1387 sqq.

1121. die königliche Mutter (cf. the French *la Reine mère*) stands for die Königin Mutter, die Mutter des Königs, i.e. Catherine de Médicis.

1128. verbärge = würde...verbergen.

1137. Freudenpost, f. usually Freudenbotschaft. Cf. l. 1108 n. and l. 3381.

1141. **Calais** has in ordinary prose the stress on the second syllable as in French.

Posten is the plur. of die Post, 'courier post,' and not of der Posten.

1144. trunken (also freudetrunken) 'drunk with joy,' 'entranced,' is an old past participle of trinken which has survived as an adjective while a new past part. with the usual prefix ge‑ was formed in later German. Originally the past participles of strong verbs were (as in English) formed without ge‑, and these forms have in some cases been preserved, e.g. backen (in hausbacken), schaffen (in rechtschaffen), worden (er ist gelobt worden), lassen (ich habe ihn kommen lassen), heißen (wer hat dich kommen heißen?) and others which often appear to be infinitives. Cf. l. 157 n. and Behaghel-Trechmann, *Hist. Gr.* p. 126; Brandt, *Grammar*, § 453, 2.

1147. Hochzeitfackel, f., usually Hochzeitsfackel with inorganic s as in Zufluchtsort (l. 2595), Liebesbitte (l. 2584), etc. Hymen or Hymenaeus, the god of marriage, was represented as a winged boy crowned with a garland, and having a bridal torch and a veil in his hand. The classical allusion does not surprise in the mouth of so good a scholar as Elizabeth. In Schiller's poem Kassandra ll. 34—5, the Trojan prophetess says with regard to the marriage hopes of her sister Polyxena :

> Eine Fackel seh' ich glühen,
> Aber nicht in Hymens Hand.

1148. This gloominess pervades the whole play with the exception of the introductory scene of Act III.

1155. Sklaven, 'slaves.' The k (or c) in the word is inorganic, the older form of the word, preserved in English, being Slave, a 'S(c)la‑vonian'; the change of meaning is accounted for by the fact that during the great wars between the German and the Slavonic tribes the Slavonians who were captured became the servants of their conquerors. The Engl. 'slave' and the Fr. *esclave* were introduced from the German. Cf. ll. 1970 sqq.

1158. darein, a poetic form for darin, 'in this.'

1159. derei'nst, 'some day,' mostly refers to the future and is an abbreviation for dermaleinst, i.e. einst emphasised by prefixing der Male (gen. pl. of Mal, n.). The modern dermalen, 'now,' stands for the same old gen. der Male.

1163. dahin for dahin gegangen, a euphemism for gestorben. Cf. l. 3541.

1174. This line refers to Henry VIII. and Edward VI.

1178. A different idea is expressed very finely by the Chorus in Die Braut von Messina (IV, 7, ll. 2567 sqq.) in the well-known lines:

Aber auch der hat sich wohl gebettet, | der aus der stürmischen Lebenswelle, | Zeitig gewarnt, sich herausgerettet | in des Klosters friedliche Zelle..., etc.

1181. die, say 'such a one.'

1182. Naturzweck, m. 'intent of Nature,' 'purpose of Nature.'

1190. es, 'of it,' is really an old gen. which has been preserved in phrases such as: er ist es müde l. 3191, satt, wert, zufrieden and others.

1191. die, 'thy.' Cf. the note to l. 33.

1192. The description of the Duke's personal qualities is much too flattering.

1193. einen for irgend einen, 'any one.'

1197. unverhohlen. The adj. verhohlen is the old strong past part. of verhehlen. The modern p. part. is verhehlt.

1207. doch, 'surely,' 'after all.' Cf. l. 1064.

1208. nichts voraus vor, 'no advantage over.'

1215. This is not quite true to history. Elizabeth gave a ring to the Duke of Anjou himself when shortly after the return of his embassy he came to see her in London. When soon afterwards E. broke off the engagement he threw the ring down scornfully on leaving her ante-room.

1217. Bellièvre calls her in anticipation 'his' sovereign.

1218. das blaue Band is the dark blue ribbon of the Order of the Garter which had been founded in 1348 by King Edward III.

1223. fortan. The ordinary prose accentuation is forta'n.

1224. Britannien is here used as a word of four syllables. In prose it is only trisyllabic. Cf. the note on Kommissarien, l. 217, Religion l. 1106.

1232. Vermengen wir nicht, 'Let us not mix up.'

1238. Glaubensverwandte, f. lit. she who is 'related by religion,' she who 'has the same religion,' 'sister in the faith.' Glaubensgenossin would be a more usual term. In his *History of the Thirty Years' War* Schiller uses Religionsverwandte in the same sense. (Cf. Pitt Press ed. of Book III, 48, 23 note.) Cf. Blutsverwandte.

Notice the *enjambement*, i.e. the allowing of a compound word to be continued from one line into the other. Cf. l. 452 and Zarncke, *Über den fünffüssigen Iambus*, p. 73. This play was intended mainly for the stage, and in speaking the *enjambement* is not noticed.

1242. Fürwort, n. 'intercession.' In grammars the term Fürwort is used for 'pronoun,' as das Wort, welches für ein Hauptwort eintritt. Similar compounds of für are Fürbitte, f. 'intercessory prayer'; Fürsprecher, m. 'intercessor'; Fürsorge, f. 'care,' etc,

ACT II, SCENE 3.

1250.   kümmert, in ordinary prose bekümmert, 'grieves,' 'oppresses.'
But was kümmert's (or bekümmert, l. 1599) dich, 'what does it matter to you?'

1253.   Hat, 'will have,' 'shall have.' Cf. l. 17 note.

1257.   This refers to the Reformation. Cf. l. 1424 n. versichern = sichern.

1259.   kostbares must be read with level stress.

1265.   Nach...steht, 'are turned on,' 'are set on.'

1266.   lothringische Brüder are the three sons of **Francis of Guise,**
Duke of Lorraine, who had been shot (in 1563) by an assassin. Their
names were Henry, Louis (the Cardinal) and Charles. Duke Henry
and the Cardinal were murdered at Blois by order of the king in 1588.

1267.   unversöhnten is used here for unversöhnlichen, 'implacable.'

1281.   Ate is in Homer and Sophocles the impersonation of the
blindness and foolishness of a man which leads him to ruin. In some
passages of the *Iliad* Ate appears as the goddess of vengeance and
mischief. She was the daughter of Jupiter, but on account of her
maliciousness she was driven out of heaven, and now haunts men in
order to excite them to deeds of violence. Burleigh therefore compares
Mary to Ate because she is a constant menace to the peace of the
kingdom. Compare the passage from Shakspere's *Julius Cæsar*,
Act III, Scene 1 (end), which may have been in Schiller's mind:

> And Cæsar's spirit, ranging for revenge,
> With Atè by his side, come hot from hell,
> Shall in these confines, with a monarch's voice,
> Cry havoc, and let slip the dogs of war.

1288.   du heißest ihnen, 'you are called by them,' 'you are to them.'

1293.   Cf. Goethe's second Kophtisches Lied, ll. 6 and 10:

> Du mußt...Amboss oder Hammer sein.

1294.   Cp. the words *Mors Conradini vita Caroli, vita Conradini
mors Caroli* relating to the unfortunate Conradin of Hohenstaufen who
was executed at Naples at the command of Charles of Anjou. Schiller
probably knew this quotation.

1304.   Strömt es...gleich nicht = obgleich es nicht...strömt. Cf. l. 2916.

1309.   Eiland, n. 'island.' Compounded with ein = 'solitary' (cf. Einöde
f., 'desert'), M.H.G. einlant, 'the solitary land.' This changed to eilant,
and then became associated with Ei, n. 'egg,' in the popular mind the
'egg-shaped land.' Cf. Behaghel-Trechmann, *Grammar*, pp. 46—7.

1321.   Richterhöfe, m. pl. for Gerichtshöfe, 'Courts of Justice.'

1323.   The same thought is expressed in the often quoted line from Schiller's last unfinished tragedy Demetrius: Man soll die Stimmen wägen und nicht zählen and Was ist die Mehrheit? Mehrheit ist der Unsinn; Verstand ist nur bei Wen'gen stets gewesen. On various similar expressions cf. Büchmann, *Geflügelte Worte*, p. 153.

1325. der Verein, 'the union,' here 'the totality.'

1337. This may be taken as a hint to Elizabeth to shew her subjects that she sincerely wished for Mary's release from prison.

1345. Herrscherzügel, m. pl. 'reins of a ruler,' say 'reins of sovereignty,' 'reins of government.'

1363. red' ich das Wort. The phrase einem Menschen das Wort reden means 'to speak a favourable word in one's behalf,' hence 'to stand up for,' 'to excuse' a man. So here 'I do not excuse (her guilt).' das Wort in this phrase stands elliptically for das entschuldigende W., ein gutes Wort.

1365. ehlichte (for ehelichte) is less common than heiratete. ehelichen, 'to marry,' is a causative verb derived from the adjective ehelich 'conjugal' fr. Ehe, f. 'matrimony.'

1367. finster unglücksvollen. Cf. l. 33 n.

1369. umrungen. In ordinary prose the weak umringt is preferred. Schiller uses umrungen in several places for umringt. The verb umri'ngen is really weak being derived from Ring, m. and means 'to encircle,' but as early as the M.H.G. period we find traces of the strong inflexion which is due to a confusion with the strong verb ringen, 'to wrestle,' 'to struggle.' The same use occurs in Die Jungfrau von Orleans, I, 9, l. 1237 Umrungen sahn wir uns von beiden Heeren. In our passage umrungen seems to be equivalent to umworben.

1371. Dem Mutvollstärksten is the superlative of a curious compound mutvollstark. Translate Dem Mutvollsten und Stärksten.

1372. Cf. ll. 330 sqq.

1373. This line is apparently a reminiscence of Shakspere's 'Frailty, thy name is woman' (*Hamlet*, I, 2). In Wieland's translation this was rendered by Gebrechlichkeit, dein Nam' ist Weib.

1382. Der gnäd'ge Vater dieses Landes must refer to God. Elizabeth had been kept a prisoner by her sister Mary, but not by her father.

1395. eitles, 'idle,' 'perishable.'

1400. sondergleichen (or ohne gleichen), 'without equals,' hence 'unequalled.'

1407. ängsten, 'to frighten.' The usual modern term is ängstigen. ängsten, which is the ordinary expression in older German (e.g. in Luther's Bible), is a causative verb derived fr. Angst (=Angst machen).

1408. heitre, 'serene,' but in l. 1399 we had ernsten, 'solemn.'
The Council is here called heiter by Leicester as its discussions are not
disturbed by the wishes and prejudices of the common people.

1420. der Schluß, in ordinary prose der Beschluß.

1422. In Henry's last will the English crown had been left in the
first instance to his own children, and in the second instance only to
the descendants of his sister. He had it stated expressly (in 1544) and
confirmed by act of Parliament that in case his only son Edward should
die without issue the two princesses Mary and Elizabeth, who in 1536
had been declared illegitimate, should be duly qualified to succeed to
the throne.

1424. des neuen Lichtes. Cf. l. 1257.

1441. In reality we must assume that the conversion of Leicester
to Mary's party took place after the trial of Mary was over, and after
the French embassy had arrived and met with so favourable a recep-
tion from Elizabeth.

1449. The nicht is here redundant, but it occurs often in Schiller's
writings after the verbs hindern, verhüten, wenig fehlte, daß, etc. This
pleonastic expression corresponds to a Latin *ne* or *quominus* after *pro-
hibere* or *impedire*. In l. 1314 the negation is not doubled, but cf.
Wilhelm Tell III, 1, l. 1535: Verhüt' es Gott, daß ich nicht Hülfe brauche'

1453. wie = so wie, 'as soon as.'

1457. der refers to Gottes and not to Beistand.

1459. das Bessere is less usual than das Beste. It means: which
seems to me to be better than all the other counsels.

Act II, Scene 4.

1461. Glorwürdige, 'worthy of glory,' 'glorious,' is less usual than
glorreiche or ruhmvolle (l. 1245).

1462. ohnlängst, in modern prose unlängst or kürzlich, vor kurzem.
The ohn‑ in this and other archaic compounds (e.g. ohngeachtet, 'not
considering') has nothing to do with ohne, 'without,' M.H.G. *âne*, but
stands for older on‑, which is a Low Rhenish form instead of the
usual un‑. On ohn in ohngefähr, cf. l. 2062 n.; in Ohnmacht, f. cf. l. 3165 n.

1463. zu deinen Füßen. Cf. l. 315 note.

1467. Frau, 'mistress.' The older meaning of Frau is not 'woman,'
but 'lady.' 'Our lady' is unsere liebe Frau, hence Liebfrauenkirche, 'Church
of our dear Lady,' i.e. St Mary's. The old masc. of Frau is Fro,
'lord,' which only survives in the compounds Frohndienst, fröhnen and
Frohnleichnam. königliche Frau occurs again in ll. 2239, 3995.

1470. den großen Weg is a familiar rendering of 'the grand tour,' a journey through the principal countries of Europe.

1471. One now says either simply verweilt or Euch...aufgehalten. sich verweilen is obsolete.

1480. ob ich...entdeckte (for entdecken könnte), '(to see) if I might discover.'

1486. Donnerstreich is rarely used; one generally says Donnerschlag, 'thunder-clap.'

1489. Walsingham, who had been Elizabeth's ambassador, had really returned from France and lived in England.

1490. The Bull of Excommunication was hurled against Elizabeth in 1582 and renewed in 1585. Bulle, f. in the sense of 'papal edict' is derived fr. the Latin *bulla* 'a stud,' 'a knob' such as children used to wear, later, 'a leaden seal,' such as was affixed to an edict; hence the name was transferred to the edict itself. Cf. Skeat, *Etym. Dict.* p. 82.

1497. Besucht...abgeschworen. Supply hättet.

1498. Die Miene gab ich mir, 'I gave myself the appearance,' 'I made the pretence.'

1500. hervor, 'out of your pocket.'

1503. selbsteigne is a more emphatic term than the ordinary eigne. In modern court language one would say höchsteigne.

1506. was sich verträgt mit, 'what is reconcilable with.'

1516. verwirkt, 'forfeited.' verwirken means really 'to lose (ver-) by one's doings (wirken).'

1527. Cf. the proverb 'King's face makes grace.' In a Spanish play of an anonymous writer, the hero of which is the Earl of Essex and which was analysed by Lessing in his *Hamburgische Dramaturgie* (Stück 67), Essex says: „Zwar ist es das Vorrecht des königlichen Antlitzes, daß es jeden Schuldigen begnadigen muß, der es erblickt; und auch mir müßte die Wohlfahrt dieses Gesetzes zu statten kommen." (Hempel ed. VII. 337.)

1531. ältsten. France was recognised by the pope as the oldest Christian Kingdom. Cf. l. 3521 den allerchristlichsten König.

1535. das Wappen, 'the arms,' is really a Low German doublet of the High German die Waffe (older das Waffen, still used by Uhland in his ballads), 'the weapon.' Mary had, however, given up bearing the arms of England after the death of her husband Francis II.

1546. This line has been by mistake omitted in all the older editions of the play.

1567. Wenn is here equivalent to während, 'while.'

Act II, Scene 5.

1573. Eurer instead of Euer is not yet sanctioned in the literary language, though it is often heard in familiar conversation, and occurs not unfrequently in Schiller's poetry. Cf. Brandt, *Germ. Gr.* § 82.

1575. mündig, 'of age,' say 'a perfect man.' mündig is derived from the old noun die Mund, 'protection,' M.H.G., O.H.G. *munt*, which is cognate with Old Engl. *mund*, 'hand,' 'protection,' and related to Lat. *manus*. Vormund, m. 'guardian' is connected with Mund in this sense; a derived noun is Mündel, 'ward.' It is this Mund which occurs in the well-known proverb „Morgenstunde hat Gold im Munde." All these words are in no way connected with der Mund, 'the mouth.' The opposite of mündig is unmündig, 'under age,' 'a minor.'

1576. Prüfungsjahre, n. pl. 'years of probation.' A similar term is Lehrjahre, 'years of apprenticeship.'

1585. die Allmacht stands instead of the concrete der Allmächtige.

1587. ihrem refers to die Feinde Englands (l. 1582).

1589. lebt. The present stands here for the future (cf. l. 17 n.) in order to give greater emphasis to the assertion.

1599. bekümmert, 'troubles,' 'matters.' The usual word is kümmert (dich). Cf. l. 1250.

1606. Thaten doppelter Gestalt are such deeds as admit of a twofold explanation, 'questionable acts' (zweideutige Thaten).

1608. ist den for ist der, den, 'is the one which.' This suppression of the demonstrative before the relative pronoun is an imitation of the Latin construction. Cf. the note to l. 184.

1609. The queen maintains that her good name is not lost till she herself forfeits it.

1610. das Beste, e.g. Maria heimlich aus dem Wege zu räumen.

1613. Euch ist es ernst. es (M.H.G. *es*) is in this case the old genit. of es (M.H.G. *ez*, 'it') and means 'of it.' ernst is the noun Ernst, m. 'seriousness.' Hence Euch ist es ernst really means 'there is seriousness for you about it' = 'you are serious about it.' In a similar way es must be explained in phrases like es nimmt mich wunder, lit. 'wonder takes hold of me about it' = 'I am much astonished at it'; es ist mir leid, 'woe is me about it' = 'I am sorry for it.'

1619. Darf ich Euch—one might supply meine Wünsche gestehen or die That ansinnen (l. 1680).

1621. den Namen, 'your name,' i.e. 'your reputation.' wie = so gut wie.

1624. Iſt...verſchieben, 'has...passed away.' verſcheiden or abſcheiden are common euphemisms for ſterben. Cf. l. 1060 n. and l. 1163 n.

1625. mein Haupt is a poetic (*pars pro toto*) expression for ich. In older German mîn lîp, lit. 'my body,' is very frequently used instead of ich. Comp. the English no *body*, any *body*.

1627. Gehabt Euch wohl, 'Fare ye well.'

1628. Flor, m. 'veil.' The usual German word is Schleier, m. der Nacht entlehnen, 'borrow from the night.'

1631. zärteſten, the usual form is zarteſten without modification of a.

ACT II, SCENE 6.

1633. du, viz. täuſcheſt.

1634. Dich zu verraten depends on Recht iſt's and eine gute That iſt's.

1636. Ruchloſe Fertigkeit, lit. 'reckless readiness,' say 'the readiness of a scoundrel.' ruch in ruchlos has nothing to do with der Geruch fr. riechen.

1637. nur in this case does not mean 'only' but 'do but (trust).'

1638. Gieb dir, 'give to thyself,' hence 'assume.'

On July 30, 1799 Schiller wrote to Goethe: Ich bin auch ſchon ganz ernſtlich am zweiten Acte bei meiner königlichen Heuchlerin....

1643. Bedeutend, 'with a meaning hint,' is here still felt (as it is often in Goethe's writings, being one of his favourite words) to be the participle of bedeuten = auf etwas hindeuten, 'to point to a thing,' hence bedeutend, 'full of meaning.' Cf. Goethe's epic Hermann und Dorothea, II, 146: Aber du ſagteſt darauf mit freundlich bedeutenden Worten, 'with kind words, full of meaning' (cf. Pitt Press ed. note); or VII. 189: alle...ſegneten Hermann mit bedeutenden Blicken.... The ordinary meaning of bedeutend, which has become an adjective, is now 'important.'

1644. Frauengunſt, f. 'woman's favours' hence 'love.' Here Frau has the modern meaning and not that of lady. Cf. l. 1467 n. and l. 3995. Comp. Frauenkrone, l. 1655.

1646. des...Ruhmes Geiz is a Latinism instead of the usual Geiz nach...Ruhm, 'ambition.' The phrase nach Ehre geizen occurs in l. 1666, and the compound noun Ehrgeiz in l. 1667. There is no compound Ruhmgeiz, but Ruhmbegierde (cf. l. 1681), Ruhmgier, and Ruhmſucht.

1647. ihr refers of course to Mary.

1648. In the following impassioned lines, which betray their lyrical character at once by the frequent rime, Mortimer shews himself just as much a fanatic of love as he is of religion. The feelings to which he gives utterance here are carried to the highest pitch in Act III, Scene 6.

1649.　Anmut and Jugendlust are genitives depending on Götter.

1655.　Die Frauenkrone, 'this crown of womanhood,' i.e. **Love.**

1657.　den Lord, i.e. Leicester.

1659.　Herz stands here instead of the usual Vertrauen.　One says: Ich kann mir zu dem Höflinge kein Herz fassen.

Act II, Scene 7.

1667.　The construction would be in ord. prose either Laß den Ehrgeiz dich nicht verführen or Laß dich nicht vom Ehrgeiz verführen.

1669.　Ich wünschte is a subj. of modest statement.　'I should wish' instead of 'I wish.'　gethan, sc. hätte.

1671.　Kaufe, viz. die Gunst der Königin.

1673.　Was fällt Euch ein?　'What are you thinking of?'　'How can you think?'　Hence der Einfall 'the conceit,' 'the fancy,' 'the idea.'

1674.　Wie groß...auch, 'however great.'

1679.　Weg (or fort), 'away.'　weg (with short e) is really the accusative of the substantive Weg, m. (with long e), which has preserved its original short vowel and become an adv. in phrases like Er geht (den) Weg, 'he goes (his) way.'　The English 'away' stands for Old English *on weg*, 'on one's way.'

1680.　dir...angesonnen, sc. hat, 'has asked you to do.'　Instead of ansinnen the equivalent einem etwas zumuten is now generally used. ansinnen really means 'to attribute something in thought to a person,' 'to expect him to do it,' 'to impute something to someone.'

1682.　Willfähr'ger, 'more pliable,' willfährig is derived from willfahren, 'to comply with a person's wishes.'

1683.　Hast is twice repeated, and does not fall in naturally with the rhythm of the line, which gives it a special emphasis.

1685.　dich verwerfe...One might supply jeder Ehrenmann.

Act II, Scene 8.

1694.　Was wandelte den Ritter an, 'What came over the knight?' 'What was the matter with the knight?'　etwas wandelt jemanden an is really 'something approaches or befalls a man.'　Cf. l. 2730.　Eine Ohnmacht wandelte sie an, 'she was seized with a fainting fit.'　Hence Anwandlung, f. is 'a paroxysm,' and figuratively 'a touch' (of compassion, etc.).

1698.　die (accented), 'that,' 'the same.'　Cf. l. 15 n.

thu' ich Euch, now usually richte (or stelle) ich an Euch.

1699.　in geheim, 'in secret' (cf. l. 2003); the usual modern form, however, is insgeheim.　In both cases geheim is the old neuter noun

Geheim, 'what belongs to one's home,' hence 'secret' (now replaced by Geheimniß), which in the former case stands without the definite article (cf. the note to 1022). in Geheim is of not unfrequent occurrence in writers of the eighteenth century; in Gustav Freytag we find im Geheim. Instead of in geheim we should now say im Geheimen or heimlich.

1700. Versichert mir=gebt mir die Versicherung, 'assure me first.' Again in l. 1821 dieser Brief versichert mir, daß sie verzeiht..., 'assures me....' But in l. 1855 we read So könnt Ihr mich...versichern, where versichern takes the acc. and stands for mich sicher machen (cf. the Lat. *me certiorem facere...*). So we see that Schiller uses both cases, although in this play as in his other writings he prefers the dative. On versichern =sicher stellen, sichern cf. the note to ll. 599, 1257 and l. 1845. Cf. Vernaleken, *Deutsche Syntax*, II, 98 sqq.

1709. Nun, 'well,' 'surely.'

1711. vermag nichts, viz. auszurichten, 'cannot do anything.'

1725. darnach is an older form instead of danach. The present rule is that dar, 'there,' keeps its final r before prepositions beginning with a vowel, e.g. dar-an, -auf, -in, -um, but drops it before prepositions beginning with a consonant, e.g. da-von, -mit, -durch, etc. But the classics of the eighteenth century often keep the r in these latter cases too. Compare the analogous case of war-um, wor-in, wo-von, wo-mit.

1732. Günstling, m. 'favourite' is derived from Gunst, f. 'favour.' The masculine compounds in -ling are rarely derived from nouns (but cf. Höfling, l. 1659, fr. Hof, m. 'court,' and Lüstling, l. 1988, fr. Lust, f. 'pleasure,') but usually fr. adjectives, e.g. Jüngling (jung), Liebling, Fremdling, Frühling, Neuling, etc. The suffix -ling is really a double suffix -l-ing. Compare the Engl. 'darling' (=dearling), 'foundling,' etc. On Fremdlingin, cf. l. 2364 n.

1736. Muß dem so sein, lit. 'it must be so with regard to this,' 'this must be the case.'

1739. Den, sc. welchen ich Euch nehmen sehe. Translate 'such a.'

1753. kleine Schritte forms obviously a contrast with großer Lorb. kleine Schritte means here 'measured steps' or 'cautious steps,' in order not to fall on the slippery floor of court-life (cf. l. 1664—5).

1756. die, 'your.' Cf. l. 1759, Das, 'my,' and l. 33, n.

1762. war mir zugedacht, 'was intended for me.' The fact is that after Mary had returned from France to Scotland a widow, Elizabeth proposed to her to accept her own favourite, the Earl of Leicester, as a second husband; but neither Mary nor Lord Leicester was much in favour of the proposal. Leicester at that time hoped to win Elizabeth

herself. When finally Mary seemed willing to conclude the marriage,
it was Elizabeth who dropped the project. At this time, immediately
before Mary's execution, there was no love, not even any communication, between Mary and Leicester. The Earl was in fact a bitter
adversary of the Scotch queen, and wrote from the Netherlands, where
he was Commander-in-chief of the English troops, a letter advising with
regard to her 'the silent and secure operation of poison.' Hence his love
in our play is as fictitious as that of Mortimer, and both have been
introduced here only to serve the poetic requirements of the drama.

1763. **dem Darnley.** In ordinary prose Darnley would be sufficient.
The def. art. before the proper name is, however, often used, and its
original force, now no longer felt, is 'this Darnley,' 'the well-known
Darnley.' In some cases the def. article expresses familiarity, also
anger or contempt. Possibly it might be taken here in that sense. Cf.
ll. 1759, 2744, 2967 **die Maria**, but l. 1772 **Mariens**.

1768. **Das heißt**, etc. Cf. l. 723, note. Originally Schiller had
written **Das scheint großmütig, Milord!** in which sentence **scheint** implies
Mortimer's distrust of the motives of Leicester.

1775. **zehn.** In fact quite thirty years. Twenty years had elapsed
at the time of Mary's execution since the marriage project between him
and Mary had been first conceived. Schiller has written 'ten years'
instead of thirty, as he represents Elizabeth to be not more than 30
years of age at the time of our play. Cf. the Introduction p. xxii.

1789. **Argusblick,** m. 'the eye of Argus.' Argus (Gr. Ἄργος) had a
hundred eyes, and Juno set him to watch Io, of whom she was jealous.
Hence 'Argus-eyed' means jealously watchful. Cf. l. 2972.

1790. **ins Verhör genommen,** 'cross-examined,' 'questioned.' **Verhör,**
n. is 'hearing,' 'judicial examination.' The figurative sense of **ins
Verhör nehmen** is very common; a similar phrase is **ins Gebet nehmen,**
'to take to task,' 'to question closely.'

1794. **Täuscht mich,** etc. is the end of the sentence begun l. 1775.
und nun, nach zehn...Jahren...täuscht mich...der Preis. Instead of **der Preis**
täuscht mich, 'the prize deceives me,' we should rather expect **der Preis**
entgeht mir. The verb **täuschen** is used because Leicester thought he
might justly expect to obtain the prize, viz. the hand of Elizabeth.
(Cf. l. 1797.)

1795. **teuren** is here less 'dear' than 'anxious,' 'troublesome.'

1802. **liebenswert = wert geliebt zu werden,** 'lovable,' 'worthy of love';
liebenswürdig, 'amiable,' is a less strong term.

1804. **ausgelernt,** 'learned to the end,' 'learned completely,' hence 'mastered.' Ausgelernt as an adj. means einer, der ausgelernt hat, 'perfect,' e.g. ein ausgelernter Heuchler, 'a perfect hypocrite.'

1805. Note in the following the frequent change between the present and the past tense. In the previous speech of Leicester the historical present (kommt, l. 1794 for ist gekommen, etc.) is used exclusively. In this speech (ll. 1805—22) most of the actions took place in the past, but the past tense has been employed in only a few cases (1810—13). In Engl. the pret. should be used throughout.

1825. selbst refers to gabt, 'you yourself gave.'

1826. muß. The present used here and in the following lines renders Mortimer's speech more emphatic.

1829. zubereiten, 'to prepare,' is a somewhat curious expression, as it usually means 'to prepare food,' or 'to prepare or dress some material.' One would rather expect a verb like erziehen, erwecken.

1830. fand = hätte...gefunden or würde gefunden haben. The indic. of the preterite instead of the past conditional denotes the certainty of the result if the condition is fulfilled. Cf. l. 2962 (war) and Wilhelm Tell, ll. 2060 and 3198; Wallensteins Tod, ll. 840—41; Goethe's Torquato Tasso, ll. 1462, 1479. The same idiom occurs in Latin and in French.

1832. selbe. In ordinary prose dieselbe or diese selbe would be required.

1833. der strengen Gewahrsam, 'to the strict custody.' Gewahrsam = (das) Bewahren, (die) Aufsicht was a feminine in older German, M.H.G. diu gewarsame, 'attention,' 'supervision,' hence 'place of supervision,' 'custody,' but is now always used as a masculine, perhaps after the analogy of Gehorsam.

1840. befrein, with syncope for the usual befreien (l. 1843).

1843. die Anstalt ist, usually die Anstalten (or Vorbereitungen) sind... Anstalt, 'arrangement' (often 'establishment') is derived fr. anstellen, 'to set up,' 'to arrange.' Anstalten treffen is now the only phrase in use, but Schiller often says Anstalten machen, cf. l. 1890.

1846. Ihr wolltet is the subj. of the pret. 'Do you mean to say, that you intend—.'

1863. Es ist nichts mit Gewalt (viz. zu erreichen), 'Nothing can be done by violence.'

1866. für Euch, der sie besitzen will or für Euch, der Ihr sie besitzen wollt. After a relative pronoun the verb is usually put in the third person unless a pronoun of the first or second person is repeated after the relative. Cf. Erdmann, *Grundzüge der deutschen Syntax* I. § 95.

1868. In this and the following lines the dialogue is carried on most skilfully between Leicester and Mortimer, each speaking very short epigrammatic sentences, which gives great animation to the dialogue. This is called technically *stichomythia* (στιχομυθία) 'talking in [alternate] lines.' Sometimes the sentences of each speaker are contained in two lines, sometimes they are, as here, compressed into one. It is common in the Greek tragic writers and was successfully imitated by both Goethe (in Iphigenie and Tasso) and Schiller (here and elsewhere). In English drama also we find this form of dialogue not unfrequently employed.

1876. des Norfolks, now usually Norfolks or des Norfolk. In Lessing's, Goethe's and Schiller's writings the inflection of a proper name preceded by the def. art. is quite common. Cf. Goethe's Die Leiden des jungen Werthers.

1877. heimgeführt stands mostly absolutely for als seine Gattin heimgeführt, 'brought to his home as his spouse,' hence 'married.'

1878. er's würdig war. 's is the old genit. es, 'of it.' Cf. l. 1613 note.

1884. Wohl, 'I suppose'; 'Do you mean?'

1885. denn serves to make the sentence more emphatic. was...denn, 'but what,' 'what then?'

1886. Bube means (1) 'boy,' (2) 'knave,' 'rascal.' Here it has of course the second meaning. From Bube in this sense are derived bübisch, Bübin (l. 2875) and Büberei, 'knavery,' and with it are compounded Bubenstreich, 'knavish trick,' and Spitzbube, 'rogue.' Bube, Bub 'boy,' is especially common in the South of Germany, while in the North the words Knabe (etymologically, but never in meaning='knave') and Junge are used.

1889. doch is strongly emphatic, 'I entreat you.'

1896. Raum, m. 'room,' 'room for action,' hence 'time.'

1900. So minder for Um so minder or Desto minder (or weniger), 'so much the less.'

Anstand nehmen (or anstehen) is really 'to stop at something,' hence 'to hesitate.'

1902. Vielleicht, daß for Vielleicht ist es möglich, daß...

1913. doch should be accented in spite of the rhythm of the line which makes it all the more emphatic, 'after all,' 'nevertheless.'

1920. Ob...gleich, 'although.' Obgleich, wenngleich, obschon, wennschon are frequently separated in a manner similar to this by some intervening words.

ihre Häupter gestürzt (sind), 'their chiefs have been overthrown.' The Duke of Norfolk, the head of the Howard family, was executed in 1572. (Cf. the note on l. 73.) Thomas Percy, Earl of Northumberland, who had taken part in Norfolk's conspiracy, was executed in the same year.

1924. als ein Ritter, 'knight as you are.' wie ein Ritter, 'like a knight,' would mean that Leicester was not a knight.

1928. In a collection of *Balladen und Lieder altenglischer und altschottischer Dichter* by Ursinus (publ. in 1777) which Schiller used for his tragedy Don Carlos there occurs a ballad in which a visit (in 1575) of the queen at one of Leicester's castles is referred to.

zeigt ihr den Mann, i.e. 'shew her that you are a man,' 'play the man,' i.e. force her to do what you require of her.

1934. Dies Frauenreich for Dies Frauenregiment, diese Frauenherrschaft, lit. 'this woman's government,' 'the government of this queen.'

1935. Sucht, 'seek,' but you will not find it.

1937. Schlüssel. Instead of Scepter which one would expect Leicester uses contemptuously Schlüssel (der Schlüssel eines Weibes in which eines Weibes is used in bitter irony). The key, the mark of a housewife, is used here as a symbol of female over-lordship. Schlüssel cannot so well refer to the key of a clockwork (clockwork being in that case an allegorical expression for State), nor can we well imagine that Elizabeth is by this attribute compared to a gaoler.

1938. Federn is here for Springfedern, 'springs.'

abgespannt, 'relaxed,' 'slackened.' Leicester refers of course only to the power which E. exercised over the minds of her subjects, but does not in any way imply that the spirit of independence did not shew itself in foreign politics, especially in the fight with the Spaniards.

1939. Folgt meiner Leitung. These words contain an unconscious self-mockery, for Leicester's undecided and weak character is not at all fit to be the leading spirit of a great undertaking. Cf. l. 1883 where he boasts of everything having been put in good train.

1941. Kehr' ich...zurück = Soll ich zurückkehren? Cf. l. 3326.

ACT II, SCENE 9.

1947. So ganz betreten? stands elliptically for warum seid Ihr so ganz betreten, 'why are you so confused?' so = so, wie ich Euch sehe. betreten is the past part. of betreten which has among other meanings the one of 'to step up suddenly upon a person,' 'to surprise' (jemanden auf einer That betreten). In Leicester's quickly assumed composure in danger and adroit and hypocritical use of the situation we notice features of his character which become more prominent still in Act IV.

1952. namenlos, 'nameless,' because it is so great, that no name can be found for it, 'unspeakable.' Cf. the note to l. 3157.

1956. feurigen, 'ardent.' Cf. l. 1796.

1959. Trotz sei aller Welt geboten. From phrases such as this the preposition trotz developed itself; trotz aller Welt, etc.

1962. On the contrary, the Duke had seen her twice. Cf. l. 6 n. But naturally the poet did not feel bound to adhere strictly to the historical facts.

1968. ja, 'you know'; darf, 'may.'

1988. Lüstlinge, pl. m., 'voluptuaries.' Cf. l. 1732 n.

1990. was for das, was, 'that which.' Cf. l. 184 n.

1996. die Larve is often used in a mocking or contemptuous sense for the face, 'her face.' It may also be taken as a contemptuous expression for Mary's whole person. Larve is originally derived fr. the Latin *larva*, 'ghost,' 'spectre,' 'mask.' The word took subsequently the meaning of 'mask of the face,' and eventually was used for 'face.' The word is used in the older sense of 'mask,' 'false face,' in ll. 395 and 2420. Hence entlarven, 'to shew a hypocrite in his true face by tearing off his mask.' Cf. l. 2985.

2000. Was, 'why.' was stands for zu was, wozu, weshalb. This absolute use of was occurs often in German. Cf. ll. 2491, 2770.

2013. Leicester is supposed to have seen her about a month before at her trial.

2014. gealtert haben, 'have aged.' We might also say gealtert sein, and this would now as a rule be preferred. It is less the action than the state which is emphasized in this passage, and one may generally speaking say that at present the verbs denoting a transition from one state to another or motion from one place to another take in the majority of cases sein in preference to haben. Cf. Matthias, *Sprachleben und Sprachschäden*, p. 113—4. Schiller uses both auxiliaries indiscriminately with altern. He makes Thekla say in Die Piccolomini, II, 3, l. 739: Mein Vater hat nicht gealtert, but he has in Die Jungfrau von Orleans, I, 1, l. 528, Die edeln Städte, die mit der Monarchie gealtert sind. One cannot well say that in the former passage the action, in the latter the result is emphasized.

2015. machte = machen würde.

2020. Da sie sich stets so viel gewußt, scil. hat mit der französischen Vermählung, 'as she has always been so conceited about her French marriage.' so stolz gethan mit etc. conveys a similar idea 'has shewn so much pride concerning....'

2022. auf...pocht, 'boasts of.'

2023. Elizabeth endeavours to represent her fulfilment of her own wishes as a mere compliance with the wishes of some of her advisers.

2032. leichtſinnig buhlend, 'with thoughtless wantonness.' Cf. l. 38 n.

2035. ihr=für ſie, is the dative of interest. Cf. Die Uhr ſchlägt keinem Glücklichen in Die Piccolomini III, 3, l. 1484.

2042. du ſindeſt keine, 'you cannot find any.'

2044. mich mit Burleigh—supply beraten.

2045. denkt auf, 'thinks on,' 'considers.' denken auf eine Sache means auf eine Sache bedacht ſein, ſich um die Erreichung eines Zieles ſorgen, 'to contemplate a matter,' 'to have some purpose at heart.' Cf. ll. 2216, 2612. The preposition auf is used, as the aim to be reached is supposed to be a high one up to which the thoughts must be raised. The verb construed with auf implies always a certain activity on the part of the thinking person. On the other hand an eine Sache denken means eine Sache berückſichtigen, ſich einer Sache erinnern. Cf. Matthias, *Sprachleben*, p. 210. Cf. l. 2612 Denkt auf ſchnelle Flucht.

2048. des Staatsmanns, in prose das des Staatsmanns.

2053. wohlanſtändig, 'seemly.' Cf. l. 219 n.

2055. nicht königlich umgeben ſei, 'her surroundings are not queenly.' Elizabeth pretends not to know much about the way in which Mary is being treated. As a matter of fact she never endeavoured to see with her own eyes and to alleviate Mary's captivity.

2056. Vorwerfend=ein Vorwurf, 'a reproach.'

2060. Fotheringhay Castle in Northamptonshire is of course much too distant from Westminster to be passed by Elizabeth's hunting expedition which is to return on the same day. Schiller has, for the sake of dramatic concentration, not only shortened long periods of time but also diminished local distances.

2062. ohngefähr, now always ungefähr 'by chance.' ohn. represents here the M.H.G. âne, N.H.G. ohne. gefähr is the M.H.G. gevære 'evil intention.' Cf. l. 1462 n.

2063. als vorher bedacht, 'as if premeditated.'

2067. Elizabeth really gratifies a wish of her own vain heart, but she pretends merely to wish to do Leicester a favour. An interview brought about by such motives is obviously not the one requested by Mary and nothing but a farce. Elizabeth wishes to humiliate but not to save Mary.

2070. Grille, f. 'a whim,' orig. 'a cricket.' Of a whimsical person it is often said: Er hat Grillen im Kopfe, er fängt Grillen or iſt ein Grillenfänger. Cf. the phrase: 'He has a bee in his bonnet.'

2071. Note the rime at the end of this act, and compare l. 971 n.

2072. was auch, 'even that which.'

Act III, Scene i.

The scene of action is the park of Fotheringhay Castle, the time the afternoon of the same day on which the action of Act II has taken place. The middle of Act III is the principal scene of the whole play, viz. the meeting of the two queens by which Mary's fate is sealed.

The first scene has an altogether lyrical character. We are for once delivered from the usual heavy and oppressive atmosphere of prison and court rooms. It is the first and only free breath which is allowed to Mary, an idyllic scene before the tragic outbreak of violent passion. The lyrical character of the scene is most happily characterized by the different metre. Here for the first time in a great tragedy has Schiller made use of lyrical metres, chiefly of stanzas of unequal length (7—9 lines) of dactylic rhythm, in imitation of the ancient classical writers. Similar lyrical scenes were introduced by him with much success in his Jungfrau von Orleans (IV, 1) and Wilhelm Tell (I, 1), but he attained to the highest perfection in the wonderful choruses of Die Braut von Messina which is a direct imitation of a Greek fate-tragedy. In this scene there occur not only 4 regular stanzas but in the ordinary iambic lines rime is of very frequent occurrence. Cf. the similar impassioned scene 6 of this act.

2074. So with a strong stress 'if you run *like this.*'

doch, 'pray.'

2075. genießen governs here, as in older German, the genit. The usual case is now the accus. Cf. ll. 719 n.; 2149.

2080. sie...die traurige Gruft. Pronouns are in this and other plays of Schiller occasionally placed early in a sentence which only subsequently find their proper explanation by a noun. Lessing, too, is very fond of this construction. Cf. Erdmann, *Syntax* 1, § 93.

2088. mir verstecken, 'hide from my eyes.' mir is the ethic dative.

2091. Himmelsschoß, m. (long o) 'bosom' or 'embrace of heaven.' The usual meaning of Schoß (with long o) is 'lap.'

2093. ungemeßnen = unermeßlichen.

2094. The actual boundary of Scotland, the Cheviot hills, cannot of course be seen from Fotheringhay castle, but here again Schiller uses his poetic freedom. Cf. l. 2060 n.

ragen = emporragen, 'rise on high.'

2099. Wer...wanderte, 'who...could wander (would be happy),' say 'happy is he who can wander '

2100. mein Jugendland = das Land meiner Jugend, viz. France.

2107. Nachen, m. is poetic for Kahn (l. 2114) or Boot. The small stream Nen passes by Fotheringhay.

2108. Perhaps Mary thinks here of former occurrences. In 1567 when she was kept a prisoner by the Scotch barons at Lochleven Castle which is surrounded by the lake itself she was rescued in a fisherman's boat by the young Earl of Douglas. Again, on May 16, 1568, she crossed over from Scotland to England in a small fishing boat.

2112. Zug, m. 'draught,' 'haul.' The compound Fischzug is likewise much used.

2119. umsonst, 'for nought,' 'without reason.' The conviction that she will soon be free altogether through the influence of Leicester has thrown her into a feverish excitement.

2123. danke = verdanke, 'have to thank for,' 'owe.' In poetry a simple verb is often used where in prose a compound is required. Cf. 2094.

2129. diesen Widerspruch...reimen is really 'find a rime for this contradiction,' hence 'reconcile this contradiction.' ungereimt, 'what does not rime with something,' is often used metaphorically for 'inconsistent,' 'absurd.' Paul Heyse says in his Spruchbüchlein (Berlin, 1885):

auf die ungereimtesten Sachen | hast du dir selbst einen Vers zu machen.

2131. wird Euch, scil. gegeben. Cf. l. 131 n.

2133. This is a euphemism for 'who will have to die.' Cf. the parallel passage in Goethe's Iphigenie III, 1, ll. 926 sqq., where Iphigenie says to Orestes:

> Unglücklicher, ich löse deine Bande
> Zum Zeichen eines schmerzlichern Geschicks.
> Die Freiheit, die das Heiligtum gewährt,
> Ist, wie der letzte lichte Lebensblick
> Des schwer Erkrankten, Todesbote.

2134. Hifthorn, n. 'bugle.' A somewhat older form is Hiefhorn. Hief or Hift is the 'sound of a bugle,' and seems to belong to the O.H.G. verb *hiufan*, 'to call with a howling noise,' 'to howl.' One now often hears Hüfthorn as if it was a compound of Hüfte, f. 'hip,' a 'horn hanging down from a girdle at the side of the hunter.'

2135. Hain, m. 'grove,' stands here for the more general term Wald. Feld und Wald are usually mentioned together.

2136. mich zu schwingen depends on a supposed welche Wonne or something similar.

2137. An...mich zu reihn, 'to join.' Mary was really very fond of hunting and in fact hunted a good deal during the earlier years of her imprisonment.

2138. Noch mehr, 'still more.'   The Chase draws near.

2141. bergigten, now usually bergigen.   The suffix -icht is almost exclusively appended to *names of material* to point out some resemblance with the noun, e.g. Stein...steinicht.   Only thöricht, 'foolish,' is derived fr. a noun denoting a *person*, der Thor.   Schiller is fond of using the suffix -icht (cf. Goedeke's Critical Edition 1, 382—3), but in modern German it has in most cases been replaced by the common -ig.

2142. Cp. with this stanza the words of Manfred in Die Braut von Messina I, 7, ll. 912 sqq., who praises the joys of hunting and says:

> Man ist auf mit dem Morgenstrahl,
> Wenn die schmetternden Hörner laden
> Lustig hinaus in das dampfende Thal,
> Über Berge, über Klüfte,
> Die ermatteten Glieder zu baden
> In den erfrischenden Strömen der Lüfte.

We foresee that after Mary has heard the bugles and seen the boat and watched the clouds hastening to countries dear to her, after she has so thoroughly enjoyed this foretaste, as she confidently hoped, of freedom, she will be in no mood to meet in a humble spirit the rival who has deprived her of her liberty.

ACT III, SCENE 2.

2144. einmal, 'for once.'

2152. eine größre, scil. Frucht.   This awakens a hope in Mary's mind that she will soon be set free.   It is only when Paulet mentions the bugles that she is startled by a gloomy foreboding of the real truth.

2156. Ihr verblaßt, 'you grow pale,' in ordinary prose Ihr erblaßt or Ihr werdet blaß.

2158. früher must be read as a monosyllable.

2160. Jetzt...jetzt.   The strong stress given to jetzt by its not coinciding with the ordinary rhythm of the line makes these words all the more emphatic.

ACT III, SCENE 3.

2170. Es ist nicht darum.   A strong stress falls on darum.   That is not the reason why I wish to retire for a moment.   Mary means to say that she is not afraid of Elizabeth as her judge (Richter, l. 2169), but that the very sight of her at that moment will be hateful (l. 2174) and unbearable to her.

2176. entſcheidungsvolle, usually entſcheidende, 'decisive.' entſcheidungs‐voll is a compound of voll and Entſcheidung, f. The s in entſcheidungs‐ is inorganic, but is, after the analogy of masc. and neuter nouns, of frequent occurrence in compounds the first part of which is a feminine, e.g. Liebesglück, Freundſchaftsbeweis, Schönheitsglanz, Hoffnungsſtrahl, etc. The insertion of this inorganic s becomes frequent as early as the seventeenth century and is still gaining ground in spite of several attempts to abolish it or at least to limit its use. Cf. Matthias, *Sprachleben und Sprachschäden*, pp. 6—9.

2178. bereitet, in prose usually vorbereitet.

2186. In his ballad Die Kraniche des Ibykus ll. 111—114, Schiller says in describing the Furies:

> Und wo die Haare lieblich flattern,
> Um Menſchenſtirnen freundlich wehn,
> Da ſieht man Schlangen hier und Nattern
> Die giftgeſchwollnen Bäuche blähn.

Cp. also Iphigenie III, I ll. 1135—7 where Orest says of the Furies:

> verlaſſ' ich dieſen Hain,
> Dann ſteigen ſie, die Schlangenhäupter ſchüttelnd,
> Von allen Seiten Staub erregend auf.

2202. Eh' for Eher, 'sooner.' mögen has here the old meaning 'can,' 'are able to.'

2204. zu takes in either case a strong stress although this is not in harmony with the metre.

2205. iſt for wird ſein, kann ſein or iſt möglich. Cf. l. 2362.

2206. von Angeſicht, often von Angeſicht zu Angeſicht, 'face to face.' The phrase von Angeſicht ſehen occurs also in Die Braut von Meſſina I, 1, 88.

2223. Was ſagt Ihr? Mary nearly betrays herself.

ACT III, SCENE 4.

2229. Elizabeth's popularity was in fact very great. With the following compare her words to Count Bellièvre, ll. 1122 sqq.

2236. nun, supply da, 'now that.'

2239. Laß dich erbitten, 'let yourself be entreated.' The force of the prefix er‐ in many cases is 'to attain to something by the action of the

following verb,' e.g. erjagen, erfämpfen, erfragen, erflehen, etc.   Here laß
bich erbitten means really 'allow yourself to be won over by my en-
treaties.'

2241. vergeht, lit. 'passes away,' say 'stands annihilated.'

2244. geſchmeidigt, 'rendered pliant.' The use of the verb ſchmeidigen
is less common than geſchmeidig machen. geſchmeidig, M.H.G. *gesmîdec*, is
originally used of soft metal which can be easily beaten into any shape
at the forge (geſchmiedet), hence metaphorically 'ductile.'

2246. Fahr hin, 'go away,' say 'farewell.' Cf. l. 2437. fahren
means now always 'to travel in a carriage or a boat,' but the older
German meaning was a more general one 'to move,' 'to go,' '*to fare*.'
Only authors imitating the old style, e.g. Gustav Freytag, make use of
the word in its old meaning; it also survives in phrases such as fahre hin,
fahre wohl and in the noun Wohlfahrt, f.

2261. mit ſteigendem Affekt, 'with increasing emotion.'

2262. Es leben Götter, bie den Hochmut rächen. The term Götter (but
cf. ll. 2268, 2291) sounds rather strange in the mouth of Mary, but it
must here be taken in a general moral sense meaning as much as Es leben
Mächte, bie... In the poetic language of Schiller and Goethe the plural
Götter is of very frequent occurrence (cf. L. Bellermann, *Schiller's
Dramen. Beiträge zu ihrem Verständnis*, II, 219—20, Berlin, 1891);
but cf. Wilhelm Tell's words (*W. T.* IV, 3): Es lebt ein Gott zu ſtrafen
unb zu rächen. In more than one passage of Maria Stuart we have noted
classical and pagan allusions, such allusions being characteristic of the
poetic diction of the great Weimar classics. Cf. l. 3104.

2270. Cf. the last lines of Goethe's play Torquato Taſſo, where
the poet says to the statesman Antonio:

> Ich faſſe bich mit beiben Armen an!
> So klammert ſich ber Schiffer enblich noch
> Am Felſen feſt, an bem er ſcheitern ſollte.

2274. Löſt mir bas Herz, 'unbind my heart' (cf. Tennyson's *Idyls of
the King, Guinevere*. 'Sing and unbind my heart'), 'make my heart open
itself freely.' This construction (the so-called 'dative of interest') is a
very common one in German. Cf. in French *Je me suis lavé les mains*.
In Goethe's Lieb an ben Monb he says of the moon ll. 3—4:

> Löſeſt enblich auch einmal | meine Seele ganz.

2277. feſſelt...an (l. 2278), 'chains,' 'fetters.'

2307. eine Schidung, lit. 'a sending,' always means 'something sent
by God,' 'a divine decree.' Cf. bie Geſchide, l. 2330; bie Fügung, l. 540.

2312. fachten...Atem zu, lit. 'fanned breath to...,' say 'fanned (the...
flame) with (ready) breath.'

2317. entzweit = wenn sie entzweit sind. Cf. l. 866.

2322. völliges Genügen, 'full satisfaction.' Genügen is the infin.
genügen, 'to suffice,' used as a noun. Another reading is Genüge which
is usually a fem. (cp. etwas zur Genüge haben, etc.), sometimes a neuter.
The usual phrase is jemandem Genüge thun or Genugthuung geben.

2329. A proverbial saying is eine Natter am Busen nähren or hegen.
Fables treating of this subject are common. Cf. Phaedrus IV, 18; Lessing's *Prose Fables*, II, 3.

2330. Construe: Klagt nicht die Geschicke an, (sondern) Euer schwarzes Herz.

2333. kündigte mir...die Fehde an, lit. 'announced feud to me,' say
'threw down the gauntlet to me.'

2334. Herrschwüt'ge, 'filled with inordinate desire for power,' hence
'imperious,' is derived fr. Herrschwut, f. 'a rage for ruling.' Wut, f. 'rage,'
occurs often as a second part of compounds, e.g. Spielwut, Tanzwut,
Lesewut, etc. the first part of which is as a rule the pure stem of the verb.
herrschwütig is a much stronger term than the ordinary herrschsüchtig.

2335. Nach allen Kronen refers here to the crowns of Scotland,
France, and England, all of which the Cardinal of Lorraine wished to
see united on the head of his relative Mary.

2336. After the death of her first husband Francis II, Mary no
longer quartered the armorial bearings of England with her own, but
she always claimed the title of the lawful successor of Elizabeth.

2341. frommen Wahnsinns, 'pious madness,' refers of course to
'religious fanaticism.'

2343. mir is the ethic dative.

2345. Behält das Feld nicht = wird das Feld nicht behalten or behaupten,
'will not be victorious.' Luther in his fine hymn Ein feste Burg ist
unser Gott, II, 9, says of Christ fighting against Satan: Das Feld
mus er behalten.

2348. Euch...Eurer Macht...überheben, 'presume upon your power.'

2352. Die Sankt Barthelemi (usually die Bartholomäusnacht) is a literal
translation of the French *la Saint-Barthélemy*, which stands for *la nuit
S. B.* The *de* marking the genitive case was not necessary in older
French. Cf. the modern *Hôtel-Dieu*, *Fête-Dieu* for *Hôtel de Dieu*, etc.
In the famous 'Night of St Bartholomew' (August 23—24, 1572) over
3000 Huguenots (among them the admiral Coligny) were slain at Paris,
and in the whole of France about 30000. This great massacre was
chiefly planned and conducted by Henry of Guise and took place on the

occasion of the marriage of Henry of Bourbon, king of Navarre (subsequently King Henry IV. of France) with the sister of King Charles IX.
of France, Margaret of Valois.   Hence it is often called die Parifer
Bluthochzeit.

2357. welches Pfand gewährte mir für Euch, now usually leiftete mir
Gewähr, würde mir Gewähr leiften, 'what pledge can give me surety for
you?' Cf. Wilhelm Tell, I, 4, l. 710: Ich muß für Eure Sicherheit
gewähren. Another verb of the same meaning is bürgen (= Bürge fein).

2360. Sankt Peters Schlüffel stands for the power of the Pope, his
potestas clavium, based on such passages as Matth. xvi. 18, 19, xviii.
18; John xx. 23. Cf. the note on Löfeschlüffel, l. 284.

2362. Gezücht der Schlangen, 'offspring of vipers.' Luther translated
Matth. iii. 7 and xxiii. 33 by Ihr Otterngezücht. Otter, f. is a doublet of
Natter, l. 2329. Gezücht is a collective of Zucht, f. fr. ziehen 'to rear.'

2365. Fremdlingin. This is a very rare formation (after the analogy
of Feindin, Erbin) as the suffix -ling is seldom used to form any but
masculine nouns. Cf. l. 1732 n. The usual word would be eine Fremde.

2370. Freundschaft may here be taken in the sense of 'kindred'
which it sometimes has in M.H.G. and often in Luther. It here unites
the ideas of Freunde and Verwandte thus referring back to l. 2367.

2374. Armida is one of the prominent female characters in Torquato
Tasso's great romantic epic *Jerusalem Delivered*. She was a beautiful
sorceress who for a time held young Rinaldo in thrall in her enchanted
palace until two Christian knights succeeded in breaking the spell and
releasing him.   (Canto XVI.)   Jerusalem which could not be conquered
without him thereupon fell into the hands of the Crusaders. Hence the
name of Armida became proverbial for a beautiful and seductive woman.
In Goethe's play Torquato Tasso V, 5, ll. 3349—50 the poet says:

> Die Maske fällt, Armiden seh' ich nun
> Entblößt von allen Reizen.

2381. habt's = habt es i.e. Euer Ziel (erreicht).   In Wallensteins Tod
III, 13, l. 1786 the Duke says: Du hast's erreicht, Octavio.

2382. Cf. the words of the old baron of Attinghausen in Wilhelm
Tell, II, 1, l. 764:

> Mein Schatte bin ich nur, bald nur mein Name.

2387. deffentwillen. The t in this and other words of a similar kind
(meinetwillen, deinetwillen, etc.) is inorganic. Here the n has been kept
while in meinetwillen for meinentwillen, etc. it was dropped. Cf. l. 78 n.
and Brandt's *Grammar* § 87.

2405. Abenteurer, m. 'adventurer' is derived fr. Abenteuer, n. a loan word fr. the French *aventure*, f. fr. Lat. *adventura*.

2410. This line evidently refers to the Earl of Norfolk.

2413. Reizungen, f. pl. stands here for the more common Reize, m. pl. (l. 2477) 'charms.' Reizung usually means 'incitement,' 'allurement.'

2422. Die Macht verführte mich. Die Macht refers to her own royal power, the greatness of which seduced her to follow her passions without restraint. Cf. the analogous passage in the prologue to Wallenstein, l. 117:

> Denn seine Macht ist's, die sein Herz verführt.

2426. ich bin besser als mein Ruf is now a very common quotation. Cf. G. Büchmann, *Geflügelte Worte*, pp. 146 and 208. Büchmann quotes a passage from Ovid's *Epistolae ex Ponto* I, 2, 143: *ipsa sua melior fama...Claudia*, and from Beaumarchais, *Le Mariage de Figaro* III, 3, where Figaro whom Count Almaviva accuses of having a very bad reputation boldly answers *Et si je vaux mieux qu'elle?*

2428. gleißend (more correctly but less commonly spelt gleisend) lit. 'feigning,' say 'hypocritically.' The verb gleisen has really nothing to do with gleißen, 'to glitter,' 'to shine,' although the two verbs were confused very early in the development of the language. gleisen comes fr. older gleichsen, M.H.G. *gelîchesen*, 'to do like' (cf. Lat. *simulare*) 'to assume the appearance of,' hence 'to play the hypocrite.' A verb gleisnen (older gleichsnen) was also formed from which the subst. der Gleisner, 'the hypocrite' and the adj. gleisnerisch, 'hypocritical' (l. 1632) were derived. The latter word is now more frequently used than gleißend and might have been used in the present passage.

2434. die Mäßigung viz. welche Ihr zeigen solltet, or welche Ihr versprecht. Say 'your moderation.'

2440. langverhaltner = lange zurückgehaltener.

2441. Basilisk (lit. 'little king'), 'cockatrice.' It was a fabulous animal having the body of a cock and a serpent's tail; it was supposed to have the 'power of looking anyone dead on whom it fixed its eyes.' It was called 'little king' on account of having on its head a mitre-shaped crest. This Basilisk is several times mentioned in the Old Testament (e.g. Is. lix. 5; xi. 8; Jer. viii. 17). There is a lizard known by the name of Basilisk which has of course none of the fabulous qualities ascribed to the monster of the same name. Schiller several times in his poetry alludes to the Basilisk and the Basiliskenblick. Cf. Goldbeck und Rudolph, *Schiller-Lexikon* I, 58—59.

2451. König is much more emphatic than Königin. Cf. Richter

l. 2169; Verbrecher l. 2470. Maria Theresia of Austria called herself in a similar way *Rex Hungariae* and on a famous occasion at the time of the outbreak of the Seven Years' War the magnates of Hungary responded to her appeal by exclaiming *Moriamur pro rege nostro Maria Theresia!* Compare also Bin Iphigenie, des Atreus Enkel (for Enkelin) in Goethe's Iphigenie I, 3 ll. 430—1. In these instances the rank or quality is more important than the sex.

ACT III, SCENE 5.

2459. Here we see the same vindictive spirit breaking out again which had once led Mary to allow the murder of Darnley to happen. It is plain from Mary's words before and after the interview with Elizabeth how intensely she hates her rival.

2462. Sie führt den Blitz, like Jove, i.e. 'she rules supreme and can crush you.' Cf. ll. 3241—42.

2466. The last two lines of this scene are again linked together by means of rime. Cf. l. 971 n. The rimes in this, as in other cases, are not quite pure, at least not for a North German ear. Cf. l. 3725 note.

ACT III, SCENE 6.

At the end of the fourth scene, there is no doubt left that Mary will not be spared by her rival whom she has mortally offended and humiliated in the presence of her lover; it is the aim of this scene to impress upon us the conviction that Mary's position will be equally critical in case Mortimer's plans are executed. She will be a prey to the man who frees her at the risk of his life, and who will be regardless of anyone who stands between him and the object of his mad wishes.

This great scene is as passionate as the fourth, but its character is much more lyrical. In no scene of the whole play has Schiller made so extensive a use of rime, and nowhere with a better effect than here, where Mortimer's wooing assumes a most passionate character. At first, as long as the scene is comparatively calm, the rimes appear only sporadically, but gradually with Mortimer's increasing passion the use of the rime becomes more frequent, and long combinations of rime are formed. It is natural that the rime occurs chiefly in the speeches of Mortimer. For other cases of rime in the middle of scenes cf. IV, 4 and V, 7. Schiller's friend Körner remarked justly that this scene had the youthful power of Die Räuber.

2469. Du. In the previous interview (I, 6) Mortimer had addressed Mary by the more formal Ihr. But in this scene he shows himself so much carried away by his ardent love that he approaches the queen with the familiar Du. In II, 5 he calls Elizabeth Du (l. 1581 sqq.) as in fact the queen of England is called by all her servants throughout the play. Cf. l. 147 n.

2477. beine Reize mir verflärte, 'cast a glory round thy charms in my eyes.' verflären is really 'to make bright,' hence 'to glorify.'

2484. Er soll es wagen, 'Let him but dare it!'

2489. beherzt, 'courageously.' The adj. beherzt is really the past partic. of beherzen which is now obsolete. Its meaning was Herz machen, Mut machen, compare the old sentence Pauken und Trompeten beherzen das Volk. The modern beherzigen means 'to take to heart,' 'to remember.'

2491. was = für was, wozu. sein is the old genit. of er which is now only poetic and replaced in ordinary prose by seiner.

2492. allein i.e. without the help of Leicester. He is really the leader of a small band of fanatics who intend to save Mary by force. Cf. ll. 2503 sqq.

2497. Gnadenweg, m. 'way of mercy.' Gnaden is the obsolete weak gen. sing. of Gnade.

2498. bedarf's = es bedarf; es viz. his purpose, the liberation of Mary.

2499. werde...gewagt, 'let...be risked.' Comp. the common proverbial saying Frisch gewagt ist halb gewonnen.

2503. In heimlicher Kapelle. This refers to the private chapel of the French ambassador Count Aubespine. Cf. l. 2678.

2505. Ablaß, m. 'indulgence' is here not quite correctly used for 'absolution,' 'remission of sins' (Vergebung der Sünden).

Schulden, f. pl. stands here for Sünden, or Frevel (l. 2522). Schuld in the sense of 'guilt,' 'trespass,' no longer forms a plural (but cp. Und vergieb uns unsre Schulden, 'and forgive us our trespasses' in Luther's original rendering of Matthew vi. 12); Schulden means now only 'debts.'

2507. alle, die wir noch begehen werden refers to the murder of Elizabeth, the assassination of Paulet and other crimes connected with these.

2508. das letzte Sacrament was regarded as a 'viaticum' (Wegzehrung) or provision for the last journey.

2509. der letzten Reise, 'the last journey,' i.e. Death.

2511. ersteigen. The present stands here and in the following line for the future. It marks well the great excitement of the speaker.

2526. The oath sworn on the Host was the highest and most solemn one. Hostie is in ordinary prose only a disyllabic word, but here it is trisyllabic. The same is the case with Spanien l. 1489; Furien l. 2318, etc.

2528. gegen bich, **'as** held out against thee,' hence 'as compared with thee.'

2530. Wafferflut, f. is used here instead of the usual Sünbflut, f. 'deluge.'

2531. Herwogenb, 'sweeping onward.'

2537. Tyburn to the north of Hyde Park was until 1783 a place where public executions took place. With these passionate words compare those of the young prince in Don Carlos, 1, 5 ll. 638—40:

> Man reiße mich von hier aufs Blutgerüfte!
> Ein Augenblick, gelebt im Paradiese,
> Wird nicht zu teuer mit dem Tod gebüßt.

2539. Wenn ich, 'if I may only.' The metre of this line and of l. 2541 is quite irregular. Instead of iambic we have dactylic rhythm. Cf. Zarncke, *Der fünffüssige Iambus*, p. 72. Belling, *Die Metrik Schillers*, p. 199.

2552. nur bie Wut zu wecken, 'to arouse nothing but madness.' The def. article would in this case be omitted in ordinary prose.

2556. Den blendenb weißen refers of course to Hals. The position of the adj. after the subst., as if put in by an after-thought to give more expression to the noun, is characteristic of poetic diction. Cf. l. 3491 n.

2557. Lebensgott der Freuden, say 'God of life and joy.'

2562. Verfallen = zum Raube gefallen, 'fallen a prey to....'

2563. 's = es refers to Locke and also to Haar, which are considered to form one idea.

den Sklaven, 'thy slave,' i.e. me. On the use of the def. article instead of the poss. pron. cf. l. 33 n. On Sklave cf. l. 1155 n.

2570. aufersteht is used here instead of the usual ersteht or auffteht (für bich). auferstehen usually means 'to rise from the dead.'

2576. belohnt fich, 'is rewarded.' Cf. l. 57 note.

2578. Cf. l. 2805, and the last line but one of Die Braut von Messina: Das Leben ist der Güter höchstes nicht.

2579. Ein Rasender for Der ist ein Rasender (l. 2543).

2580. ruhn an seiner wärmsten Brust. seiner refers to Leben.

2586. jener stands here half contemptuously and half in the sense of the Latin *ille*, 'the well-known.'

2588. da has here again the sense of während, 'while.' Cf. l. 322 n.

2592. Volk means here as it often does 'men,' 'soldiers.'

2593. Mortimer imagines that Mary is immediately to be executed.

Act III, Scene 7.

2602. Teuflisches Erkühnen, 'fiendish audacity!' Cf. l. 3086.

2603. Welche Königin? Mortimer's thoughts are still entirely with Mary.

2604. Straßen is the obsolete weak dative sing. of Straße. The genit. and dat. survive in poetry and compounds, e.g. Straßenpflaster, 'the pavement (of the street).' Similar old weak gen. and dat. sing. are Frauen, Erben, Gassen, Heiden, Höllen, Sonnen and others, all of which are still of frequent occurrence in compounds. Cf. Behaghel, *Grammar*, p. 100.

Londoner is really a genitive plural 'of the Londoners,' hence 'pertaining to,' 'connected with the inhabitants of London.' These apparent adjectives date from an earlier period in which it was possible to place a gen. without the def. article before the accompanying noun. In cases where the gen. was not a genit. of personal names the two words were written together and formed an 'unreal' compound, e.g. das Wirtshaus = das (des) Wirtes Haus.

Act III, Scene 8.

2605. Wahnwitz, m. 'madness.' Wahnwitz is not a compound of Wahn, m. 'illusion' (l. 2607) as is often wrongly assumed, but represents really the M.H.G. adj. *wanwitze* (with short *a*), O.H.G. *wanawizi*. *wan* means 'empty,' 'without' (cf. 'wanhope'), hence *wanwitze*, lit. 'wanting reason,' hence 'unwise,' 'foolish.' Bin ich im Wahnwitz, 'Am I mad?'

2607. Fieberwahn, m. 'feverish fancy,' 'feverish illusion.' Cf. Argwohn l. 749.

2610. schreckenvoll, usually schreckensvoll. Cf. l. 3351.

2612. Notice in this and the following line the very short questions and answers, which mostly begin in the middle of the line, and often run into the next one. Cf. ll. 2664—80; 2759—84.

2613. denn, 'but,' 'why' is emphatic.

Sauvage. His real name was Savage, he was an English soldier who had served in the Netherlands under the Prince of Orange, and who subsequently became involved in Babington's conspiracy. He was not really alive at the time of our play (February, 1587), but had been executed together with Babington in September, 1586. He was also not a Barnabit' (l. 2624). The Barnabites were members (regulirte Chorherrn) of the fraternity of St Paul at Milan, they took their name from the church of St Barnabas, which was assigned to them (in 1545) as a place of worship. The order was founded in 1530 and confirmed in 1533. They were especially preachers, and endeavoured to convert Protestants to the Roman Catholic Church. This may have been the reason why Schiller made Savage a fanatic Barnabite monk.

2618. ſind des Todes, 'are dead men.' This is a common idiom and occurs frequently in Schiller, e.g. in Wallenſteins Lager l. 593: Schweig ſtille, du biſt des Todes! Very often we find the more complete phrase: Er iſt ein Mann des Todes, which has the same meaning. Cf. l. 3972 n.

2625. Tiefſinnig, 'immersed in thought,' 'lost in his thoughts.' tiefſinnig also often means 'possessing a deep, hidden meaning.'

2626. Das Anathe'm (Gk. ἀνάθημα) was originally an offering 'set up' in a temple in order to propitiate the wrath of the deity (fr. ἀνά, 'up' and τίθημι, 'to set'). In the form ἀνάθεμα it was used by the Greek translators of the Old Testament to denote that which is 'devoted' or 'doomed,' 'accursed.' Hence 'Let him be anathema' (cf. Galatians i. 8) came to be the customary form for the most severe ecclesiastical condemnation, declaring the person anathematized to be cut off from the Church and so doomed to perish everlastingly. Here it refers to the excommunication pronounced in the Papal Bull (l. 1490 and Burleigh's prophetic remark l. 1495) flung against Elizabeth.

ausdeutete, 'explained fully.'

2635. Engel = Schutzengel, 'guardian angel.' Cf. l. 3014.

2640. Wo nicht, 'if not,' 'if I should fail.' wo as a conjunction is now obsolete except in wo nicht and womöglich, 'if possible.'

mir zu betten, lit. 'to prepare a bed for myself,' stands here euphemistically for 'to kill myself.' Schiller seems to have thought of scenes where the lover kills himself over the corpse of his beloved one. In older German betten usually took the dative. Schiller has it again in Wallenſteins Tod, IV, 11, l. 3108—9 where Thekla says of Max: Ward ihm ſanft gebettet unter den Hufen ſeiner Roſſe? Modern authors use ſich betten as a rule for ſich in ein fertiges Bett legen, and consequently with the accus. of the person concerned, e.g. Nur weiß ich hier mich nicht bequem zu betten (Goethe, Das Sonett l. 12), where betten is used metaphorically.

ACT IV, SCENE 1.

The events represented in the fourth act take place in the late afternoon of the same day on which the scenes of Acts II and III occurred. The fourth act exhibits the fatal results of the third: the

alliance with France is immediately given up ; Mortimer, on being
arrested by order of Leicester, kills himself ; Mary's death warrant is
signed by Elizabeth ; Leicester himself is commissioned by the queen
to see it enforced.

2641. Jhro is a ceremonious expression instead of the ordinary
Jhre. Cf. l. 2662. Jhro is now archaic. It does not occur before the
seventeenth century and was introduced into the literary language from
the South German Kanzleistil. It was formed after the model of the
old Dero (in Dero Gnaden, 'your grace'). Dero is really the O.H.G.
dero, the gen. plur. of der. Jhro is used in this way for masculine
and feminine singular and plural, e.g. Jhro Excellenz, Jhro Gnaden, Jhro
fönigliche Hoheit, etc.

2643. in Mitte would be in prose in der Mitte or inmitten (M.H.G.
enmitten, older enmittemen) 'in the middle.'

2646. Franke stands here poetically for the usual prose term
Franzose, 'a native of France.' Cf. Franzmann l. 104 n. France is
Frankreich = Das Reich der Franken. France (the ancient Gallia, subse-
quently called Franco-Gallia) was conquered by Clovis, king of the
German tribe of Franks about the end of the fifth century. In
Schiller's poetry the term Franken = Franzosen is of very frequent occur-
rence ; Goethe has it several times in Hermann und Dorothea. In
Klopstock's fine ode Mein Vaterland he addresses his Fatherland
personified and says (Stanza 14) of the Celtic tribes of England and
France conquered by German settlers :

> Und dann, so gehörten sie ja dir an.   Du sandtest
> Deiner Krieger hin.   Da klangen die Waffen ! da ertönte
> Schnell ihr Ausspruch : „Die Gallier heißen Franken !
> Engelländer die Briten !"

ACT IV, SCENE 2.

2664. schuldigst or pflichtschuldigst, 'as in duty bound,' 'as is my duty.
The superlative instead of the simple wie ich schuldig bin is due to the
ceremonious style of court language.

2665. offiziös, 'assuming an official tone' is directly derived fr. the
Lat. *officiosus.* One might say in German im Amtstone. The modern
offiziös fr. the French *officieux* means 'semi-official,' 'quasi-official' as
contrasted with offiziell, 'official.'—was mir obliegt, 'what is incumbent
on me,' 'what is my duty.'

2668. Charakter is here equivalent to Amt or Stellung.

2669. nicht mehr, 'no longer,' must be read with level stress; in prose a much stronger stress would fall on mehr.

2682. Zerreißen and l. 2683 zerrissen are placed emphatically at the beginning of the sentence.

2687. Hotel, n. 'palace.' This word is often used to denote the house of an ambassador. It was borrowed in the 18th century from the French.

2690. Wie stands for so wie, so bald als.

2693. mit Füßen tritt, 'tramples underfoot.' mit Füßen treten is as pleonastic as mit Augen sehen (l. 170 n.), mit Namen nennen, etc.

2695. Rechenschaft, supply fordern or verlangen, 'exact...a...reckoning.'

Act IV, Scene 3.

2697. geschäftig unberufen, 'busily and officiously,' 'with busy officiousness.'

2698. um, 'with regard to.'

2699. die (with a strong stress) is demonstrative, 'that.'

2701. Schlimmeres is the genitive.

2703. die Jagd, usually only Jagd. The definite article may here be explained as 'the usual,' 'his well known.'

2707. Inquisitionsgericht, n. 'inquisitorial courts.' The term Inquisition refers specially to the hateful institution called the 'Holy Office of the Inquisition' for the detection and extirpation of heresy under which such atrocious persecution took place in Spain in the reigns of Ferdinand and Isabella and Philip II. Here it refers to courts like the Star Chamber whose proceedings were as arbitrary and tyrannical as the Inquisition itself.

2708. Wort seems to stand here for Worte and to be in accordance with Blicke and Gedanken. One might say that the inflectional e of Blicke was intended to belong also to Wort, both forming one idea. In the case of two adjectives this is not altogether unusual, cf. die schwarz und weiße Fahne; Uhland has in his poem Unstern: über gut und böse Sterne. Cf. also Schiller's Wilhelm Tell l. 2006 note (Pitt Press ed.). Cf. Erdmann, *Syntax*, § 57.

2710. Atlas the son of Iapetos was a Titan who was obliged by the Olympian Gods to carry the vault of heaven on his shoulders because he had taken part in the great assault of the Titans on Mount Olympus. So here Atlas stands ironically for 'supporter of the whole realm.'

2713. Rebnerkunſt, f. is less usual than Rebekunſt. Cf. Suaba l. 485. Eure Rebnerkunſt stands for Eure Kunſt als Rebner.

2716. bod), 'surely.'

2719. ſcheuten, 'did avoid,' 'have avoided.'

Stirn, f. 'forehead' stands for Augen or Blick.

2720. hättet Ihr, 'did I say you had?'

2722. This is a sarcastic allusion to Leicester's relation to Mary which Burleigh has just discovered. He intimates that Elizabeth has been kind enough to take him to see his lady-love once more.

2725. Perſon stands here—like the Latin *persona*—instead of Figur or Rolle, 'part.'

2726. ber argloſ Vertrauenben for ihr, welche Euch ohne Arg vertraute, 'who trusted you unsuspectingly.'

2729. bahingegeben, 'given over,' 'sacrificed' to the insulting words of Mary. Cf. l. 2754.

2731. Euch is of course the accusative. Cf. l. 1694 n.

2735. ſchabe is really a noun (now with addition of n introduced into the nom. sing. from the oblique cases ber Schaben, 'the harm'); es iſt ſchabe stands for es iſt ein Schabe, 'it is a pity,' hence elliptically: ſchabe!

2740. Euch...ſehle, 'may fail you.'

ACT IV, SCENE 4.

This scene seems to have been written on Dec. 31, 1799, because on this day Schiller writes to Goethe: Nach ſechs Uhr ſtelle ich mich ein; zwi-ſchen jetzt unb bem Abenb will ich ſuchen, einen meiner Helben noch unter bie Erbe zu bringen, benn bie Keren bes Tobes nahen ſich ihm ſchon. This can only refer to the tragic end of Mortimer.

2742. Der Unglückſelige does not mean that Burleigh is unfortunate but that he will bring misfortune on Leicester. Say 'this man of evil omen.' Cf. l. 3080. In a similar way l. 2760 Unglücklicher is not an expression of pity, but means Unglückbringer. In l. 3412 unglückſelig means 'unfortunate.'

auf meine Spuren is in prose mir auf bie Spur. Cf. zu meinen Füßen l. 315.

2745. Verſtänbniſſe, n. pl. is very unusual instead of ein Verſtänbnis (l. 2928) 'an understanding,' usually ein Einverſtänbnis. The plural Beziehungen could also be used in this case.

2756. This line is really an apposition to bie Mörberhanb.

2757. werb' ich bewaffnet haben, viz. according to the opinion of

Elizabeth and Burleigh. In translating these lines it is best to place these words before ſelbſt bie Mörberhanb (l. 2755).

2759. Mortimer's excitement finds its natural explanation in the fact that his friends are scattered in all directions, and he himself does not see any means left to him of freeing Mary. Yet he no longer thinks of killing himself after the destruction of his hopes (cf. l. 2640), but he intends to win new friends in Scotland and hopes that in the mean time Leicester will succeed in averting the worst calamity. It is with the intention of impressing this strongly on Leicester's mind that he comes to the court; he is anxious to warn him and by doing so to save him for the cause of Mary.

2767. Was unterfangt Ihr Euch, 'how can you dare?' Cf. l. 2000 n.

2769. böſen Hänbel, lit. 'evil transactions,' say 'wicked undertakings,' 'criminal attempts.'

2771. Was for zu was, wozu, 'why,' cf. l. 2000 n., l. 2491. Cp. the description of the Furies dogging the heels of the murderer in Die Kraniche bes Jbykus ll. 129—30:

> Wir heften uns an ſeine Sohlen,
> Das furchtbare Geſchlecht ber Nacht.

2779. Ein angefangner Brief ber Königin. This sounds somewhat strange, as Mary can hardly be supposed to have written it before she had heard from Mortimer (Act III, Scene 6), and had obviously little time to write it after the exciting scenes with Elizabeth and Mortimer, and before the arrival of Burleigh at Fotheringhay.

2782. Euch is the dative.

2783. gebenkt, 'makes mention of.' Cf. l. 3306.

2785. ihm refers not to Augenblick, but to Burleigh.

2786. Schwört Euch heraus, 'Swear yourself out of this danger.' 'Save yourself by a bold oath.' Similar phrases are ſich herauslügen, ſich herausreben, ſich herausarbeiten. In all these compounds heraus always stands for aus ber Verlegenheit.

2792. An Euch iſt's jetzt ('s = es = bie Reihe), 'it is now your turn.'

2793. eine fecke Stirn, 'a bold forehead,' 'a bold countenance,' 'a brazen face.'

2794. He ba, 'Ho,' 'Hallo,' has the principal stress on He (a long closed e). ba, 'there' refers to the person or persons who are called by the speaker. He ba! Trabanten = Hallo, you guards, there!

Traba'nten, m. pl. 'guards' refers to the halberdiers at the door. A Trabant is really a running-footman who serves as a body-

guard. The term was borrowed fr. the Italian *trabante* which seems
to be formed fr. the German verb traben, 'to trot' with the Italian
ending of the present participle 'a trotting man' and was applied by the
Italians to the body-guard of the German emperors.

2798. In the following passionate speeches of Mortimer the poet
has once more made a very effective use of the rime.

2799. hieß mich, 'bade me,' 'told me.'

2802. So, 'Then.' bleibt, 'shall remain.'

2804. mag ich...(haben) 'I care to have.'

2805. With this line compare l. 2578 note and Lessing's tragedy,
Emilia Galotti, Act V, Sc. 7: Dieses Leben ist alles, was die Lasterhaften
haben.

2808. bewehrt or bewaffnet, 'armed'; er erwehrt sich ihrer, 'he defends
himself against them.'

2809. frei is the adverb belonging to öffnen and lösen.

2819. Maria, heil'ge refers to the holy Virgin. Cf. l. 2814. Maria
or Heilige Jungfrau, bitte für mich is a usual Roman Catholic invocation.
This line is two syllables short—the irregularity of the metre corresponding well to the high state of excitement of Mortimer.

ACT IV, SCENE 5.

einen Brief in der Hand scil. haltend. This absolute accus. is very
common in German. Cf. l. 141. The letter is of course Mary's
letter to Leicester which had fallen into Burleigh's hands.

2821. hinzuführen, 'to take...thither,' viz. to Fotheringhay.

2826. Zauberkünste, f. pl. must be understood in a metaphorical
sense like the Zaubertränke l. 330.

2831. selber is now used with feminine and neuter nouns in the singular and in the plural (l. 3775) as well as with masculines. It is originally
the inflected masc. sing. of selb. In older Germ. selb, if inflected, always
took the gender of the noun after which it was placed, e.g. *der man
selber, diu vrouwe selbe, daz kint selbez.* The form selbst (l. 1825) is
really the adverbial genitive selbes to which was added an inorganic t.
The adj. voller must be explained in exactly the same way as selber;
e.g. one said in M.H.G. *ein walt voller böume*, but *ein nest vollez
vogellîn,* 'a nest full of little birds,' now ein Nest voller (or voll) Böglein.

2838. vor, 'before,' 'in preference to,' 'above.'

2845. Urteil, n. 'sentence' is not exactly the proper word. Elizabeth
means not the sentence itself which as she knew had been ready for

some time, but the order to execute it. Cf. l. 2648 der Befehl zur Hinrichtung ; l. 3298 Blutbefehl.

2849. die Liebe. The def. article has here the sense of 'my former,' 'the old,' 'the love I once felt for him.'

2850. Let his fall be as deep and shameful as his station was high.

2853. Peers. Peers of the realm could only be judged by Peers. Cf. l. 706.

2869. meinem, in prose vor meinem.

2870. verbiet'=verbiete, the subj. on account of the indirect speech, 'Tell him, that the queen forbids....'

2875. eine abgefeimte Bübin, 'an arch-rogue.' abgefeimt is really the past partic. of abfeimen, 'to skim off,' 'to take off the foam (Feim, m.) or froth.' The old word Feim = Schaum, 'scum,' is now no longer used in the literary language and of abfeimen (abfäumen occurs also but is a bad form) only the past part. survives. Compare the expression Abschaum der Menschheit, 'the scum or refuse of human society.

Bübin, 'a worthless woman,' is the fem. of Bube in a bad sense. Cf. l. 1886 n.

2876. Wenn sie...nur schrieb is an elliptical sentence, 'What if she only wrote...?'

ACT IV, SCENE 6.

2879. Wesen, n. 'bearing,' air.'

2880. After the name of Elizabeth the stage editions and also Mellish have the direction 'avoiding his sight.' Cf. l. 2890 ohne ihn anzusehen.

2882. einen, 'a man like.' Cf. l. 3042.

2893. Ich berufe mich auf (with the accus.), 'I will appeal to.'

2897. Überlästigen really means 'excessively burdensome,' hence 'importunate.'

2901. Was soll der dritte for Was soll der dritte Mann damit zu thun haben? 'What is a third person to do betwixt you and me?' 'Should a third person intervene?'

2906. Elizabeth's remark is of course ironical, but Leicester pretends not to notice the irony.

2913. Er geh', 'let him go.'

2915. mich...zu beschwatzen, 'to talk me over.'

2940. Ihr glaubt, scil. daß wir dies glauben werden.

2951. verschwiegt Ihr, in prose one would add sie.

2953. This corresponds to the English 'to blow one's own trumpet.'

2957. Berühmt Euch, in prose usually rühmt Euch, 'plume yourself.'
The past partic. berühmt, 'famous,' is still in common use.

wundergroße, 'wondrously great.' Similar formations are wunderhold,
wunderschön and others. wundergroß really means so groß, daß es ein Wunder
ist. Instead of eine wundergroße in this passage one might say in ordinary
prose eine Wunder wie große.

2958. Ins Werk gerichtet, now usually ins Werk gesetzt.

2962. war = wäre gewesen. Cf. l. 1830 n.

2963. verhindert, sc. hätte.

2964. Ihr hättet..., 'Do you mean to say that you have!'

2970. Wie gelangtet Ihr dazu? 'How did you arrive at (come by)
this information?'

2979. Unterhandlung pflog, 'kept up a communication,' 'negotiated,'
'corresponded.' The verb pflegen has kept its old strong inflexion only
in a few common phrases, such as this one and Rates pflegen. In most
cases it has become weak and means either 'to be in the habit' (with
the infin.) or 'to nurse' (with the accus. of the pers.).

2982. diesen Augenblick, now generally in diesem Augenblick.

2986. Elizabeth in her anger does not shrink from confessing her
secret understanding with Mortimer.

2990. Daß es dies Ende mit ihm nahm, 'that matters came to such an
end with him' means 'that his life ended in this way.'

2994. Die strengste Rechtsform = eine Untersuchung in strengster Form Rechtens, 'the strictest legal procedure.' Cf. the phrase in aller Form Rechtens.

2995. bewähren = als wahr zeigen, 'prove to be true.' Cf. ll. 137 n.,
3045.

3002. Eröffnete, in prose öffnete. eröffnen now only means 'to begin,'
'to inaugurate' (e.g. den Reichstag eröffnen) or 'to impart' (jemandem
etwas eröffnen).

3014. dein Engel = dein guter Engel, 'thy guardian angel.' Cf. l. 2635.

3022. aufs neu = aufs neue, von neuem   The e of the inflexion is sometimes omitted in aufs neue.

3025. Ihr rietet, 'would you advise,' 'do you really advise?'
So sehr = so sehr auch, 'however much.'

3026. zu einem Äußersten is somewhat unusual for zu einem äußersten
Mittel, zu einem Gewaltmittel. The phrase zum Äußersten has nearly the
same meaning.

3028. heischt is poetic for erheischt, or still more usually verlangt,
erfordert. heischen stands with inorganic h for older eischen which corresponds etymologically to the English 'ask.'

3029. auf etwas antragen, 'to make a motion for something'; barauf antragen, 'to make a proposal to that effect.'

3032. ich has a strong stress. This suggestion of Burleigh's is his revenge on Leicester.

3039. billig, 'fitly,' 'rightly.' Cf. l. 3768. billig is spelt in older German billich and is derived with the suffix lich from a stem bil. which also appears in Unbill, f. 'injustice,' and in Weichbild, n. (l. 424 note). Compare the Engl. 'bill,' 'a document,' 'a legislative proposal.'

3047. Begeb' ich mich des Vorrechts, in ordinary prose verzichte ich auf das Vorrecht, 'I waive the privilege.'

3050. der Befehl, 'the warrant.'

In reality it was not Leicester and Burleigh who were commissioned by the queen to see the sentence executed but the Earls of Shrewsbury and Kent. Cf. note at the beginning of Act II, Sc. 1.

Act IV, Scene 7.

3055. Der Schrecken 'the fright,' 'the panic.'

3062. das noch heute fällt for wenn es noch heute fällt.

3063. Soll mir Zwang geschehn? lit. 'Shall force be used to me?' hence 'Am I to be forced to it?' Cf. ll. 3082 and 3087.

3066. The warrant had been prepared on Dec. 20, 1586, and was presented to Elizabeth for her signature at Greenwich on Feb. 1, 1587.

Act IV, Scene 8.

3068. Stimme des Volks. Compare the well-known saying *vox populi*, *vox Dei*. For the origin of this saying see Büchmann, *Geflügelte Worte*, p. 243. Notice the two unaccented syllables before Volks.

3072. Wenn ich...nun gehorcht, viz. habe, 'after I have obeyed.'

3074. eben die, 'just those,' 'the very same people.'

Act IV, Scene 9.

3084. Hier gilt es...zu zeigen, 'Here it is important...to shew,' 'Here you must shew.' gelten is 'to be of value,' 'to be of importance,' so es gilt, 'the important thing is.' In other cases es gilt means 'it is of use,' 'it avails' or 'there is time for,' e.g. Goethe's ballads Der Schatzgräber l. 21: Und da galt kein Vorbereiten, and Der Totentanz l. 37: Da gilt auch kein langes Besinnen. Cf. l. 3886 n.

3086. sich erdreisten, 'to make bold' (fr. dreist), 'to venture.' Similar formations are sich erkühnen (l. 2602), sich erfrechen (fr. frech, 'impudent,'

'insolent'). The last verb which occurs in 𝔚𝔦𝔩𝔥𝔢𝔩𝔪 𝔗𝔢𝔩𝔩 l. 2595 is
the strongest term of the three.

3093. das Volk ist länger nicht zu bänd'gen, 'the people cannot be
restrained any longer.' The same line occurs in Die Jungfrau von
Orleans v, 9, l. 3324. The crowd is, however, soon quieted. Cf.
l. 3251 n.

3096. Entscheidet, 'will decide,' 'is decisive for.'

3104. Dreimal. Cf. l. 1277. This may be taken to refer to the conspiracies of Throgmorton, Parry, and Babington.

3105. er refers of course to Mordstreich l. 3102.

3106. hieße, 'would be called,' hence 'would be.'

3109. Greisen is the reg. weak gen. of (der) Greise, now Greis, m.
'old man'; Greisen is in modern prose replaced by the later strong form
Greises. This noun is originally an adj. used substantively; der Greise is
'the hoary person,' 'the old man.' The modern plural is Greise; the
femin. Greisin. The contrast to der Greise (or der Alte) is der Junge, 'the
young man,' still used in the sense of 'boy,' 'youth,' 'youngster.'

3118. eine Zwietrachtsgöttin is a metaphorical expression, 'a goddess
of Discord.' Zwietracht is a compound of zwie, a doublet of zwei, and
-tracht which is derived fr. treffen, 'to hit.' The opposite of Zwietracht
is Eintracht, f. 'harmony.' On the s in Zwietrachts cf. l. 2176 note.

3123. die Feindin...die Enkeltochter are accusatives depending on wird
er erblicken l. 3126. Die Enkeltochter is 'the great-granddaughter,' while
Enkelin is 'granddaughter.'

3125. Opfer governs both Hasses and Eifersucht.

3126. in der Bejammerten, 'in her who will then be lamented.'

3133. dir, 'for thee.'

3134. Begleitung, we should rather expect the concrete Begleiterin,
'companion,' 'associate.' Cf. l. 1585 n.

3142. Den Lauf, 'its course.' One often says freien Lauf.

3150. seine Majestät stands for die mir von ihm übertragene Majestät,
the supreme power which really belongs to it (the nation).

3157. anspruchlose, now usually anspruchslose. The opposite is an-
spruchsvoll. In most instances the nouns compounded with -los stand in
the nominative, e.g. grundlos, herzlos, kummerlos, mutlos, rechtlos, schmerzlos
etc., but we find sorgenlos by the side of sorglos, freudenlos by the side of
freudlos and usually namenlos (l. 1952 n.), herrenlos. On the compounds
with voll cf. l. 3351 n.

3160. doch, 'surely.' Der Herrscher (die Herrscherin) is derived fr.
herrschen, M.H.G. *hêrsen*, which is connected with *hêrre, her*, 'lord' and
originally means 'to be lord.'

3165. Ohnmacht, f. is here equivalent to Machtlosigkeit, f. 'powerlessness' or Schwäche, f. 'weakness.' Cf. l. 3508. In other cases it means 'swoon.' Cf. ohnmächtig, l. 3241, and after l. 3875. It is not a compound of ohne, but stands for older Omacht, M. H. G. *âmaht*, the *â* being a negation of what followed.

3175. Der Mönch for die Mönche. The singular is here again used to denote a group or class. Cf. l. 265 n.

der Legat is the ambassador of the Pope. This is an allusion to Pope Innocent III, who put England under the interdict (in 1208) and even deposed King John (in 1212). The king received his land back after a humiliating submission. Note that das Legat means 'the legacy.'

3182. Cf. the Latin maxim *Salus populi suprema lex.*

3185. Man überlasse mich mir selbst, 'Leave me to myself.'

3186. Nicht...noch, in prose weder...noch. Cf. l. 631 n. After Trost supply zu finden.

3187. Ich trage sie...vor, 'I will bring it before....' Cf. l. 3860 n.

ACT IV, SCENE 10.

3191. Götzen, 'idol,' i.e. dem Volke contained in Volksdienst. Volksdienst is formed after the analogy of and contrasted with Gottesdienst.

3194. Meinung stands here for öffentliche Meinung.

3201. Willkür, f. 'arbitrariness,' 'capricious despotism.' This word is a compound of Will(e), 'will' and the old Kür, f. 'choice,' and really means 'choice according to one's wish.' In other compounds we find Kur with the same meaning, e.g. Kurfürst, m. 'elector'; Kurwürde, f. 'electoral dignity.' Kür and Kur belong to the strong verb kiesen (compare erkiesen, erkor, erkoren) 'to choose.' Another Kur, f. (in Kurgast, Kurgarten, Kurliste etc.) is very often spelt Cur and is derived fr. French *cure*, Lat. *cura*. It is in no way connected with the former Kür and Kur.

3205. War ich stands here for Wäre ich gewesen.

3206. Vorfahr, m. 'predecessor,' is as a rule only applied to men. Of Vorgänger, which has the same meaning, a fem. die Vorgängerin is formed. Vorfahr usually means 'ancestor.'

3213. dem angefochtnen, 'my (much) contested.'

3219. der Spanier either refers to King Philip II or, which seems to be better, to 'the Spaniards' in general. Cf. l. 265 n. The Armada was in fact sent out two years after Mary's execution. Schiller has treated of the destruction of the great fleet twice, viz. in his poem

Die unüberwindliche Flotte (1786) written in imitation of an older English poem; and in the fine seventh scene of the third act of his tragedy Don Carlos.

3230. Furie is here pronounced as a disyllabic word, but in l. 2318 Furien is trisyllabic.

3231. Plagegeist, m. is ein Geist, der jemand plagt, 'tormenting spirit.'

3234. Geliebten, i.e. Leicester.

3235. Bräutigam refers to the Duke of Anjou, l. 607. The i in Bräutigam is the old inflexion of the genit. sing. of Braut, O.H.G. brûtigomo (gomo = Lat. homo, 'man'), and the compound really means 'the bride's man, or intended husband.'

3237. aus den Lebendigen is less usual than aus der Zahl der Lebendigen.

3238. Cf. the lines fr. Die Braut von Messina (IV, 7, ll. 2583—4):
Auf den Bergen ist Freiheit! Der Hauch der Grüfte
Steigt nicht hinauf in die reinen Lüfte.

3240. mich...zu Boden blitzen, 'flash me to the ground,' 'strike me down like a flash of lightning.'

3243. dir, 'to you,' 'in your eyes.'

3245. Zweifel meiner...Geburt, in prose Zweifel an meiner...Geburt.

3248. im echten Ehebett geboren, 'born in true wedlock.'

ACT IV, SCENE II.

3251. augenblicks, 'in a moment.' Cf. l. 223 n. and l. 3344. The more usual phrase would be augenblicklich (l. 3402) or im Augenblick. Schiller here exhibits consummate dramatic skill. At the very moment when Elizabeth wishes to plead that she is compelled by the will of the people to sign the death warrant, it is announced to her that the tumult has suddenly subsided. If the excitement had continued, the pretence to which she resorts in the following scene with Davison would have been unnecessary.

3256. verwies, jemandem etwas verweisen, 'to rebuke somebody for.'

3271. geflügelt, 'with winged speed.' Cf. l. 3885.

3273. stehenden Fußes, 'at once,' corresponds to the Latin stante pede or statim (fr. stare) and to the French de ce pas. Cf. l. 295 n.

3277. hat gelebt for wird gelebt haben. The phrase is a euphemism for wird sterben.

3306. gedacht soll werden, 'mention shall be made.' Cf. l. 2783.

3307. Instead of will we should rather expect mag or kann, or instead of will haben only habe. The repetition of will is indeed highly characteristic of Elizabeth's excitement.

3311. Du hätteſt es geſagt? 'Do you say that you have actually said it?' The use of the subj. of the pret. in a question of this kind implies that really the opposite of what is asked took place. Cf. l. 85 n.

3314. Monden is often used in poetry or high-flown language instead of the usual Monaten. The final b in Mond is inorganic (M.H.G. *mâne*) and does not appear in the derivative Monat, m. or in the compound Montag.

erſt, 'only.' He had been for many years in the service of the crown.

3324. was Eures Amtes iſt, 'what is the duty of your office.'

ACT IV, SCENE 12.

3326. Was thu' ich = was ſoll ich thun? Cf. l. 1940.

3331. Unkundig ſeiner Rechenſchaft, 'not knowing how great a responsibility it involves.'

3337. Höllenangſt, lit. 'anguish of hell.' Höllen is the old weak genit. of Hölle, f. which survives in this and similar compounds. The modern gen. is der Hölle (l. 3861). Old cases frequently survive in compounds. Hölle stands for older Helle, Engl. 'hell,' like zwölf for older zwelf, 'twelve.' In a similar way the ö in ergötzen, ſchöpfen, Löffel, ſchwören stands for older e.

3340. deutlich, supply erklärt.

3347. This is the real catastrophe of the play. In the moment in which Burleigh, the Eiferer für Englands Wohl (l. 801), snatches away the death warrant of Mary signed by his queen the fate of Mary is sealed. Cf. 3269 sqq. and 3892 sqq.

ACT V, SCENE 1.

The events of this act are supposed to take place on the third day, the earlier scenes at Fotheringhay Castle, the last five at Westminster Hall. The fifth act brings vividly before our eyes the results of the fourth: the execution of Mary and the isolation of Elizabeth. Schiller wrote the last act at Ettersburg Castle near Weimar where the duke had assigned apartments to him in order that he might be quite undisturbed. His sister-in-law, Karoline von Wolzogen, informs us in her life of Schiller (Cotta's Bibliothek der Weltlitteratur, p. 237) that in this Act the poet intended to arouse in the hearers a similar feeling of emotion to the one evoked by the death and burial of Richardson's Clarissa.

Melvil. Sir Andrew Melvil (or Melvin), Mary's late steward, had (according to Robertson) only been separated from her for a few weeks. He had been in attendance on her until she was removed to Fother-

inghay. He was not allowed to see her again until a few moments
before her execution, when he bade her farewell at the foot of the
staircase leading to the scaffold. The scenes in which he plays so
prominent a part are therefore a mere invention of the poet. Schiller's
description of Mary's behaviour before her execution was derived from
the account given by Brantôme, which had appeared in a German
translation in 1795 in the 10th vol. of the 'Sammlung historischer
Memoires' issued under the editorship of Schiller himself. Cf. Appendix II, under G, 3.

3351. ſchmerzenvoller, 'painful.' The usual compound is now either
ſchmerzvoll (l. 3352) or ſchmerzensvoll. ſchmerzen is the old weak gen. sing.
of ber Schmerz; ſchmerzens is a later gen. formed like Herzens, Glaubens,
Schreckens, etc. The modern genit. is Schmerzes. ſchmerzvoll is a *real*
compound, i.e. a compound in which the words are placed side by
side without the former being inflected. Cf. glaubenvoll, l. 423 n. and
ſchreckenvoll, l. 2610 n. On the compounds with ‑los cf. l. 3157 n.

3367. nächtliche, 'nightly,' hence 'dark,' 'mournful.'

3381. bie Todespost, 'the news of her impending death.' Cf. the note
on Zeitung, l. 1108.

3395. Trieb bes Lebens, 'desire of life.' One sometimes speaks of a
Trieb zu etwas or nach etwas. In his Lieb von ber Glocke l. 316 Schiller
praises the Trieb zum Vaterlande.

3402. allmählich, 'gradually.' This is the best spelling of the word
as it stands for all(ge)mächlich from all gemach, lit. 'quite leisurely.' The
forms allmälich, allmälig which one occasionally finds are due to false
analogy and confusion with Mal, n.

3404. Der Tauſch zwiſchen Zeitlichem unb Ewigem, 'the exchange of
things temporal for things eternal.' Cf. alles Zeitliche, l. 3581.

3416. preßte ſie ihr ab, 'forced them from her.'

3422. pflegt ſie...ber Ruh, 'she is resting.' In this sense pflegen is
weak. Cf. l. 2979 note.

einen Augenblick is an adverbial phrase 'for a moment,' 'for a short
time,' and ber Ruh does not depend on it, but on pflegt.

3424. Burgoyn is here and in the following lines to be read as a
trisyllabic word.

ACT V, SCENE 2.

3429. Haushofmeiſter, m. 'master of the (royal) household,' 'house-
steward.' This compound of three nouns has the chief stress on the
first syllable, the second and third have equal medium stress.

3430.　braucht...keines Meisters. In prose the accusative is now the only case used with brauchen in the sense of 'to require,' as well as in that of 'to make use of' (gebrauchen); it also occurs in our play l. 2900. But bedürfen as a rule keeps the old construction with the genit. Cf. l. 3449; the acc. occurs in l. 3602.

3433.　auf freien Fuß gesetzt, 'set free.' The idea is that his foot will be free to wander wherever it likes.

3441.　Gerichtes, in prose the def. art. des would be required before Gerichtes. The usual construction is vor den Schranken des Gerichtes.

ACT V, SCENE 3.

3446.　Machet hurtig, 'Be quick!' hurtig is an advb. Mach stands for Mache deine Arbeit or something similar. The same phrase occurs in Schiller's Wilhelm Tell, I, 1, l. 37.

3447.　Ist der Königin nicht wohl is the older construction still used in higher diction instead of the colloquial Die Königin ist nicht wohl.

3448.　The second sie is of course the accusative.

3450.　ihrer wartet..., in prose frequently ...erwartet sie.

3452.　Furcht des Todes is a Latinism instead of Furcht vor dem Tode. The compound Todesfurcht, f. is very common. Cf. Fürstenfurcht l. 744.

bleichte (fr. bleichen = bleich machen), the subj. pret. denotes the false supposition of Mary's enemies.

3458.　da = während, 'while.' Cf. ll. 322, 2588.

ACT V, SCENE 5.

3472.　beschlagen, 'draped.' The verb beschlagen really means 'to fix by striking,' usually 'to fix by driving in nails,' e.g. Ein Pferd beschlagen, 'to shoe a horse.' Then it came to mean 'to cover' with or without the idea of the cover being fixed by nails. Cf. the subst. der Beschlag. In a metaphorical sense one says in einer Sache gut beschlagen sein, 'to be well posted up in a matter.' Cf. sehr bewandert, l. 788 n.

3476.　Mordgerüst, n., the usual term is Blutgerüst. Cf. l. 78 n.

ACT V, SCENE 6.

Agnus Dei means The Lamb of God (after Joh. i. 29) and refers to our Lord. The term here denotes a cake of wax or metal consecrated by the Pope and stamped on the one side with a lamb supporting the victorious banner of the Cross and on the other with the image of a saint.

3497.　In prose nicht would be placed before zu.

3499. Nachruhm, m. 'posthumous fame,' 'good name,' 'reputation.'

3501. mir, an ethic dative, belongs to als Zeuge dasteht.

3507. sonst kein Mangel, 'no other want.'

3510. Doch...wohl, 'but I suppose.' In reality Didier was present at Mary's execution.

3511. hoch an Jahren, 'far advanced in years.' hoch is often used in German with reference to time, e.g. in hohem Alter sein. an means 'with regard to.'

3515. Geworden for zu Teil geworden, beschert worden. Cf. l. 131 n.

3521. Den allerchristlichsten König (*le Roi Très-Chrétien*) 'the most Christian King' was the official name of honour which was given in 1469 by Pope Paul II to King Louis XI and in him to all his successors on the throne of France. It is, however, said that the title was in use as early as the reign of Louis le Gros (beginning of the 12th century).

3527. den kathol'schen König refers to King Philip II of Spain. His Catholic Majesty was the special title of the kings of Spain. In 1494 Pope Innocent VIII gave the title (Los Reyes Católicos) to Ferdinand and Isabella, and from that time it became annexed to the Spanish crown.

3529. stehn, 'are mentioned.'

3532. Bruder, King Henry III was the brother of her first husband Francis.

3535. ist Euch...wert = wenn Euch...wert ist.

3552. freut sich...des Putzes. Instead of the genit. one might say am Putze or über den Putz.

3557. Vermächtnis, n. 'legacy,' is derived fr. vermachen, lit. 'to make over,' hence 'to bequeath.'

3575. Du hast das beßre Teil erwählt is framed after the biblical expression, Luke x. 42: Maria hat das gute Teil erwählet.

3578. Betrüglich is a very unusual expression, the ordinary prose term is trügerisch, 'deceptive,' 'fallacious.'

ACT V, SCENE 7.

With regard to this important scene, which is usually suppressed or considerably modified on the stage, cf. the Introduction, p. xx.

3581. berichtigt = richtig gemacht, 'arranged.' The term is very common in the phrase eine Rechnung berichtigen, 'to settle an account,' eine Schuld berichtigen, 'to pay off a debt.' We have in this passage the same idea in a metaphorical sense, Mary hopes that she will leave this world (als) keines Menschen Schuldnerin.

3590. hab' ich den Heil'gen nicht versöhnt, 'have not appeased the Holy one,' 'have not reconciled myself to the All-Holy being.' This refers to Mary's not having received the sacrament and obtained absolution, as a priest of her own Church was denied to her. Cf. l. 3675 seitdem du Gott zum letztenmal versöhnt, and l. 3789 Ich bin mit meinem Gott versöhnt.

3592. Himmelspeise, f. 'heavenly food.' The compounds of which Himmel is the first part are sometimes formed by Schiller with Himmel, sometimes with Himmels. Cf. 3624 Himmelssegen, and the note on l. 32 Himmeldecke.

3600. This is a paraphrase of Corinth. ii. 3. 6 Der Buchstabe tötet, der Geist aber machet lebendig.

3604. The definite article in der Gott (instead of the usual Gott) must be explained by the contrast in which it stands to zum Menschen.

3618. im reinen Meßgewand. Some commentators regard reinen as a slip in writing and propose unnecessarily to read reichen.

3620. Das hohe Wunder der Verwandlung, 'the sublime miracle of the Transubstantiation.'

3621. dem gegenwärt'gen Gotte is unusual and poetic instead of vor dem gegenwärtigen Gotte, 'before their present God,' 'before God whom they feel to be present.' This refers to the dogma of the actual presence of Christ in the Sacrament. Compare the 22nd stanza of Schiller's ballad Der Gang nach dem Eisenhammer, ll. 169—77, in which a detailed description of a Mass is given :

> Drauf als der Priester fromm sich neigt
> Und, zum Altar gewandt,
> Den Gott, den gegenwärt'gen, zeigt
> In hocherhabner Hand,
> Da kündet es der Sakristan
> Mit hellem Glöcklein klingend **an,**
> Und alles kniet und schlägt die Brüste,
> Sich fromm bekreuzend vor dem Christe.

3625. In this and the following lines the stage version differs very considerably from the text as printed in the editions. Cf. the various readings given by Oesterley in the critical edition and the remarks on the scene given in the Introduction. The principal alteration made by Schiller for the stage was that Melvil promises Mary that after her death he will immediately take holy orders, and have the absolution, which he now gives her, confirmed by the Holy Father at Rome. The most important passages are reprinted from Oesterley's edition in the Appendix, I.

3626. **der dürre Stab kann Zweige treiben.** This is no doubt an allusion to Numbers xvii. 8 (the budding of the rod of Aaron). The sudden budding of a dry rod in the hand of a Pope as a manifestation of God's will is told in the famous legend of Tannhäuser.

3628. **die Quelle aus dem Felsen** refers to Exodus xvii. 6 (Moses smites the rock).

3634. **der Erlöser,** 'our Redeemer,' 'our Saviour.' A synonymous expression is **der Heiland** (cf. l. 3816), which is really a present partic. of the O.H.G. *heilan*, 'to heal,' 'to save,' hence 'the saving one,' 'the saviour.' The O.H.G. *Heiland* was early treated as a proper name, an epithet of Christ, and has for this reason preserved the full old ending -*and*, while the ordinary pres. participles have weakened it (as early as M.H.G.) into -*end*, e.g. **heilend**, 'healing.'

3635. Luther translates the passage (Matthew xviii. 20) alluded to: **Denn wo zween oder drei versammlet sind in meinem Namen, da bin ich mitten unter ihnen.** [**zween** is the old masc. of **zwei**.]

3642. **das Heil,** 'the absolution,' 'the forgiveness of my sins.' In reality only a properly ordained priest is permitted to pronounce the 'Ego te absolvo.'

3649. **deine letzte Beichte.** This last confession in a way supplements the informal ones which Mary made in her conversations with Kennedy (I, 4) and with Burleigh (I, 7).

3652. **Die sieben Weihen,** 'the seven orders.' Every Roman Catholic priest must have gone through four 'minor' and two 'major' orders. The former are those of porter, reader, exorcist, and acolyte; the latter those of sub-deacon and deacon, after which he finally becomes a priest (the seventh order).

3654. It is doubtful that Mary had received a consecrated wafer sent by the Pope. Schiller in this case followed the account he found in Brantôme. Cf. Appendix II under G, 3.

3658. **den Apostel,** i.e. St Peter. Cf. Acts xii. 7 sqq. Compare also Clärchen's vision in Goethe's tragedy **Egmont** (V, 5); **Und irgend einen Engel sendet der Gott, den sie zum Zeugen ihrer Wut geschändet; vor des Boten heiliger Berührung lösen sich Riegel und Bande, und er umgießt den Freund** [i.e. Egmont] **mit mildem Schimmer; er führt ihn durch die Nacht zur Freiheit sanft und still.**

3660. **Ihn,** i.e. **den Engel.** **hält** for **hält auf** or **hält zurück.**

3664. **Da** stands again for **während,** 'while.' Cf. l. 322 n.

3673. **dar** is the older form of **da.** Cf. l. 1725 n.

3674. **zeiht,** 'accuses'; the opposite is **verzeiht,** 'excuses,' 'pardons.'

zeihen is now very rarely used with the exception of the common phrase jemanden einer Sünde (genit.) zeihen. The usual term is anklagen (with the genit. or wegen einer Sache); cf. l. 3683; or again verklagen l. 3692.

3685. das höchste Gut, 'supreme Goodness,' i.e. God.

3686. In the following passages we find here and there the lines connected by means of rime. This serves to make the tenor of these passages more solemn and impressive.

3689. Abgott, m. 'idol' refers to sünd'ge Liebe. The prefix Ab- (sometimes Aber-) denotes in this and a few other cases a 'bad' sort or even the opposite of what follows, e.g. Abgunst = Misgunst, 'malevolence,' Aberwitz, 'foolishness'; Aberglaube, 'superstition,' l. 3174. Hence Abgott really means 'false god.' This ab- must not be confused with another ab- 'off' in Ablaß, m. l. 2505, etc. Cf. abbüßen (ll. 283, 3699); abschwören (l. 487), abbitten (l. 3785), etc.

3698. Herz und Hand is a very common alliterative phrase.

3699. büßt' ich's ab, 'I did full penance for it.' The ab means 'off,' I threw off my conscience the burden of the sin by doing severe penance.

3700. der Wurm. Cf. St Mark ix. 44.

3707. Die Sünde zu dem ew'gen Tod, 'the sin which leads to everlasting Death'; in prose die Todsünde, 'the deadly Sin.' The phrase eine Sünde zum Tode occurs several times in Luther's translation of the Bible, e.g. 1 John v. 16 and 17.

3708. On die Sünde wider den heiligen Geist cf. the words of Christ, St Matthew xii. 31—32. As a matter of fact an incomplete confession is not regarded by the Roman Church as a sin against the Holy Spirit, which cannot be forgiven, although it is considered a deadly sin.

3710. wissend, in prose usually wissentlich, 'knowingly.'

3725. berückt rimes with blickt. This rime is inaccurate to the eye and also to the ear of a North German. In the dialect of South Germany with which Schiller was familiar the ü had almost the same pronunciation as the i, and Goethe as well as Schiller rimed only for the ear and not for the eye. Many rimes of a similar character occur in this and in all the other plays of Schiller. Cf. l. 2466 n.

3731. So hätten, 'Then, you say,...have.' Cf. ll. 85 n. and 3310 n.

3735. The victory over herself which is shewn by the resignation of Mary in these lines marks the climax of the scene.

3743. Ich...künde dir...Erlassung an,... 'I announce to you absolution,' 'I absolve you.' Instead of the unusual Erlassung we could also say Vergebung. On Ablaß, m. cf. l. 2505 n.

after 3747. konsekriert, 'consecrates.' By pronouncing a certain

prescribed prayer, the wine was, according to the Roman Catholic
dogma, changed into the blood of Christ. Mary hesitates to take it
because the cup was exclusively reserved for the priests. Kings alone
were allowed to partake of it, their having been anointed with holy oil
was regarded as giving them a quasi-sacerdotal character. Cf. ll.
3750—1.

3750. Jm Tove noch, 'even in the hour of death.'

3756. This line is too short by two syllables. Cf. l. 2819 n.

Act V, Scene 8.

Burleigh, ber feine Faffung beobachtet. feine refers to Leicester. Faffung,
f. properly means 'composure,' from fich faffen, 'to compose oneself.'
Here it means rather 'discomposure.' Burleigh observes closely how
far Leicester is able to preserve his composure, hence we may say
'observes his confusion.' The words also admit of the translation
'Burleigh who keeps his (own) self-command,' but the former rendering seems to be the better one.

3777. Nicht in geweihter Erbe. Mary was at first buried in Peterborough
Cathedral, but James I after his accession to the English throne had
the bones of his mother transferred to Westminster Abbey.

3782. The dashes after Gruß and abbitte (3785) imply a momentary
hesitation before Mary directly implores the queen's forgiveness.

3785. Jhr...abbitte, 'beg her to forgive.' ab, 'off,' really implies
that all remembrance of Mary's violence should be removed from
Elizabeth's mind.

3793. im Frieben; the usual phrase is now in Frieben, but in the
older language we find as a rule either im Friebe(n) or mit Friebe(n). For
instances compare Heyne's Wörterbuch under Friebe.

Act V, Scene 9.

3795. ber Sheriff, viz. Thomas Andrews, Sheriff of Northamptonshire.

3796. Es muß geschieben fein is a common idiom for 'we must part.'

3799. Wohlthat, f. 'benefaction,' here 'kindness,' 'favour.'

3801. könntet, 'can you actually,' the subjunctive stands here in the
dubitative question.

3803. Nimmermehr means here 'surely...not.' Cf. l. 81 n.

3815. The same words with which Mary here kisses the crucifix
she is reported to have uttered on the scaffold before preparing herself
for the stroke of the executioner. Schiller followed the account of
Archenholz.

3819. On this line and the following see the Introd. p. xx. A certain number of lines which originally followed after l. 3821, but were suppressed by the poet, are printed in Appendix I under 4.

3838. auf ver Erben. The old weak dat. Erben survives in the phrase auf Erben, but if the def. art. precedes the noun we only use the later strong form: auf ver Erbe.

ACT V, SCENE 10.

3840. A similar idea is expressed in Wilhelm Tell where Tell describes to the Duke of Suabia who has killed his uncle, the Emperor of Germany, the route which he must take in his flight to Italy. Speaking of his crossing the Devil's Bridge on the St Gotthard road, he says, v, 2, l. 3256: Wenn sie nicht einbricht unter Eurer Schuld.

3847. hin, sc. gekommen. Cf. l. 216 note.

3848. fühllos, in prose usually gefühllos.

3852. dir steht es…an, 'it befits you.' Cf. l. 219, n. unanständig.

3855. angethan, 'clothed,' say 'armed.' Compare Horace's:

> *Illi robur et aes triplex*
> *circa pectus erat, qui fragilem truci*
> *commisit pelago ratem.* (Odes I, 3, 9—11.)

3857. der Schandthat refers to his own treachery.

3860. Ich seh' sie fallen = Ich will sie fallen sehen. Cf. ll. 1941, 3326.

3865. Bereitet sich, 'is being prepared.' The reflexive stands here again, as it often does in German, in the place of the English passive voice. Cf. l. 57 n.

ACT V, SCENE 11.

The last scenes of this act transport us once more to Westminster Hall and shew us how severely Elizabeth was punished for Mary's death in spite of her outward triumph. She feels obliged to banish her most faithful servant, Burleigh; to punish severely the innocent Davison; Shrewsbury indignantly retires from the court and his high office, and at last she learns that her favourite, Leicester, has left her too and has sailed to France, the old home of Mary.

3885. Notice the fine metaphor of the arrow, and compare ll. 3270—71.

3886. gält's mein Reich, 'if my kingdom were at stake,' 'were my realm in question.' Cf. l. 3084 n.

ACT V, SCENE 12.

3888. **allein.** This shews that Elizabeth had sent her page to fetch the lords.

ACT V, SCENE 13.

3920. **Knie,** n. pl., in prose usually dissyllabic: **Kniee.**

3925. **Klüfte,** f. pl., lit. 'abysses,' say 'dungeons.'

3926. **bejahet,** viz. **hatte,** and also **hinzugefügt** (**hatte**).

3934. **verfluchte sich...allen Höllengeistern,** 'gave himself...over amid many curses to the spirits of Hell.'

3937. **als echt beschworen,** 'declared upon his oath to be genuine.'

3938. Schiller makes Curle say in this and in the two following lines what Mary declared during her trial, i.e. that Nau had written different things from those which she had dictated, and that he had misled Curle to write false letters too.

3947. **von Sinnen,** 'out of his mind,' 'mad.' **Sinnen** is the dative plur. Notice the omission of the def. art. in this idiomatic phrase.

3957. **es...Zeit ist,** 'there is...time for it.' **es** is the old gen. 'of it.' Cf. l. 1190 n.

ACT V, SCENE 14.

3972. **Ich bin gestürzt,** lit. 'I am hurled down,' hence 'I am undone,' 'I am ruined.' One often says: **Der Minister ist gestürzt,** 'the minister is obliged to resign.'

ein Mann des Todes, 'a dead man.' We often find the genit. of a noun depending on **Mann** in order to define the quality of the person in question more closely, e.g. **ein Mann Gottes, ein Mann der That, ein Mann des Volks** and others. An abbreviation of **Er ist ein Mann (or Kind) des Todes** is **Er ist des Todes.** Cf. l. 2618 n.

3973. **Ich will nicht hoffen,** 'I hope (trust) you have not.'

3979. **mich Lügen strafen,** 'give me the lie.' In the common phrase **jemanden Lügen strafen, Lügen** is really an old genitive plural and **strafen** has not the modern meaning 'to punish' but the older one 'to rebuke.' Hence the phrase originally signifies 'to rebuke a person for his lies,' then 'to call a person a liar.'

3980. **hieß ich dir...geben** = **befahl** (or **gebot**) **ich dir...zu geben.**

3991. **deine Wissenschaft,** in prose **dein Wissen** (often **dein Vorwissen**). Cf. l. 869 note.

ACT V, SCENE 15.

3995. Burleigh uses nearly the same words as were spoken immediately after Mary's death. The executioner held up her head with the words 'God save the Queen Elizabeth,' and Dr Fletcher, the dean of Peterborough added 'May all her enemies perish in a like manner.'

4003. ohne...erst zu wissen, 'without first learning.'

4006. vorzugreifen (with the dative), 'to forestall.'

4007. Burleigh was really not permitted to approach the queen for some time and even offered to resign all his offices.

4009. seine, as if ter Mann preceded in apposition to Euch (l. 4008).

4010. Ein heilig anvertrautes Pfand is a short and poetic expression for ein heiliges dir anvertrautes Pfand, 'a sacred pledge entrusted to you.'

4012. The unfortunate man was really deprived of his office, imprisoned in the Tower, subjected to a trial in the Star-chamber and sentenced to pay a fine of £10,000 in addition to the loss of all his possessions. He was not set free till after the accession of James I.

4015. mein Führer..., mein Freund. Compare the beginning of one of Schiller's distichs (addressed to Goethe): Dich erwähl' ich zum Lehrer, zum Freund.

4025. zu versiegeln, 'to set the seal to,' here taken in the double sense of 'to seal' and 'to stand up for.'

4026. wollte, subjunctive, 'am I to think, that...will?'

4029. glücklich belongs to lebe as well as to herrsche.

4030. von nun an, 'from now onwards,' 'henceforth.'

4033. ist zu Schiff scil. gefahren, 'has taken sail.' Cf. l. 216 n.

APPENDIX I.

The following are some of the more important various readings of the stage-editions referring to the seventh and ninth scenes of the fifth act :

(1) Instead of ll. 3625—3631 (Er bringt...Tische steht) we find :

> Er bringt zu dir, er ist dir nah, ihn schließt
> Kein Tempel ein, kein Kerker schließt ihn aus.
> Nicht in der Formel ist der Geist enthalten,
> Den Ewigen begränzt kein irdisch Haus.
> Das sind nur Hüllen, nur die Scheingestalten
> Der unsichtbaren Himmelskraft!
> Es ist der Glaube, der den Gott erschafft.

(2) Instead of ll. 3643—3672 (Wenn dich...Gott der Wahrheit?) we find :

> Wenn mich dein Herz dafür erklärt, so bin ich
> Für dich ein Priester, diese Kerzen sind
> Geweihet, und wir stehn an heil'ger Stätte.
> Ein Sakrament ist jegliches Bekenntniß,
> Das du der ew'gen Wahrheit thust. Spricht doch
> Im Beichtstuhl selbst der Mensch nur zu dem Menschen,
> Es spricht der Sündige den Sünder frei;
> Und eitel ist des Priesters Lösewort,
> Wenn dich der Gott nicht löst in deinem Busen.
> Doch kann es dich beruhigen, so schwör' ich dir,
> Was ich jetzt noch nicht bin, ich will es werden.
> Ich will die Weih'n empfangen, die mir fehlen.
> Dem Himmel widm' ich künftig meine Tage;
> Kein irdisches Geschäft soll diese Hände
> Fortan entweihn, die dir den Segen gaben,
> Und dieses Priesterrecht, das ich voraus
> Mir nehme, wird der Papst bestätigen.
> Das ist die Wohlthat unsrer heil'gen Kirche,
> Daß sie ein sichtbar Oberhaupt verehrt,
> Dem die Gewalt inwohnet, das Gemeine
> Zu heil'gen und den Mangel zu ergänzen;
> Drum wenn der Mangel nicht in deinem Herzen,
> Nicht in dem Priester ist er — diese Handlung
> Hat volle Kraft, sobald du daran glaubst.
>   (Marie kniet vor ihm nieder.)
> Hast du dein Herz erforscht, schwörst du, gelobst du,
> Wahrheit zu reden vor dem Gott der Wahrheit ?

(3) Instead of lines 3738—3757 (Sink...vereinen) we find :

> Du fehltest nur aus weiblichem Gebrechen.
> Blut kann versöhnen, was das Blut verbrach,

Dem sel'gen Geiste folgen nicht die Schwächen
Der Sterblichkeit in die Verklärung nach.
Sink ein ergebnes Opfer am Altar!
Gib hin dem Staube, was vergänglich war,
Die ird'sche Schönheit und die ird'sche Krone!
Und als ein schöner Engel schwinge dich
In seines Lichtes freudenreiche Zone,
Wo keine Schuld mehr sein wird und kein Weinen,
Gereinigt in den Schoß des ewig Reinen.

(4) After l. 3821 the stage-editions have 12½ lines which likewise appear in Mellish's translation, but which were cut out by Schiller in the printed edition. l. 3822 begins really with the second half of the originally complete line. The verses omitted by the poet run thus:

Gekommen ist der lang ersehnte Tag,
Und in Erfüllung gehet, was ich mir
In süßen Träumen gaukelnd vorgebildet.
Mylord von Lester, der erwartete,
Der heiß ersehnte Freund, er ist erschienen
Zu Fotheringhayschloß, ich seh' ihn mitten
In meinen Kerker stehen; alles ist
Bereit zum Aufbruch, alle Pforten offen;
Ich schreite endlich über diese Schwelle
An seiner Hand, und hinter mir auf ewig
Bleibt dieses traurige Gefängnis. — Alles
Erfüllet sich, Mylord, und Eure Ehre
Habt Ihr gelöst.

APPENDIX II.

BIBLIOGRAPHY.

(THE books marked with an asterisk have been seen or consulted by the present editor. The following list does not lay claim to absolute completeness, but it is hoped that no book of real importance has been overlooked. The titles of most of the English and German School editions have been considerably shortened in order to save space. Only translations into the English language have been enumerated.)

A. EDITIONS.

a. THE PRINCIPAL GERMAN EDITIONS.

Maria Stuart, ein Trauerspiel von Schiller. Tübingen. Cotta. 1801.
   (The first edition which was followed by many others. Cf.
   A. Hettler's and P. Trömel's works.)

*Maria Stuart, ed. by H. Oesterley in K. Goedeke's 'Historisch-
kritische Ausgabe.' Vol. XII, 497—580 and Introd. VIII. Stuttgart. Cotta, 1872.

*Maria Stuart, ed. by W. v. Maltzahn in Hempel's 'Deutsche
Klassiker.' Schiller's Werke. Vol. V. (New ed. Berlin, 1889.)

*Maria Stuart, ed. by R. Boxberger in J. Kürschner's 'Deutsche
National-Litteratur.' Vol. 122. Schiller's Werke, V, 2, 1—194.
Berlin and Stuttgart. No year.

*Maria Stuart, ed. by L. Bellermann. Schillers Dramen, II.
Leipzig, Bibliographisches Institut. 1896.

b. German School Editions.

*1. H. Heskamp. 2nd revised and improved ed. Paderborn. 1888.
*2. E. Müller. Wien. Gräser. [1885.]
*3. C. Rauch. Leipzig. Velhagen und Klasing. [1889?]
*4. L. Sevin. Berlin. Reuther. 1889.
 5. H. Lindemann. Freiburg. 1868.
 6. F. Hülskamp. Münster. 1879.
 7. J. Pölzl. Wien. 1884.

c. English School Editions.

(Most of them containing an Introduction and Explanatory Notes.)

*1. Ad. Bernays. London. Parker and Son. 1855.
*2. M. Meissner. London. Thimm. 1872. [Oxford. Bodleiana.]
*3. V. Kastner. London. Bell and Sons. 1875. ³1890.
*4. M. Förster. London. Williams and Norgate. 1883.
*5. J. L. Bevir. London. Rivingtons. 1887.
*6. C. Sheldon. London. Macmillan. 1888.
*7. L. A. Rhoades. Boston, U.S.A. Heath and Co. 1894.
 8. E. S. Joynes. New York. Holt and Co. 1894.
 9. C. A. Buchheim. Oxford. Clarendon Press. 1895.

d. French School Editions.

*1. M.-B. Lévy. Paris. Delagrave. 1878.
*2. L. Schmitt. Paris. Garnier. New edition. 1886.
*3. Th. Fix. Paris. Hachette. New ed. 1890.
*4. O. Briois. Paris. Delagrave. 3rd ed. 1891. (Only extracts.)
*5. H. Grimm. Paris. Delalain. No year. (Introd. no notes.)

B. METRICAL FORM.

*__Friedrich Zarncke__, Über den fünffüssigen Iambus, mit besonderer Rücksicht auf seine Behandlung durch Lessing, Schiller und Goethe. I. Leipzig. 1865. pp. 70—74. Reprinted in: Kleine Schriften. I. Leipzig. 1897. pp. 396 sqq.

*__Eduard Belling__, Die Metrik Schillers. Breslau. 1883. pp. 197 sqq.; 264 sqq. (Cf. also Wackernell in 'Zeitschrift für deutsche Philologie,' XVII, 461.)

*__H. Henkel__. Der Blankvers Shakespeares im Drama Lessings, Goethes und Schillers (in 'Zeitschrift für vergleichende Litteratur-Geschichte.' I, 321—27).

*__F. Minor__. Neuhochdeutsche Metrik. Strassburg. 1893.

*__Fr. Kauffmann__. Deutsche Metrik. Marburg. 1897.

The general outlines of the metre of a German tragedy in blank verse are given in the present editor's editions of Schiller's *Wilhelm Tell*, Introd. pp. xlix—lxii, and of *Wallenstein*, I. xx—xl. Cf. also the Introduction to this play, p. xxi.

C. COMMENTARIES.

__H. Viehoff__. Schillers dramatische Meisterwerke mit beleuchtenden Einleitungen, etc. Stuttgart. 1869.

*__H. Düntzer__. Erläuterungen zu den deutschen Klassikern. Vols. 19—20. Schiller's 'Maria Stuart.' Leipzig. ⁴1892. (Most useful.)

*__R. H. Hiecke__. Gesammelte Aufsätze zur deutschen Litteratur. Berlin. 1885. pp. 226 sqq.; 315—316.

*__E. Kuenen__. Die deutschen Klassiker erläutert und gewürdigt, etc. Vol. 6. Leipzig. 1890.

*__H. Bulthaupt__. Dramaturgie des Schauspiels. Oldenburg und Leipzig. 1893. 5th revised and enlarged ed. I, 322—39.

*__L. Bellermann__. Schillers Dramen. Beiträge zu ihrem Verständnis. II (Berlin, 1891), 174—225.

*__W. Fielitz__. Studien zu Schillers Dramen. Leipzig. 1876. pp. 44 sqq. 111 sqq.

*__E. Sierke__. Kritische Streifzüge. Braunschweig. 1881. pp. 42—100.

D. REMARKS ON THE PLAY IN SOME OF THE BEST LIVES OF SCHILLER AND HISTORIES OF LITERATURE.

(Brahm's, Minor's and Weltrich's Lives of Schiller which are in course of publication do not yet treat of *Maria Stuart*.)

*__K. Hoffmeister__. Schiller's Leben, Geistesentwickelung und Werke. Stuttgart. Balz. 1840. Vols. IV and V.

*__K. Hoffmeister__ (-__H. Viehoff__). Schiller's Leben für den weiteren Kreis seiner Leser. Stuttgart. 1854. Vol. II, 201—16.

*Thomas Carlyle. The life of Fr. Schiller. London. Chapman and Hall. pp. 134—5. (Cf. H. Conrad. 'Carlyle und Schiller' in the 'Vierteljahrsschrift für Litteraturgeschichte.' II, 195—228.)

*F. Wychgram. Schiller dem deutschen Volke dargestellt. With many illustrations. Bielefeld und Leipzig. 1895. pp. 427—31.

*H. Hettner. Geschichte der deutschen Litteratur im achtzehnten Jahrhundert. Braunschweig. ⁴1894. III, 3, 284 sqq.

*G. Gervinus. Geschichte der deutschen Dichtung. 5th ed. 1874. Vol. v, 624 sqq.

*Julian Schmidt. Geschichte der deutschen Litteratur seit Lessings Tod. 5th ed. Leipzig. 1866. II, 224 sqq.

*Wilh. Scherer. Geschichte der deutschen Litteratur. Berlin.

*K. Goedeke. Grundriss zur Geschichte der deutschen Dichtung. Aus den Quellen. Second Edition. Vol. v (not yet published), § 255, under 2. pp. 218 sqq. (A most complete survey of the literature on the play.) Cf. also Goedeke's Introduction to 'Maria Stuart' in the ordinary Cotta editions in 4 vols. Vol. II, pp. viii.—ix.

*A. Koberstein. Geschichte der deutschen Nationallitteratur. Leipzig. 5th ed. 1872. Vol. IV, 508 sqq.

*H. Fischer. Schiller, in 'Allgemeine Deutsche Biographie.' Vol. XXXI (Leipzig 1890), pp. 238—9.

E. DIVERSA.

*C. G. Wenzel. Aus Weimars goldenen Tagen. Dresden. 1859. pp. 227—32. (Here some of the older literature is mentioned.)

C. Wurzbach von Tannenberg. Das Schiller-Buch. Wien. 1859. Nos. 1146—1210.

*P. Trömel. Schiller-Bibliothek. Leipzig. 1865. pp. 79 sqq.

*Aug. Hettler. Schillers Dramen. Eine Bibliographie. Berlin. 1885.

*Gustav Freytag. Die Technik des Dramas. 4th ed. Leipzig. 1881. (In various places.)

*H. Unbescheid. Beitrag zur Behandlung der dramatischen Lektüre. Berlin. 1891. (In various places.)

*K. Gneisse. Programm des Gymnasiums zu Weissenburg. 1889. III—v.

*Pieter Fockens. Maria Stuart, Eine litterarhistorische Studie. Berlin. 1887. (Düntzer, Erläuterungen⁴. 1892. p. 15 note.)

*Archiv für Litteraturgeschichte. VI, 124; 268 sqq.; 274 sqq.; 446.

*Zeitschrift für deutsche Philologie. XVIII (1886), 54 (on IV, 10).

*Zeitschrift für den deutschen Unterricht. IV, 43—47; VI, 707—16.

*Goethe Jahrbuch. III (1882), 185—188 (on Act v).
*Neue Jahrbücher für Philologie und Paedagogik. **Part II**.
1868. pp. 1—21 (Jeep on v, 9; replies ibd. 213 sqq.; 410 sqq.).

F. ENGLISH TRANSLATIONS.

*1. J. C. M(ellish). London. 1801. (Verse. Repr. in Bohn's Standard
Library. 1847. New ed. 1889. (Cf. the Introd. p. xx.)

*2. H. Salvin. London. 1824. 1845. (Verse. Oxford. Bodleiana.)

*3. F. A. Kemble. London. 1863. (Verse. Oxford. Bodleiana.)

*4. Leedham White. London. 1882. (Verse, with the German
text on the opposite page.)

5. W. Peter. Heidelberg. 1841. (Verse; cf. Wenzel, Aus Weimars goldenen Tagen.)

*6. London. 1838. (Verse. British Museum. The translator's
name is not given, but it must be a lady (Anne Trelawney?)
according to the preface.) The transl. marked ' Devonport.
1838' is the same work. (Cf. Nevinson. Life of Sch. Bibliogr. v.)

*7. E. Lockwood Percival. Munich. 1839. (Prose, sometimes
verse. The whole printed as verse. The copy of the British
Museum—the only one accessible to the present editor—breaks
off at Act III, Sc. 1. with the Germ. text on the left page.)

(A translation by E. St. Pearson (mentioned in Goedeke, Grundriss[2]
v, 219) was inaccessible to the present editor.)

G. SCHILLER'S AUTHORITIES.

1. W. Archenholz. Geschichte der Königin Elisabeth von England. (Essay published in the 'Historischer Kalender für
Damen, für das Jahr 1790. pp. 1—189.) Archenholz followed
Robertson very closely. Part of his essay has been reprinted
by Düntzer in the Erläuterungen and a few passages are quoted
by Boxberger in foot-notes to Schiller's text.

2. de Rapin Thoyras. Histoire d'Angleterre. Vol. VI. Paris.
1724. Schiller read this work in a Germ. transl. and used it
very extensively for the first four acts. Copious extracts from
it illustrating the text of the play are given in Boxberger's edit.

3. Brantôme. (Pierre de Bourdeille, seigneur de B.) In his 'Vies
des dames illustres de France de son temps' (part of his
'Mémoires' Leyden. 1665—6) he had given a characterisation
of Mary Stuart and an account of her last hours based on the
information of two eye-witnesses. Part of B.'s Mémoires was
transl. into German and appeared in the 'Sammlung historischer

Memoires' which were started by Schiller and continued to be published under his name a long time after he had anything to do with it. The life of Mary Stuart appeared in this collection in Vol. x, part 2, and her end is treated of on pp. 86—99 (reprinted by Boxberger in the Introd. to his ed., pp. 20 sqq.). Schiller made extensive use of B.'s account for Act v. 1—10.

Beside these principal authorities Schiller read :

4. W. Robertson. History of Scotland during the Reigns of Queen Mary and of King James VI. 1759.

5. D. Hume. History of England. Schiller used a German translation of 1762.

6. W. Camden. Annales rerum Anglicarum et Hibernicarum regnante Elizabetha. Vol. I. 1615.

7. G. Buchanan. Rerum Scoticarum historia. 1582. [Cf. H. Forst, Über B.'s Darstellung der Geschichte M. Stuarts. Bonn. 1882.]

8. Genz. Essay on Maria Stuart (in Vieweg's Taschenbuch für 1799).

(Some other books which Schiller may have studied are enumerated in Düntzer's Erläuterungen. 1892. p. 8.)

H. BOOKS OF REFERENCE MENTIONED IN OR USED FOR THE NOTES.

*1. K. G. Andresen. Sprachgebrauch und Sprachrichtigkeit im Deutschen. 3rd ed. Heilbronn. 1883. (6th ed. 1890.)

*2. K. G. Andresen. Über deutsche Volksetymologie. Heilbronn. 5th ed. 1889.

*3. O. Behaghel. Die deutsche Sprache. Leipzig. 1888. Translated into English by E. Trechmann, under the title 'A short Historical Grammar of the German Language.' London. 1891.

*4. W. Borchardt. Die sprichwörtlichen Redensarten im deutschen Volksmund nach Sinn und Ursprung erläutert. Leipzig. 1888.

*5. A. Brandstäter. Die Gallicismen in der deutschen Schriftsprache. Leipzig. 1874.

*6. H. C. G. Brandt. A Grammar of the German Language for High Schools and Colleges. 4th ed. Boston. 1888.

*7. G. Büchmann. Geflügelte Worte. Der Citatenschatz des deutschen Volkes. 16th ed. Berlin. 1889.

*8. J. A. Eberhard. Synonymisches Handwörterbuch der deutschen Sprache, 14th ed. (much modified and improved) by Dr Otto Lyon. Leipzig. 1889.

*9.   O. Erdmann. Grundzüge der deutschen Syntax nach ihrer geschichtlichen Entwicklung. Part I. Stuttgart. 1886.

*10. K. Goldbeck und L. Rudolph. Schiller-Lexikon. Erläuterndes Wörterbuch zu Schillers Dichterwerken. Berlin. 1869.

*11. Grimm. Deutsches Wörterbuch. (Begun in 1854 by the brothers Grimm, continued by various scholars. Two-thirds of this great national work are now complete.)

*12. Moriz Heyne. Deutsches Wörterbuch. 3 vols. Leipzig. 1890—95.

*13. F. Kluge. Etymologisches Wörterbuch der deutschen Sprache. 5th ed. Strassburg, 1891. An excellent index to this book has been compiled by V. F. Janssen. Strassburg. 1890.

*14. Th. Matthias. Sprachleben und Sprachschäden. Ein Führer durch die Schwankungen und Schwierigkeiten des deutschen Sprachgebrauchs. Leipzig. 1892. Small edition. 1896.

*15. A. Richter. Deutsche Redensarten sprachlich und kulturgeschichtlich erläutert. Leipzig. 1889.

*16. O. Schanzenbach. Französische Einflüsse bei Schiller. Programm. Stuttgart. 1885.

*17. H. Schrader. Der Bilderschmuck der deutschen Sprache. Berlin. 1886.

*18. W. W. Skeat. An Etymological Dictionary of the English Language. 2nd revised edition. Oxford. 1884.

*19. Th. Vernaleken. Deutsche Syntax. 2 parts. Wien. 1861—3.

*20. E. Wasserzieher. Aus dem Leben der deutschen Sprache. Leipzig. 1892.

*21. Zeitschrift für den deutschen Unterricht, herausgegeben von Dr O. Lyon. Leipzig. 1877 sqq.

*22. M. Zille (in collaboration with G. Fritzsche and M. Moltke). Schiller-Halle. Alphabetisch geordneter Gedankenschatz aus Schillers Werken und Briefen. Leipzig. 1870.

---

*23. Fr. Blatz. Neuhochdeutsche Grammatik. 3rd ed. 2 vols. Karlsruhe. 1895—96.

*24. Herm. Paul. Deutsches Wörterbuch. Halle. 1897.

*25. Karl Breul. A Handy Bibliographical Guide to the Study of the German Language and Literature. London. 1895. (Enumerates many more useful books of reference.)

INDEX TO THE NOTES.

I. GENERAL INDEX.

(Compounds will in some cases be found enumerated under the simple word. Words which are no longer of frequent occurrence in Modern German are marked by an asterisk.)

II. INDEX OF NAMES.

(a) Persons.

(b) Places, etc.